第二版

铁路刑事疑难案例研究

TIELU XINGSHI YINAN ANLI YANJIU

张双喜 主编

中国检察出版社

再版序言

　　铁路是国民经济的大动脉，在新技术和新理念的推动下，中国铁路在新世纪展现了勃勃生机——重载铁路刷新世界纪录、高原铁路步入世界前列、高速铁路走进百姓生活。

　　铁路的大发展为铁检的发展提供了巨大平台。这不仅体现在铁检管辖的线路更长、职务犯罪侦察的领域更广，而且体现在理论建设上有所创新、解决问题思路上有所突破。例如：就打击铁路犯罪而言，高速铁路上拆盗应当如何准确定性，重载铁路上的盗窃行为应当如何适度量刑，铁路国有控股公司职务犯罪如何立案侦查，这些都是摆在铁检面前迫切而重要的问题。

　　但创新既需要理论上的大胆，更需要实践上的积累；突破既需要无私无畏的勇气，更需要厚积薄发的底气。所以，将铁路的疑难案件进行选辑、评析，摸索其规律，总结其经验是铁检理论建设的第一步。

　　对于铁检理论建设，最高检姜建初副检察长给予了高度的关注，他多次强调：铁检要加强专门检察理论研究，要善于发现经验、总结经验、深化经验、发展经验。姜检的关注无疑是铁检加强理论建设的指针和动力。

　　太原铁检十分重视理论建设，近年来，先后对我国第一条单元重载铁路——大秦铁路的和谐建设、铁路国有控股公司中国有企业委派人员的界定等热点、难点问题展开调研，形成了《大秦铁路和谐建设报告》《国有控股上市公司中管理人员的主体身份认定》等一系列调研文章。同时，太原铁检十分注重案件办理中的问题分析和经验总结，将其作为理论建设的基础和素材，先后编写了《铁路检察长评析典型案件》和本书——《铁路刑事疑难案例研究》，虽然两书时隔数年，但脉络一致，宗旨相同。

在铁路检察专门理论研讨会召开之际，将本书重新付印，也算是为整个铁检理论建设大厦铺上的一块砖、覆下的一片瓦吧。

是为再版序言。

编辑委员会
2010. 9. 15

序言
1

　　铁路运输检察院作为依法设立的国家专门检察机关，担负着依法惩治犯罪，维护铁路运输秩序和安全，保障合法权益，在廉政建设、反腐败斗争中发挥法律监督职能作用等任务。从1982年恢复重建挂牌办案以来，全国铁路运输检察机关已经办理了二十多万件刑事案件，在铁路法律秩序、法制环境、建设运营等方面发挥了重要的司法保障作用，为经济建设及创建和谐社会作出了应有的贡献，同时，也积累了较为丰富的办案经验。正在进行的司法体制改革，中央已明确将铁路公检法纳入国家司法管理体系，铁路等专门检察的职能作用会进一步加强。

　　随着我国铁路跨越式大发展，铁路的生产经营、资产管理、社会治安等各方面都发生了深刻的变化，在打击犯罪、维护法制的工作中也遇到了一些新情况、新问题。作为国家法律监督机关，要以"三个代表"重要思想为指导，积极贯彻贾春旺检察长提出的"强化法律监督，维护公平正义"的总体要求，研究新情况，解决新问题，不断提高办案质量和司法水平。

　　太原铁路运输检察院立足于司法实践，在北京铁路检察分院的指导下，选择了1997年新刑法实施以后，在司法实践中遇到的一批疑难案件，以北京铁路局管内的案件为主，并选择了上海等其他兄弟院的一些典型案例，组织院内干警分析编写，聘请

"检学协作单位"——山西大学法学院的刑法学教授对案件进行点评。本书案件选择得当,案情表述明晰,专家点评精辟,反映了新刑法修订以来铁路专门检察院办理案件的脉络,对以破坏铁路设施危及运输安全的犯罪,旅客和货物运输当中的侵财型犯罪和利用铁路运输工具实施的运输类犯罪都有相当的研究。

太原铁路运输检察院在办理案件的同时,非常注重案件的研究工作。在 1998 年院里编写了由中国铁道出版社出版的《铁路检察长评析典型案件》和《铁路检察官谈依法治企》两本书。在 2000 年又编写了发行量较大,被太原铁路分局指定为普法教材的《职工法律向导》一书。在高检院提出"以检察业务为中心,以队伍建设为根本,以信息化建设为保证"三位一体的工作要求后,太原铁路运输检察院集思广益,充分发挥院内的研究优势,组织以大学生为主体的撰写队伍,以中层业务骨干为主体的审核队伍,在铁检分院的指导下,在山西大学法学院的参与下,又编成此书。这对促进铁路运输检察院不断提高办案质量和司法水平,对在改制当中专门检察院的建设,对铁路跨越式发展过程中营造良好的法治环境都有一定的理论研究和实践指导意义。

在此书即将出版之际,我作为一个长期从事检察业务的司法工作者,感到开卷有益,谨以此文作序。诚望编作者们为铁路跨越式发展,为检察机关法律监督事业不断作出新的贡献。

最高人民检察院铁路检察厅厅长

阎政才

2005 年 3 月 12 日

序言

2

　　作为学者和分管铁路检察工作的领导，从理论和实践的角度，翻阅了即将付梓的《铁路刑事疑难案例研究》一书，感触颇多。

　　从司法实践上看，本书精心选编了新刑法修订后发生在铁路系统内的部分案件。在客观介绍基本案情的同时，提出了存在的争议问题，并阐述了各种不同观点和所持依据，撰写认真，分析透彻，论证有理有据；专家点评准确到位，起到了画龙点睛的作用，对指导办案具有一定的参考价值。铁路专门案件是我国司法领域中较具特殊性的案件。铁路检察院作为国家设立在铁路部门的专门人民检察院带有鲜明的中国司法特色。从20世纪50年代国家在铁路设立专门检察院，几经反复，于20世纪80年代恢复办案以来，20多年间铁路检察系统每年承办的刑事案件均在一万件以上，铁路专门检察院检察职能的有效发挥可见一斑。中国铁路能够实现快速跨越式发展，与其有一个比较好的维护运输秩序，保障生产经营规范的铁路检察机关是分不开的。研究发生在铁路的专门案件，能够不断地在刑事政策方面体现出对铁路发展的适应性，保障刑事法律在铁路案件适用上的准确有效。

　　从理论研究上看，《铁路刑事疑难案例研究》一书对如何贯彻刑事法律政策在铁路案件上的适用，如何使依法处理此类专门案件有一个认识上的统一和理论上的发展，都具有一定的积极意义。加强对铁路专门刑事法律的研究，了解和把握铁路刑事案件的发案规律及特点，制定完善相应的司法解释与对策，严密控制和打击犯罪，维护正常的铁路运输秩序，保障人民群众生命财产的安全，是铁路检察机关的职责和重要工作。理论来源于实践，理论又指导实践，作为一个基层铁路检察院能够集中院内的研究力量，做这项有意义的调查研究工作是很不容易的，这对于干警队伍素质的提高，对院里检察业务研究氛围的形成都是十分有益的，也是他们践诺"做文化人，建文化院"宗旨的一项具体实践。

本书收集的案例非常典型，对疑难程度的分析比较到位，聘请专家的点评意见也很见理论功底，是理论和实践相结合的成功范例。全书凸显行业犯罪特色，案情翔实，评析得当，集法学研究、犯罪预防、宣传法制、教育公民于一体，很有见地。

在实现"强化法律监督，维护公平正义"工作主题中，在以检察业务为中心的办案实践中，不断地探索刑事法律在铁路领域的实施和发展是一项长期的工作。此书的出版必将对这一工作的开展抛砖引玉，起到良好的示范作用。我以法律理论工作者和实践者的角度发表上述意见，也算是一个序吧。

北京市人民检察院副检察长

2005 年 3 月 12 日

目录

一／客车侵财犯罪案件

二/货车侵财犯罪案件

3

三/站、场侵财犯罪案件

四/盗窃、抢劫铁路器材、物资案件

5

6

七／倒卖车票案件

35. 李某倒卖车票案

本案涉及铁路法院管辖权的认定。我国刑事诉讼法规定了以犯罪地管辖为主的审判管辖原则。所谓犯罪地从理论上讲包括犯罪预备地、犯罪实行地、犯罪结果地等。本案李某在火车站买进车票的行为，属于犯罪实行行为，火车站应属于犯罪地。故该火车站所属地的铁路运输法院享有对本案的管辖权。

193

36. 田某、刘某倒卖车票案

本案定性的关键在于对"倒卖"行为的确定。"倒卖"指以原价买进，再以高价卖出的行为。

197

八／破坏铁路交通设施案件

37. 张某等人拆盗闸瓦，破坏交通设施案

对于被告人行为的准确定性牵涉到共同犯罪是否应以一个犯罪构成为前提的问题。我国当前法学界主张"部分犯罪共同说"的观点，即只两人以上就部分犯罪具有共同的行为与共同的故意便成立共同犯罪。

202

38. 郝某、詹某盗窃、破坏交通设施案

想象竞合犯的认定。想象竞合犯，是指行为人基于数个不同的具体罪过，实施一个危害行为，而触犯两个以上异种罪名的犯罪形态。本案中被告人的第二次盗窃行为符合想象竞合犯的特征。

206

9

11

十一／铁路司法工作人员犯罪案件

十二／铁路职工职务犯罪案件

十四/铁路其他刑事案件

一/客车侵财犯罪案件

胡某等人盗窃旅客财产案

本案聚焦

我国的刑法理论认为：一方出于故意，暗中以帮助行为参与另一方实施的故意犯罪，在后者不知悉的情况下，对于实施帮助的一方称为片面共犯。在片面共同犯罪中实行犯与片面共犯在定罪处罚、追究刑事责任中不存在相互的制约关系。概括地说，实行犯直接制约片面共犯并决定其命运，片面共犯难以影响实行犯。二者之间是决定与被决定、制约与被制约的关系。

一、案情回放

被告人胡某、温某均系哈尔滨人，是一伙流窜作案专吃铁路"大轮"的贼。二人相识较早，2001 年春节后二人又与孙某相识。3 月份，胡、温二人以欲在静海、唐官屯、青县联系开饭店为借口，和孙某乘坐火车往返于上述车站之间，伺机盗窃。3 月

19 日，三人由唐官屯火车站窜上天津西至石家庄的 4425 次旅客列车。胡某在 2 号车厢盗窃旅客赵某人民币 2700 元后，三人在青县火车站下车逃窜。3 月 21 日三人由青县火车站窜上德州至北京的 4402 次旅客列车，温某在 5 号车厢盗窃旅客张某人民币 2200 元后，三人在唐官屯火车站下车逃离现场。

被告人胡某、温某均承认自己在火车上偷了旅客的钱，上车后二人不在同一车厢，各自寻找目标，各干各的，赃款不分，但大部分二人共同挥霍，否认二人有预谋、分工。胡、温二人均可相互印证对方偷了钱，但称是在下车后才知道的。

被告人孙某供述：先是跟着胡、温二人联系开饭店，乘坐火车均不在同一车厢。2001 年 3 月 19 日在青县火车站站台上，路过其他车厢时，听车上旅客讲丢钱了，从此开始怀疑胡、温是贼。自己想，一出来总吃人家的，也得帮助干点什么。于是在本年 3 月 21 日，孙没有告诉温就去了列车中部为其暗中"把风"看乘警。经天津铁路运输检察院审查，对犯罪嫌疑人孙某认定情节显著轻微，不认为是犯罪，依法不予批准逮捕。对胡某、温某以盗窃罪向法院提起公诉，法院以相同罪名作了有罪判决。

二、争议问题

本案中孙某的行为应如何认定，有两种分歧意见：

第一种意见认为，孙某应与胡、温定为共同盗窃。理由是胡、温二人均系"老贼"，在共同故意上，不会有"明示"之蠢举。相反，他们会打着合法的幌子，行共同盗窃之实，赃款用于二人"吃、住、行"共同挥霍，等于变相分赃。结合全案，应认定二人有共同故意，孙某主动辅助实施"把风"行为，对孙某应认定为盗窃共犯。

第二种意见认为，胡、温二人不是共同犯罪，应对各自所实施的盗窃行为单独定罪处罚。对孙某、温某的行为应认定为片面共同犯罪，孙某系片面共犯。理由是：我国刑法第 25 条规定，"共同犯罪是指二人以上共同故意犯罪"。同时我国刑法理论认为：共同犯罪在主观方面各犯罪主体之间除具有相同内容的犯罪故意以外，还必须具有相互的犯意联络，主体间相互没有故意联络，不能构成共同犯罪。

三、评析意见

我们同意第二种意见。

首先，胡、温不是共同犯罪。综合案情来看，胡、温二人上车后，各干各的，没有证据证明二人曾有过"明示"或"默示"的犯意的联络，分别"得手"均是事后知道。二人同吃、住、行一起挥霍并不等于分赃。结合法理，胡、温二人应分别单独对所实施盗窃 2700 元、2200 元人民币的行为负责任。因此对胡、温二人不能认定为盗窃共犯，盗窃数额不能累计计算。

其次，孙某与温某属共同盗窃中的片面共同犯罪，孙某的行为系片面共犯。我国的刑法理论认为：一方出于故意，暗中以帮助行为参与另一方实施的故意犯罪，在后者不知悉的情况下，对于实施帮助的一方称为片面共犯。据此，关于片面共同犯罪定义，可以这样表述：一方有共同故意犯罪，暗中帮助不知悉的实行犯，分别片面共同和单独实施危害社会的行为。其构成条件是：（1）作为片面共犯一方必须是帮助犯；（2）片面共犯与实行犯的主观方面均是故意；（3）片面共犯的犯罪故意和行为不为实行犯所知悉。

本案中，孙某是在胡某盗窃 2700 元后，开始怀疑胡、温是贼（孙对胡所实施的盗窃行为不负任何刑事责任）。出于"吃人嘴软"的心理，产生了帮助"把风"看乘警的犯意。3 月 21 日在温某不知悉的情况下，孙某暗中单方实施了为温某"把风"的行为，孙某的"好意"与温某的"故意"并未产生联络，更未形成"合意"。其犯意联络是单项的、片面的由孙某指向温某，缺乏相互的双向性。因此孙某的行为，完全符合我国刑法理论中关于片面共犯的概念与条件。孙某与温某应认定为片面共同犯罪，孙某系片面共犯，温某系不知悉的实行犯。

对片面共同犯罪中的实行犯与片面共犯均需追究刑事责任。从刑事理论上具有可罚性，在司法实践上也有必要性。我国刑事理论认为，如果一方没有共同故意，而另一方有共同故意，并于暗中配合他人实施犯罪的行为，应对没有共同犯罪故意的实行犯单独定罪处罚，对有共同犯罪故意的一方，应以实行犯的共同犯罪人的从犯论处。对片面共同犯罪进行处罚需遵循以下相应基本原理：

第一，按刑法基本原则对实行犯定罪处罚。片面共同犯罪中的实行犯在实施危害社会的行为中，从始至终都是按照自己的犯罪意志进行的，并没有因为片面共犯的暗中帮助而起到强化其犯罪意志和行为的作用。因此，对实行犯定罪处罚、追究刑事责任，应认真遵循主客观相统一、罪刑法定、罪刑相适应等刑法基本原则。而不能因片面共犯的存在，影响实行犯的刑事责任及定罪处罚。就本案讲，就是不能因为孙某暗中片面影响温某的刑事责任进而任意加重或减轻刑罚处罚。具体讲对片面共同犯罪的温某只能按其所实施的盗窃2200元人民币的行为定罪处罚，追究其刑事责任。

第二，对片面共犯定罪处罚追求刑事责任应遵循以下原理。在我国刑事理论和司法实践中，对片面共犯进行定罪处罚追究刑事责任均是疑难问题，可谓仁者见仁，智者见智，众说纷纭。对片面共犯定罪处罚可以从犯罪构成、社会危害性、刑事责任等角度予以综合分析。从理论和实践充分认识刑罚处罚的可罚性、必要性，在公正合理前提下，探索解决疑难的原理。

首先，片面共犯符合犯罪构成要件，具备定罪的基础。片面共犯主观上出于和他人共同实施犯罪的故意，客观上又实施了共同的犯罪行为，按照主客观相统一的定罪原则是符合共同犯罪构成要件的。只是因为其与实行犯在主观联络上不全面，仅是单方面的片面联络，不是相互、双方的达到"彼此彼此"。因此从本质上讲，片面共同犯罪中的片面共犯与普通共同犯罪中的帮助犯并没有太大的不同。不能因为犯意联络的单一片面性，客观上实行犯不知悉其暗中帮助而成为不处罚片面共犯的理由。因此，从刑法理论上对片面共犯的处罚具有可罚性。

由于片面共犯于暗中实施的帮助行为，并非是刑法分则中所规定的独立犯罪行为，其所实施的帮助行为具有一定的社会危害性时追究其刑事责任的法律依据只能是按片面共同犯罪的从犯论处，即以实行犯的从犯定罪处罚，追究其刑事责任。只有这样，才不会放纵这种特殊类型的犯罪分子，从而有利于同刑事犯罪作斗争，有利于社会秩序的稳定。为此，对片面共犯进行刑事处罚，在司法实践中具有必要性。

其次，对片面共犯进行刑事处罚，应以实行犯的从犯定罪量刑。就本案而言，对于片面共犯孙某应以盗窃犯温某的从犯论处。我国刑法第 27 条第 2 款规定，对于从犯应当从轻、减轻处罚或者免予处罚。片面共同犯罪中的实行犯，其社会危害性严重程度、刑事责任大小、罪行轻重都是影响、制约片面共犯定罪处罚的重要因素。只要实行犯的社会危害性达到足够严重程度，就有必要对片面共犯以刑罚手段予以处罚。如果实行犯的社会危害程度不是很严重，罪行较轻，那么，追究片面共犯的刑事责任，进行刑事处罚就应谨慎。必须注意的是，对片面共犯进行定罪处罚，追究刑事责任，应具体案情具体分析，要全面考虑片面共犯这一特殊的法律性质。细致分析片面共犯参与犯罪的程度，深入研究其行为对危害结果发生的作用，衡量实行犯社会危害性严重程度、责任大小、罪行轻重等情节。综合全案，正确处罚。

　　综上，可以得出这样一个结论，在片面共同犯罪中实行犯与片面共犯在定罪处罚，追究刑事责任中不存在相互的制约关系。概括地说，实行犯直接制约片面共犯并决定其命运，片面共犯难以影响实行犯。二者之间是决定与被决定、制约与被制约的关系。

四、专家点评

　　片面共犯是共犯理论中的一个问题，理论界有承认说和否认说之分。实践中一般不予采用，但并不等于不存在。本案被告孙某的行为实际上就是片面共犯行为，评析者对案件的评析是恰当的，对理论上片面共犯的分析也是较为深刻的。不足之处是片面共犯的概念表述不够严谨，应结合其特点，将定义表述的严谨而免生歧义。此外，既然片面共犯行为相当于从犯（帮助犯），处理时就应视不同案件性质，予以适当处理，若情节显著轻微，也可以不以犯罪论处。

连某抢劫案

本案聚**焦**

共同犯罪人除自己中止犯罪行为外，还要有效地消除其行为对共同犯罪行为或结果的原因力，这样才能成立犯罪中止。如果不能制止其他实行犯的实行犯罪行为，则意味着并没有有效地消除其参与共谋行为对其他共犯的实行行为以及犯罪结果的原因力，故不能成立犯罪中止。

7

一、案情回放

春节前，被告人连某伙同他人预谋在旅客列车上抢劫财物。登上火车后，连某偶遇同乡王某，王告知："车上有便衣，有乘警！"连某遂与王一起下车。其他同案犯因实施抢劫犯罪被抓获后，连某亦被抓获归案。

大同铁路运输检察院认为连某的行为构成抢劫（中止）罪，特将此案诉至大同铁路运输法院，大同铁路运输法院以抢劫（中止）罪判处免予刑事处罚。

二、争议问题

在本案审查中，对连某的行为定性存在很大分歧，主要有以

下三种不同意见:

第一种意见认为,连某在预谋后赶往作案地点决意抢劫,上车后连某不是不敢继续抢劫,而是由于乘警加强春运期间的治安保障,乘警的严密防范(特别是便衣的出现)使得连某感到作案难度增加,被抓获的可能增加,从而致使其认为作案时机不成熟。因此,导致其下车的原因是出现乘警,这属于行为人意志以外的外部客观因素,连某系预备犯。

第二种意见认为,连某在抢劫犯罪的预备过程中,主要是慑于刑罚处罚而自动停止了犯罪,乘警的出现并不必然使之产生彻底放弃犯罪意图的结果。因此,导致其下车的主要原因是主观因素,是客观能继续而主观不愿再为,连某系中止犯。

第三种意见认为,连某虽然在主观上放弃了犯罪,但是他在客观上的退出行为不足以消除他参与预谋过程中对整个共同犯罪行为的积极作用。因此,连某消极的停止自己的犯罪行为,没有采取措施防止犯罪结果的发生,构成犯罪既遂。

三、评析意见

我们赞同第三种意见。主要理由如下:

首先,连某的行为不符合预备犯的构成条件,其主要理由是:所谓预备犯,是指已经实施犯罪的预备行为,但由于行为人意志以外的原因,未能着手实行犯罪的犯罪形态。构成预备犯,必须具备下列条件:(1)已经实施犯罪的预备行为;(2)必须在犯罪预备阶段停顿下来;(3)预备行为停顿在预备阶段,是由于行为人意志以外的原因。所谓意志以外的原因,是指足以阻止其犯罪意志,迫使其不得不停止预备行为,不再继续实行犯罪的各种主客观因素。本案中,连某等人之所以选择在春运期间的凌晨作案就是因为正常人(包括乘警)在凌晨睡得最深,即便被警察发现,想实施抓捕也得通过拥挤的车厢,从而有逃脱的机会。连某等人对乘警的存在是有预测的，在行为人预料之外的仅仅是乘警的数量有了变化，这种变化显然并不足以遏制其彻底放弃犯罪意图，其他共犯实施了抢劫犯罪的事实也从侧面证实了这一点。因此，导致连某下车未实施抢劫的主要原因是他意志以内的因素。我们认为，在犯罪场所出现乘警并不必然导致行为人产生放弃犯罪的心理，惧怕被抓获、慑于法律制裁是每个罪犯在行为之初都轻信能够避免的主观心态。犯罪时的外部条件变化不超出行为人预想，或者超出预想的变化不足以遏制行为人继续犯罪时，行为人产生了慑于刑罚心理，从而停止犯罪行为，应当是主动的犯罪停止状态（中止）。因此，单纯因为乘警、便衣的出现是外部客观因素就否定连某停止犯罪行为的主动性并不科学。

其次，连某的行为不宜认定为中止犯，其主要理由是：在司法实践中，犯罪中止不仅存在于单独犯罪中，而且存在于共同犯罪中。由于共同犯罪比单独犯罪更具有复杂性，决定了共同犯罪的中止在认定与处理上的特殊性。当共同犯罪中一人自动放弃犯罪，并竭力阻止其他共同实行犯继续犯罪，但终因力所不及，未能阻止危害结果发生，这时自动放弃犯罪者能否依犯罪中止处理？对此各国存在不同的观点。客观说认为，犯罪中止以彻底放弃犯罪或有效防止犯罪结果发生为必要条件，犯罪结果之所以没有发生，必须是由于其中止行为所致。如果犯罪结果未能被阻止，或者犯罪结果虽然没有发生，而是由于其他原因所致，自动放弃犯罪者就不能构成犯罪中止。韩国刑法第26条规定："行为人已着手犯罪行为之实行，而因己意中止，或防止其结果发生者，减轻或免除其刑。"这是客观说的立法例之一。主观说认为，刑法对犯罪中止之所以规定减轻或免除处罚，是因为中止犯的主观危险性已经减少，所以共同犯罪人中某人放弃犯罪行为，即使未能防止结果发生，也应依犯罪中止处理。1976年联邦德国刑法典第24条第2款规定："数人共同犯罪，其中因己意而防

9

止犯罪之完成者，不受未遂犯之处罚。犯罪非因中止者之所为而不完成，或犯罪之遂行与中止者以前之参与行为无关时，如有因己意防止犯罪完成之诚挚努力，亦足免罚。"这一规定虽然原则上采客观说，但也吸收了主观说的观点。我国刑法没有类似联邦德国刑法典的规定，按照我国刑法，中止犯罪者如果未能防止犯罪结果的发生，不能以犯罪中止处理；但中止行为和行为人为防止犯罪结果发生所作的诚恳努力，可以在量刑时作为酌定从轻情节予以考虑。从本案的情况看，连某等人共同预谋在火车上实施抢劫，按照约定上了火车，后连某得知车上有乘警，便自动放弃了犯罪意图，没有实施抢劫行为，而其同伙在火车上实施暴力进行抢劫，随后被乘警抓获归案。对此，不得认定连某抢劫罪的中止。因为对共同正犯采用部分实行全部责任的原则，连某不仅要对自己的行为及结果负责，还要对连某同伙人实施抢劫的行为及其侵犯了他人的财产所有权和生命健康权的结果负责，既然连某同伙的行为已经造成了危害后果，也完全符合抢劫罪构成要件的规定或者说已经犯罪既遂，连某理应对同伙人的抢劫既遂承担刑事责任。所以，连某只是放弃了自己的行为，并没有有效制止同伙实施抢劫，防止犯罪结果发生，因此连某的行为不能以犯罪中止论处。当然，连某放弃实施暴力行为的情节，对连某而言是一个十分重要的酌定量刑情节。

最后，连某的行为属于犯罪既遂，应以抢劫既遂犯论处。其主要理由是：一般而言，共同犯罪中的各犯罪人的行为已相互联系为一个统一的整体，每个人的行为都是处于整体行为的有机统一体中而与犯罪结果具有因果关系，这就决定了每个共同犯罪人不仅对自己的犯罪行为负责，而且应对整体的犯罪行为负责。在这种情况下，共同犯罪中只要有一人的行为造成了危害结果，就认为全体共同犯罪人均为既遂。因此，如果考虑其中部分人的行为是否构成犯罪中止时，就应该将其放在共同实行犯罪行为的整体中，看其犯罪中止是否在停止本人犯罪的前提下阻止了其他犯罪人继续实施犯罪或者有效地防止了犯罪结果的发生。如果某一个或者某几个实行犯仅仅在实行过程中消极地停止犯罪，而未积极阻止其他共同犯罪人的犯罪行为；或者在犯罪行为实行完毕而犯罪未达到既遂时，采取了防止犯罪结果的行为却未奏效，则其自动停止犯罪不能构成犯罪中止，只能根据结果是否发生构成犯罪既遂形态或未遂形态。从本案的情况看，连某参与预谋抢劫的过程中，与其同伙实施了共同犯罪预备行为，在火车上，准备伺机作案。不管他们之间具体分工如何不同，他们的犯罪活动是在同一目的之下，彼此联系，相互配合而准备实施的，犯罪危害结果与各个共同犯罪人的行为之间有因果关系。连某只是本人消极地放弃实施抢劫行为，而放任其同伙继续将抢劫犯罪进行到底，以致造成危害社会和人身财产的结果，则说明连某消极放弃犯罪行为不能阻止其已经实施的犯罪行为继续发挥其作用，其已经实施的行为与犯罪结果的发生之间存在着直接的因果关系，危害社会的结果并没有受到阻止。因此，只能根据犯罪结果是否发生来判断连某的行为是既遂还是未遂。当然实践中也有很多司法工作者按照这种观点办理案件。

由上述可见，对于共犯人的犯罪形态，仍应根据我国刑法所规定的各种形态的特征予以认定，不得另立认定标准。在各共犯人的犯罪形态相同的情况下，各共犯人的犯罪形态与整个共同犯罪的形态具有一致性；在各共犯人的犯罪形态不相同的情况下，就难以（也无必要）确定整个共同犯罪的形态。

四、专家点评

本案涉及共同犯罪中的犯罪中止问题。共同犯罪中的犯罪中止，要结合各共同犯罪人在共同犯罪中的地位和作用，根据犯罪中止的自动性、有效性、彻底性、时空性等特征来分析。一个总的基本原则是，共同犯罪人除自己中止犯罪行为外，还要有效地消除其行为对共同犯罪行为或结果的原因力，这样才能成立犯罪中止。如教唆犯除了中止本人行为外，还应制止被教唆人的犯罪才能成立犯罪中止；帮助犯在实施帮助行为以后，必须及时有效地撤回其帮助，阻止实行犯利用本人所创造的条件去实行犯罪才能成立犯罪中止。在共谋共同实行犯中，行为人参与了共谋而基于自己的意志不去实行犯罪，如果不能制止其他实行犯实行犯罪行为，则意味着并没有有效地消除其参与共谋行为对其他共犯的实行行为以及犯罪结果的原因力，故不能成立犯罪中止。本案连某的行为正是适例，评析意见是正确的。

谢某、刘某抢劫、盗窃旅客财产案

本案聚焦

> 区分犯罪预备与犯罪未遂是本案的关键，是否已经着手实行犯罪是二者区别的标志。

一、案情回放

被告人：谢某，男，35 岁，山西省太原制镜厂卫生所医师。

被告人：刘某，男，28 岁，石家庄市郊区农民。

被告人谢某、刘某经预谋后，于 1999 年 3 月 7 日谢身穿警服伙同刘携带有催眠作用的三唑仑药粉，窜上太原开往上海的 474 次旅客列车，谢在 9 号车厢 8 号包厢内欲将"三唑仑"药粉放进 11 号下铺旅客林某茶杯内未得逞，后又趁林某熟睡之机，从林挂在衣帽钩上裤子口袋内盗出钱包一个，内有人民币 3200 元，澳币 2000 元，港币 600 元，及身份证、通行证、回乡证、金卡、信誉卡等物，后与刘在衡水站下车逃窜。3 月 13 日谢又伙同刘从太原站窜上太原开往青岛的 578 次旅客列车，谢在 10 号软卧车厢 7 号包厢内，用三唑仑药粉将旅客郝某麻醉致昏迷后，将郝装在西服口袋内的人民币 1500 元拿走，与在外等候的刘从辛集站下车逃走。3 月 28 日谢又与刘从西安车站窜上西安开往长春的 126 次旅客列车，谢在 8 号软卧车厢，用三唑仑药粉将旅客张某麻醉后，拿走张放在茶几上的诺基亚手机一部，价值人民币 1445 元，后与在其他车厢等候的刘从闻喜车站下车逃窜。

太原铁路运输检察院认定谢某、刘某的行为构成抢劫罪、盗窃罪，将此案诉至太原铁路运输法院。太原铁路运输法院以抢劫罪、盗窃罪，分别判处谢某有期徒刑 13 年，刘某有期徒刑 7 年。

二、争议问题

1. 在第一起抢劫过程中，被告人谢某实施的麻醉未得逞，进而窃取他人财物的行为应如何定性，存在以下几种分歧意见：

第一种意见认为，被告人谢某麻醉抢劫未得逞，随即利用旅客林某熟睡之机，秘密窃取他人财物，其行为构成盗窃罪。

第二种意见认为，被告人谢某在实施抢劫过程中，麻醉未得逞，进而秘密窃取他人财物，其行为构成抢劫罪（未遂）和盗窃罪。

第三种意见认为，被告人谢某为了实施抢劫，准备麻醉药品，制造作案条件，但由于行为人意志以外的原因未能着手实施抢劫罪实行行为，进而趁人熟睡之机秘密窃取财物，其行为构成抢劫罪（预备）和盗窃罪。

2. 二被告人的行为在共同犯罪中应如何定性，存在以下几种分歧意见：

第一种意见认为，虽然被告人刘某没有到犯罪现场，但二人事前有预谋，并一同携带麻醉药品上车，谢得手后，一同下车逃窜，事后分赃，因此二人的行为系共同行为，不分主从。

第二种意见认为，在共同犯罪中，被告人谢某寻找作案目标，具体实施抢劫行为，起了主要作用，系主犯。被告人刘某参与抢劫，在共同犯罪中起了次要作用和辅助作用，系从犯。

三、评析意见

1. 关于第一个问题我们同意第三种意见

（1）二被告人上火车前曾预谋抢劫，并准备好麻醉药品，只因客观条件麻醉未能得逞，进而秘密窃取他人财物行为，其特征在于两个性质不同的行为分别具备抢劫罪和盗窃罪的构成要件，故不宜只认定盗窃罪。

（2）被告人谢某实施抢劫过程中，欲将三唑仑药粉放入被害人的杯中，但被害人没有杯子，没有实行犯罪的时机和环境条件，根本无法着手实行抢劫犯罪。而我国现行刑法第23条规定，已经着手实行犯罪，但由于犯罪分子意志以外的原因而未得逞的是犯罪未遂。很明显，被告人的行为不宜认定为抢劫罪（未遂）和盗窃罪。

被告人谢、刘二人为实施抢劫，积极准备犯罪工具——麻醉药品，以伺机蓄意作案，但因客观环境的限制，根本无法着手实施往被害人杯中放药品的实行行为，导致抢劫犯罪计划落空。此情形完全符合抢劫罪犯罪预备的三个特征：①行为人已开始为抢劫罪的实行进行犯罪预备行为；②行为人尚未着手实施抢劫罪的实行行为；③尚未着手实施抢劫罪的实行行为是由于行为人意志以外的原因。被告人谢某并没有因此放弃犯罪意图，趁被害人熟睡之机，秘密窃取他人财物，其行为构成盗窃罪。因此，应认定为抢劫罪（预备）和盗窃罪。

2. 关于第二个问题我们同意第二种意见

我国刑法第26条第1款规定："组织、领导犯罪集团进行犯罪活动的或者在共同犯罪中起主要作用的，是主犯。"据此主犯包括两类：一是组织、领导犯罪集团进行犯罪活动的犯罪分子；二是其他在共同犯罪中起主要作用的犯罪分子。在共同犯罪中起主要作用的犯罪分子，是指除犯罪集团的首要分子以外的在共同犯罪中对共同犯罪的形成、实施与完成起决定或重要作用的犯罪分子。这里主要是指在共同犯罪中起主要作用的实行犯。他们直接实施犯罪构成客观方面的行为，其行为是共同犯罪结果发生的主要原因，危险性大，也是从重处罚的对象。我国刑法第27条第1款规定"在共同犯罪中起次要或者辅助作用的，是从犯"。从犯，即通常所说的帮助犯。所谓帮助犯，是指以共同犯罪的故意，在他人实施和完成犯罪行为之前、之后或实行犯罪过程中，帮助他人实施和完成犯罪行为的人。无论是次要的实行犯，还是帮助犯，其共同特点都是在共同犯罪中不起主要作用，其主观恶性和客观社会危害性相对于主犯而言要小。本案中，被告人谢某事前出谋划策，实施犯罪时积极参加，担任主角，具体实施抢劫犯罪行为，对被害人丧失财产所有权起决定作用，而被告人刘某虽有共同犯罪的故意，但没有具体实施抢劫行为，只是在被告人谢某实施抢劫行为之后，帮助他完成犯罪行为，在共同犯罪中起辅助作用。因此，应认定这起抢劫、盗窃案中，被告人谢某系主犯，刘某系从犯。

四、专家点评

本案中，涉及抢劫罪的"其他方法"的认定。我国刑法一般认为，所谓其他方法是指除暴力、胁迫外，对被害人施加某种力量使其处于不知反抗或者丧失反抗能力的状态的方法，如用药物麻醉、使用催眠术等方法。对于谢某第一次行为的认定，关键在于是否着手，这也是认定属于抢劫未遂还是预备的关键所在。实施抢劫罪的实行行为，学界一般认为，抢劫罪完整的实行行为可以分解为双重的实行行为内容，一为在前的侵犯公民人身的积极行为，一为在后的侵犯公私财物的非法强行得财的目的行为，因此，判断是否已开始实行第一行为即侵犯人身的行为，即为着手实行抢劫罪的实行行为。从本案案情来看，被告人谢某、刘某第一次投放催眠药的行为未果，这可以认定为是为开始实施侵犯公民人身的抢劫前行为的准备和创造条件的工作，而非在前侵犯公民人身的实行行为的开始，应当认定是抢劫罪的预备和盗窃罪。

至于对谢某、刘某在共同实施抢劫罪共同犯罪的身份的定性，从本案介绍来分析，谢某被定为是主犯而刘某是从犯，这一点从法院的判决在量刑上的适当也可以看出。因此是恰当的。麻醉抢劫经常发生在列车上，正确认定此类抢劫罪，有重要的实践意义。

丁某抢劫案

本案聚焦

　　被告人携带爆炸装置的行为是其实施抢劫的手段行为，其目的是为了恐吓威胁被害人索要财物，其手段行为与目的行为触犯的是不同罪名，成立牵连犯。

一、案情回放

　　被告人：丁某，男，39岁，农民。因涉嫌非法携带危险物品危及公共安全罪，于1998年11月17日被羁押，同年12月23日被逮捕。

　　被告人丁某于1998年10月16日携带整套爆炸装置，从滁州车站乘坐上海至太原的472次旅客列车，欲到太原恐吓威胁朱某（个体服装商加工业老板）索要钱财。当列车运行至徐州车站时，在3、4号车厢风挡处，乘警查票时发现其身上携带雷管3枚，电线拉盒1个，遂将其交徐州站派出所审查，后当列车行至寿阳站时，从5号车厢14、15号坐席下又发现一提包，包内有炸药26管，每管重160克，共重4160克，导火索2根，电池6节等物。经查，该包系丁某所带。

　　太原铁路运输检察院以抢劫罪（预备），将此案诉至太原铁路运输法院。太原铁路运输法院以抢劫罪（预备）判处其有期徒刑 2 年，并处罚金人民币 1000 元。

二、争议问题

丁某的行为是构成非法运输爆炸物罪、非法携带危险物品危及公共安全罪还是抢劫罪（预备）存在很大分歧，主要有以下三种意见：

第一种意见认为，丁某的行为构成非法运输爆炸物罪。其主要理由是：非法运输爆炸物罪是指违反国家有关爆炸物管理规范，擅自运输爆炸物危害公共安全的行为。由于枪支、弹药、爆炸物的杀伤力与破坏力相当大，故规定为抽象的危险犯。因此，成立本罪不要求发生具体危险。本案中，丁某明知是爆炸物，而故意非法运输，违反有关法规，转移爆炸物存在地的行为，符合非法运输爆炸物的构成要件实质规定，应认定为非法运输爆炸物罪。

第二种意见认为，丁某的行为构成非法携带危险物品危及公共安全罪。其主要理由是：非法携带危险物品危及公共安全罪，是指非法携带爆炸性、易燃性物品，进入公共场所或公共交通工具，危及公共安全，情节严重的行为。本罪客观行为中的携带，是指在进入公共场所或者公共交通工具时，将其危险物品带在身上或者置于身边，使其置于现实支配之下的行为。本案中，丁某明知是危险物品而携带，进入了公共场所或公共交通工具，同时符合"情节严重的情形"，应认定为非法携带危险物品危及公共安全罪。

第三种意见认为，丁某的行为构成抢劫罪（预备）。其主要理由：抢劫罪是指以非法占有为目的，对公私财物所有人、保管人或者其他在场人当场实施暴力，以当场实施暴力相胁迫或者采用其他侵犯人身的方法，迫使被害人当场交出财物或者当场夺走财物的行为。其中暴力行为是侵犯公民人身自由权、健康权直至生命权的、施加于人身的强力打击和强制行为，包括捆绑、殴打、伤害直到杀害等程度不同的侵犯人身的表现形式。本案中，丁某以非法占有他人财物为目的，积极准备爆炸物，为强行劫取财物创造条件，其行为对犯罪客体存在着实际的威胁，具有很大的社会危害性，但该案在预备阶段已被查获，符合抢劫罪的预备形态，应认定为抢劫罪（预备）。

三、评析意见

我们同意第三种意见，理由如下：

首先，丁某的行为不符合非法运输爆炸物罪的基本特征。携带爆炸物与非法运输爆炸物具有相似之处，但非法运输，应是与非法制造、买卖、邮寄的爆炸物具有关联的行为，即明知是非法制造、买卖、邮寄的爆炸物而运输的，成立非法运输爆炸物罪。就本案而言，行为人在主体和客观方面符合非法运输爆炸物罪的特征应该是没有问题的，但是从其所实施的客观行为和犯罪故意来看，则与非法运输爆炸物罪的特征不相符。其一，本案中丁某客观携带行为，是指在进入公共场所或者公共交通工具时，将枪支、弹药、管制工具及其他危险物品带在身上或者置于身边，使其置于现实支配之下的行为。而运输是转移枪支、弹药、爆炸物存在地的行为，两种行为存在着实质的区别。其二，丁某的犯罪故意以携带爆炸装置相威胁，索要钱财，而没有非法运输爆炸物的故意内容。可见，丁某携带爆炸物的行为，并没有运输的主观内容。因此，不能以非法运输爆炸物罪论处。

其次，丁某的行为符合非法携带危险物品危及公共安全罪的构成要件。非法携带危险物品危及公共安全罪，是指非法携带爆炸性、易燃性物品，进入公共场所或者公共交通工具，危及公共安全，情节严重的行为。其基本特征是：侵犯的客体是公共安全，客观方面表现为行为人携带危险物品，主体为一般主体，主观方面是直接故意。就本案而言，丁某的行为不仅触犯了非法携带危险物品危及公共安全罪，又达到了抢劫罪预备阶段，只是由于公安人员对其犯罪活动及时发觉和侦破，才未实施抢劫行为。这是一种典型的想象竞合犯，即一个行为触犯了数个罪名的情况，丁某为实施抢劫做准备，携带危险物品在途中这一行为触犯了两个罪名，该行为符合两个犯罪构成。根据刑法规定，对于想象竞合犯，应按行为所触犯的罪名中的一个重罪论处，而不以数罪论处。抢劫罪相对于非法携带危险物品危及公共安全罪是重罪，因此，不能以非法携带危险物品危及公共安全罪论处。

最后，丁某的行为构成抢劫罪（预备）。理由如下：如同一切直接故意犯罪一样，抢劫罪的发展过程中可以有犯罪的预备阶段和实行阶段。我国现行刑法第22条规定：为了犯罪，准备工具，创造条件的，是犯罪预备。根据这一规定，并结合抢劫罪的内容和我国刑法有关原理，抢劫罪的犯罪预备形态，是指已经为抢劫罪的实行进行犯罪预备行为，但由于行为人意志以外的原因而未能着手实施抢劫罪的实行行为的犯罪形态。处于这一形态的行为人，是抢劫罪的预备犯。本案中该罪的主要特征：（1）被告人丁某已开始为抢劫罪的实行进行犯罪预备行为；（2）被告人丁某尚未着手实施抢劫罪的实行行为；（3）尚未着手实施抢劫罪的实行行为是由于被告人丁某被公安机关查获。抢劫罪的犯罪预备形态是上述三个特征的有机结合和统一，其中前两个特征侧重于揭示其客观特点，第三个特征侧重于揭示其主观特点，即抢劫罪的犯罪预备形态也是主客观要件统一，为抢劫罪的实行创造便利条件的行为是其客观要件，为实施抢劫罪而进行犯罪预备的故意是其主观要件，这种主客观要件的统一构成了抢劫罪的预备犯承担刑事责任的科学根据。就本案而言，被告人丁某为了抢劫他人钱财，准备爆炸装置，并携带乘坐火车前往实施，途中被查获，根本不可能有异地抢劫犯罪的实行和完成，此行为完全符合抢劫罪预备行为的本质和表现形式，而不符合抢劫罪实行行为的要求。因此，被告人丁某的行为应认定为抢劫罪（预备）。

四、专家点评

在本案中，被告人丁某出于欲实施抢劫之主观目的，而携带爆炸装置乘车前往目的地的行为，符合牵连犯的特征。丁某携带爆炸装置的行为是实施抢劫的手段行为，而其目的行为是恐吓威胁朱某索要钱财。其手段行为（携带爆炸物的行为）与目的行为（恐吓威胁朱某的行为）触犯的是不同的罪名，成立牵连犯。

丁某的行为属于理论上通常认为的区分抢劫罪的犯罪预备形态与未遂形态之一的"尚在途中"的典型形式，学界通常认为这属于抢劫罪的犯罪预备形态。丁某的手段行为是属于非法运输的行为还是非法携带危险物品危及公共安全罪？非法运输的行为是指违反有关法规，转移爆炸物存在地的行为，而非法携带是指在进入公共场所或者公共交通工具时，将爆炸物这种危险物品带在身上或者置于身边，使其置于现实的支配之下的行为。非法运输应是与非法制造、买卖、邮寄的爆炸物相关联的行为，即明知是非法制造、买卖、邮寄而运输的，成立非法运输爆炸物罪，与非法制造、买卖等无关的携带行为，应成立非法携带危险物品危及公共安全罪。

综上，应认为丁某的行为成立牵连犯，依照牵连犯"应从一重罪"的原则，比较非法携带危险物品危及公共安全罪与抢劫罪的轻重，应以抢劫罪（预备）定罪处罚，法院的判决是恰当的。

王某列车抢劫案

转化型抢劫罪的认定。

一、案情回放

被告人：王某，男，18 岁，初中文化，捕前系农民，住通许县玉皇庙镇河西于村。

2001 年 10 月 16 日晚，被告人王某伙同李某（在逃）窜至榆次站伺机行窃，次日凌晨 4 时 30 分许，成都开往太原的 1486 次旅客列车在榆次站停车时，由李某从列车外侧将 16 号卧铺车厢 19 号至 20 号铺对面的窗户打开，王某在李某的帮助下钻入车内，骑在车窗上，将旅客江某（女，四川省德阳糖酒公司职工）放在行李架上的提包拽下，扔给同伙李某。当该王继续盗窃旅客李某放在行李架上的提包时，被乘警发现，并被抱住大腿，该王为抗拒抓捕，用拳头击打乘警头部，并指使同伙李某用石头砸乘警，企图逃跑，后被乘警抓获，被盗物品已追回，经太原市物价事务所物品价格鉴定，旅客江某被盗物品分别为：红黑相间色背包一个，价值人民币 15 元；红黑相间色女式套裙一套，价值人民币 445 元；灰色普通女式套裙一套，价值人民币 80 元；蓝色女式套裙一套，价值人民币 240 元；花格裙一套，价值人民币 35 元；黑色依梦牌女式上衣一件，价值人民币 210 元；黑色女式睡衣一件，价值人民币 5 元，以上物品共计价值人民币 1030 元，另有留有密码活期存折一个，上述物品均已发还失主。

2002 年 2 月 7 日太原铁路运输检察院以抢劫罪对王某提起公诉，2000 年 3 月 6 日太原铁路运输法院以抢劫罪判处王某 10 年有期徒刑，罚金人民币 1000 元，剥夺政治权利 1 年。

二、争议问题

在行窃过程中，为了抗拒抓捕，而当场使用暴力的应如何定性？

第一种意见认为，应定盗窃罪和故意伤害罪，实行并罚。其理由是：盗窃罪是指以非法占有为目的，秘密窃取公私财物数额较大或者多次窃取公私财物的行为。本案中，王某的行为明显符合盗窃罪的构成要件，而其受到乘警的阻挠和抓捕后对乘警实施伤害，主观故意明显，所以应该数罪并罚。

第二种意见认为，应定抢劫罪。因为王某在实施盗窃的过程中，为了抗拒抓捕当场使用暴力，符合转化型抢劫罪的要件，应定抢劫罪。

第三种意见认为，王某在盗窃的过程中被发现，盗窃未遂，而对乘警的故意伤害构成了故意伤害罪。

三、评析意见

我们认为第二种意见是正确的。

1. 我们从转化型抢劫罪适用条件来分析

我国刑法第 269 条规定：犯盗窃、诈骗、抢夺罪，为窝藏赃物、抗拒抓捕或者毁灭罪证而当场使用暴力或者以暴力相威胁的，依照本法第263条（抢劫罪）的规定定罪处罚。这是一种特殊形式的抢劫罪，刑法学界称之为"转化型抢劫罪"或"准抢劫罪"。适用该条款处理的犯罪必须同时具备几个转化条件，即符合转化型抢劫罪的主客观构成要件。

对构成转化型抢劫罪主观条件的理解和适用。行为人使用暴力或者以暴力相威胁的目的，是为了窝藏赃物、抗拒抓捕或者毁灭罪证。这里的抗拒抓捕，是指行为人使用暴力抗拒包括一般公民对其进行的抓获、扭送行为，也包括公安、司法机关对其进行的拘留、逮捕行为。本案中，被告人王某在列车上进行盗窃，在窃取财物想要逃离的时候，被乘警发现，这个时候用暴力抗拒缉拿，故意实施抗拒抓捕的故意伤害行为。

刑法第269条规定的客观要件就是"当场使用暴力或者以暴力相威胁"，指行为人对抓捕人实施足以危及身体健康或生命安全的行为，或以立即实施这种行为相威胁。其中，对"当场"的理解，第一种观点认为，"当场"就是实施盗窃、诈骗、抢夺犯罪的现场。这种观点对"当场"的理解过于机械，使时空范围过于狭窄，不符合转化型抢劫罪的实际情况和犯罪构成要求，也不利于打击这类犯罪。第二种观点认为，"当场"是指与窝藏赃物、抗拒抓捕、毁灭罪证有关的地方。从时间看，可以是盗窃等行为实施时或刚实施完不久，也可以是数天或数月后；从地点看，可以是盗窃等行为的犯罪地，也可以是离开盗窃等犯罪地的途中，还可以是行为人的住所等地。这种观点使"当场"的时间过于宽泛，不符合该条规定的立法本意，会扩大打击面。我们认为，"当场"既包括行为人实施盗窃等行为的现场，也包括行为人在逃离作案现场被人发现后的整个被追捕过程与现场。如果行为人在作案时或者逃离作案现场时没有被及时发现，在事后其他地点被发现，而对他人使用暴力或者以暴力相威胁的，则不存在转化为抢劫罪的问题，应当以构成什么罪按什么罪处罚。

2. 转化型抢劫罪既遂与未遂的认定

司法实践中，对于符合条件的盗窃、诈骗、抢夺罪的既遂转化为抢劫罪的既遂，已经没有争议。对于实施盗窃等未遂的犯罪转化为抢劫罪这一问题，也没有太大争议。但对这类转化犯罪是定抢劫罪既遂还是未遂，众说纷纭。一种观点认为，转化型抢劫罪是以"当场实施暴力或以暴力相威胁"为构成要件的，只要行为人当场实施了暴力或者以暴力相威胁，其转化行为就被认为实施完毕，其行为也就转化为抢劫罪既遂，因此，转化型抢劫罪不存在未遂。另一种观点认为，转化型抢劫罪既然是按刑法第263条规定的一般抢劫罪处罚，作为与一般抢劫罪（未造成人身严重危害后果）罪质相同，危险性和危害性一致的转化型抢劫罪就没有理由不把取得财物与否作为既遂与未遂的区分标准。

我们认为，转化型抢劫罪是一种特殊形式的抢劫罪，它不等同于一般抢劫罪，也就不能完全按一般抢劫罪（未造成严重人身危害）以财物取得与否作为既遂与未遂的区分标准。对于当场使用暴力致人轻伤、重伤或者死亡的，不论行为人是否取得财物，都应认定为抢劫罪既遂，这与刑法第263条的规定是基本一致的。原因是行为人不仅侵害了公私财物所有权，更重要的是侵害了公民的人身权利，这是抢劫罪从重惩处的原因。但是未造成人身伤害后果的，是抢劫罪既遂还是未遂，应根据案件的具体情况综合分析，不能一概而论。如过于注重保护人身权利一面，忽视行为人为实施盗窃、诈骗、抢夺占有公私财产的目的性，那就有本末倒置之嫌。如果完全以财物是否到手作为转化型抢劫罪既遂与未遂的标准，就背离了转化型抢劫罪的立法本意。具体本案中，被告人王某在作案现场，正在行窃过程中，抗拒抓捕，故意伤害抓捕他的乘警，应定抢劫罪，符合罪刑相适应的原则。

四、专家点评

我们认为刑法第 269 条规定转化型抢劫罪中的"犯盗窃、诈骗、抢夺罪",并不以盗窃、诈骗、抢夺等行为已经完成作为条件,正在实施盗窃等行为的,只要符合其他条件,完全可以构成抢劫罪。本案犯盗窃罪,为了抗拒抓捕而当场实施暴力,是典型的转化型抢劫。评析意见是正确的。

易某抢劫旅客财产案

在列车上盗窃转化为抢劫后能否认定为"在交通工具上抢劫"？这将直接关系到对被告人适用刑罚上的变化。

一、案情回放

2003 年 8 月 29 日凌晨 5 时许，被告人易某在 T53 次旅客列车 3 号车厢，趁同车厢 58 号座位旅客吴某洗脸之机，将其装在黑色提包内西服口袋里的现金 1100 元及一盒"迎奥运"牌香烟盗走。吴某洗脸返回座位后，发现西服口袋里的现金、"迎奥运"牌香烟被盗后，即向吸"迎奥运"牌香烟的被告人易某询问，易某否认盗窃现金的事实，并将吴某推倒在座位上进行殴打后，匆忙离开现场，并将其所盗现金 1100 元抛弃于 2 号至 3 号车厢的连接处。被害人吴某见易某离去，又紧追至连接处抓住易，二人拉扯过程中，车上乘警赶到，并将被告人易某抓获。法院以抢劫罪判处被告人易某有期徒刑 4 年。

二、争议问题

对易某在列车上盗窃转化为抢劫的行为是否认定为"在交通工具上抢劫"，直接关系到对其适用的刑罚是 10 年以上还是

10 年以下，对此有两种观点。

第一种观点认为，易某的行为虽转化为抢劫罪，但不能认定为"在交通工具上抢劫"而处以 10 年以上刑罚。理由：盗窃罪转化为抢劫罪是法律规定的一种特殊情况，本身并不符合抢劫罪的构成要件，在量刑上已由"3 年以下"的基本刑升格为"3 年以上"的基本刑。在"交通工具上抢劫"是标准的抢劫罪的特定情节，刑期则为"10 年以上"。

将盗窃罪升格为"在交通工具上抢劫"意味着量刑由"3 年以下"升格到"10 年以上"，这必须是要有明确的法律依据。刑法第 269 条、第 263 条虽然可以作为其法律依据，但这两个条文是笼统的，并不具体针对转化型抢劫犯而言。在最高人民法院《关于审理抢劫案件具体运用法律若干问题的解释》中，对"入户盗窃"转化为"入户抢劫"有明确的规定。该《解释》第 1 条第 2 款规定："对于入户盗窃，因被发现而当场使用暴力或者以暴力相威胁的行为，应当认定为入户抢劫。"相比之下，并未对"在交通工具上盗窃"转化为"在交通工具上抢劫"作出明确规定。所以，认定易某的行为属于"在交通工具上抢劫"没有法律依据，《解释》没有作出相应的规定，在交通工具上盗窃就只能转化为抢劫犯罪的一般情节，处以 3 年以上有期徒刑。

第二种观点认为，易某的行为转化为抢劫罪，具有"在交通工具上抢劫"这一情节，应按照《中华人民共和国刑法》第 263 条的规定，处 10 年以上有期徒刑。理由：在交通工具上抢劫并不是一个单独的罪名，只是抢劫罪科以重刑的一个情节。因此，只存在盗窃罪转化为抢劫罪，不存在盗窃罪转化为抢劫罪之后，又转化为"在交通工具上抢劫"的情况。即作为前提条件的抢劫罪成立，那么只要具有特定情节，就应该依照该情节处以刑罚。

三、评析意见

笔者同意第二种观点。

抢劫罪是一种严重的犯罪，它既侵犯被害人的财产权，也侵犯被害人的人身权，为打击抢劫犯罪，刑法不仅将抢劫罪规定在分则第五章侵犯财产罪的首位，而且规定了比其他侵犯财产罪相对较重的法定刑。刑法第 263 条规定抢劫罪基本犯（一般情节）的法定刑即为"3 年以上 10 年以下有期徒刑，并处罚金"，同时规定了具有八种特征情节的法定刑，这八种情节是对旧刑法中"情节严重的或者致人重伤、死亡的"所作的具体化，这八种情节是作为法定刑加重条件的情节。

刑法为什么要将这八种情节规定为更高的法定刑呢？显然，是因为这八种情节具有更严重的社会危害性。以"在公共交通工具上抢劫"为例，公共交通工具上人员众多，而且人员可能来自不同地方，在公共交通工具上抢劫，除严重威胁到正在交通工具上人员的人身安全外，犯罪的危害性可能通过交通工具上人员散布到更大的区域，场所的特殊性反映出社会危害性的增大，所以对其必须规定更高的法定刑。这是罪刑相适应原则的要求。

那么，盗窃转化为抢劫的社会危害性与普通抢劫相比，其社会危害性如何呢？我们认为其完全可以达到相同的危害程度。以本案为例，易某在列车上盗窃被害人的现金和香烟后，不但不畏罪，而且还在车厢内抽吸被害人的香烟，并对前来抓捕的被害人进行殴打，其行为对社会治安是一种严重的挑衅，是对被害人和普通乘客感情的严重损害。可以说，其社会危害性一点不比易某一开始就使用暴力劫取被害人的现金和香烟来得小，因为它使被害人和旅客感到了犯罪分子的嚣张。所以，按照刑法第五条罪刑相适应原则的要求，对易某也应当适用重刑。

那么，能不能像第一种观点说的，因为最高人民法院的《解释》对"入户盗窃"转化为"入户抢劫"有明确规定，而没有明确规定"在公共交通工具上盗窃"转化为"在公共交通工具上抢劫"，就认为后者没有法律依据呢？显然是否定的。仅依据法律规定了甲，而没有规定乙，就认定法律否定乙，在逻辑上是说不通的。

针对第一种观点，我们要明确加重的法定刑是适用于所有抢劫犯罪，还是仅适用于普通抢劫犯罪，而不适用于转化型抢劫罪。刑法典是我国对付犯罪的主要依据，它是系统的刑事法律，除有特别的规定外，它适用于一切犯罪。刑法第 269 条和第 263 条是转化型抢劫罪的法律依据，其并没有对转化型抢劫罪的量刑作出相反的、特殊的规定，所以升格的法定型完全适用于转化型抢劫罪。

综上，我们认为，对易某的行为适用"在公共交通工具上"抢劫，科以 10 年以上有期徒刑是适当的，而法院作出的 4 年有期徒刑的判决是欠妥的。

当然，我们也认为，在司法解释尚未作出明确解释时，应当严格根据转化型抢劫罪的构成要件以及立法将其作为加重情节的理由来认定。所以，我们认为以下情节不能作为加重情节，即行为人虽然在公共交通工具上实施了盗窃，但其实施的"暴力或以暴力相威胁"的行为是在公共交通工具以外的。

四、专家点评

在公共交通工具上实施盗窃而转化为抢劫的，我认为应当认定为在公共交通工具上抢劫。"在公共交通工具上抢劫"之所以构成加重处刑的情节，是因为此种情况下抢劫行为发生的特殊场合比一般情形下的抢劫具有更大的社会危害性，也反映了行为人更大的人身危险性。在列车上盗窃转化为抢劫，此时的抢劫行为当然发生在公共交通工具上，其社会危险性并不因为是盗窃转化为抢劫而较小。有关司法解释明确了入户盗窃转化为抢劫，应认定为入户抢劫，这属于当然解释。其意义在于强调一下对此类案件性质的准确认定和对犯罪分子的适当量刑。不能因为没有对公共交通工具上盗窃转化为抢劫作出解释，就说认定为"在公共交通工具上抢劫"没有法律依据。刑法第 263 条和第 269 条之规定，对此类案件的认定提供了充分的法律依据。

王某、白某、陈某盗窃旅客财产案

本案聚焦

盗窃过程中对第三人以暴力相威胁应如何认定？

一、案情回放

2000 年 10 月份的一天，被告人王某、白某、陈某预谋上旅客列车行窃。当晚，三人乘上 1628 次旅客列车，由白某、陈某望风，王某趁旅客付某睡觉之机用刀片将其上衣兜割开，窃得赃款 2850 元。其间，白某看见旅客徐某欲告诉失主，于是从兜内掏出一把折叠刀（未打开），朝徐某晃了几下，徐未敢再作声。而后，三人逃匿。

大同铁路运输检察院以盗窃罪提起公诉，大同铁路运输法院以盗窃罪判处王某有期徒刑 2 年，白某有期徒刑 1 年，陈某有期徒刑 1 年。

二、争议问题

在本案审查中对王某、白某、陈某的行为的定性存在四种不同意见：

第一种意见认为，王某、陈某、白某的行为均构成抢劫罪。

本案三名犯罪嫌疑人在预谋后赶往作案地点决意盗窃，然而在实施盗窃的过程中，白某掏出一把折叠刀朝徐某晃，尽管刀未打开，但是其用意明显，就是一旦不从就要对其身体进行伤害，属于当场以暴力相威胁。正是这种威胁制止了徐某进一步实施阻止盗窃的行为，从而使三名犯罪嫌疑人当场攫取现金，其行为属于以暴力威胁手段劫取他人财物，是典型的抢劫。虽然预谋时仅以盗窃为内容，但是在实施阶段，王某、陈某对近在咫尺的白某的行为不可能不知道，他俩既没有制止白某也没表示反对，是对其行为的认同，因而构成抢劫罪共犯。

第二种意见认为，王某、陈某、白某的行为均构成抢劫罪（转化型）。三人的行为可以分为两个阶段：第一阶段，盗窃预谋后着手实施盗窃犯罪。王某趁失主熟睡之机以公民合法财产为目标，实施秘密窃取失主财物的行为，而该财产经事后清点已达到盗窃罪法定起刑点。第二阶段，为了窝藏赃物当场以暴力相威胁。一旦徐某告知了失主，就会导致王某他们无法最终得到该赃款，因而，他们当场实施了以用刀伤害相威胁的方法，目的在于防止失主发现到手的赃物，从而便于他们窝藏赃物，最终实现对财物的占有。暴力威胁的实施使得行为性质由盗窃转化为抢劫。

第三种意见认为，王某、陈某的行为构成盗窃罪，白某的行为构成抢劫罪。王某、陈某、白某在实施盗窃预谋后，由王某以秘密窃取手段着手实施了犯罪，陈某、白某二人依照事先分工为王某望风。三人之间经过预谋在主观上已相互沟通，三人均对自己和他人共同实施盗窃犯罪有明确认识。但是，王某、陈某事先并不知道白某准备了刀子并实施了以刀威胁被害人徐某的行为。换句话说，白某实施以暴力威胁手段攫取被害人财物的行为超出了他们三人预谋的范围，这种超出共同故意之外的犯罪，不是共同犯罪。白某应单独承担抢劫罪的刑事责任。

第四种意见认为，王某、陈某、白某的行为均构成盗窃罪。

尽管白某对他人使用了暴力威胁，但威胁的目的是为了秘密窃取的顺利实现，而不是致使失主不敢反抗从而交出钱财。实施暴力的对象既不是失主，也不是能够对失主从心理上起到受胁迫作用的第三人。失主对他人受胁迫是完全不知情的，失主并未因此产生任何不敢反抗的心理。犯罪嫌疑人取得财物的主要方式是秘密窃取，符合盗窃罪的特征。

三、评析意见

我们赞同第四种意见。理由如下：

1. 行为人取得财物的主要方式是采用了秘密窃取的手段。盗窃罪与其他犯罪的主要区别是取得财产的直接手段。本案中，三名行为人取得财物的主要方式是利用失主熟睡时割盗其衣兜内的现金，这是利用了失主正处于暂时不知反抗的状态，失主没有反抗的原因不是慑于行为人的威胁不敢反抗，而是不知道自己的财产权利受到了犯罪行为的侵害。在整个犯罪过程中，行为人自认为其取得了财物的原因也是他们使用了不会使失主发觉的方法，而不是由于以暴力威胁了他人。本案具有显著的"秘密窃取"特征。行为人对第三人使用了暴力相威胁的手段，也只是为了阻止他人告诉失主，是为了实现秘密窃取而服务的。因此，本案数名行为人的主观故意内容是一致的，就是通过秘密窃取的方法非法占有他人财物。

2. 失主不知道行为人对第三人实施了暴力威胁。抢劫罪的客观方面特征主要是使用暴力、胁迫等手段以致使被害人不能反抗或不敢反抗。暴力、胁迫等手段的对象除财物所有者本人外，也可以是第三人。但是我们认为这里所讲的第三人应该是具有一定特殊作用的第三人，也就是说，行为人通过对第三人实施暴力威胁的手段，就能够对财物所有者或管理者的心理产生畏惧、不敢反抗的作用，从而迫使其交出财物。本案中，王某实施割盗失

35

主现金行为时，失主正处于熟睡期间，对现金被盗不知情，对第三人为此受暴力威胁更不知情。白某用刀威胁徐某的情形，并没有对失主造成任何心理影响。因此，本案行为人暴力威胁的对象是与失主无关的第三人，在实施盗窃过程中行为人没有对失主采取暴力、胁迫等使之不能抗拒的方法，并非强行劫取他人财物的抢劫行为。

3. 行为人实施暴力威胁的目的是避免秘密盗窃手段被失主发现，而不是为了窝藏赃物或抗拒抓捕。本案中，负责望风的白某对第三人徐某实施以刀相威胁，这个行为发生在王某实施盗窃的过程中，此时王某的盗窃行为尚未完成，既然赃物还尚未偷到手，白某的行为就不能算是"为了窝藏赃物"；徐某欲采取叫醒失主的方法使得盗窃不能得逞，既然并非要扭送他们到司法机关，白某的行为也不能算是"为了抗拒抓捕"。因此，本案行为人在实施盗窃过程中没有为了窝藏赃物、抗拒抓捕或毁灭罪证而对被害人采取暴力、胁迫等方法，并非转化型抢劫罪。

综上，应认定上述三名犯罪嫌疑人的行为构成盗窃罪。至于白某对乘客徐某实施了以刀相威胁的情况，则在一定程度上说明了其主观恶性稍大于一般盗窃行为，可以作为量刑情节予以考虑。

四、专家点评

抢劫罪的暴力或胁迫一般实施的对象应和意图劫取财物的对象一致。但在某些特殊情形下，如转化型抢劫中，暴力、胁迫的对象就不限于财物的管理人、所有人等。本案中，白某以刀相威胁，目睹正在进行盗窃行为的第三人徐某，主观上并非以窝藏赃物或抗拒抓捕，因此，该行为的性质仍属盗窃，而非抢劫。评析意见是正确的。

董某等人盗窃、段某窝藏赃物案①

本案的关键之处在于对窝藏赃物罪主观方面中的"明知是赃物"在司法实践中的准确认定，以及"接受赠与"是否属于窝藏行为的把握。

37

一、案情回放

被告人：董某，男，30岁，无业。

被告人：许某，男，30岁，无业。

被告人：段某，女，27岁，无业。

被告人段某于1991年6月同董某相识后，两人便非法同居，且生有一男孩。1992年7月，董某因犯盗窃罪被判处有期徒刑6

---

① 《中华人民共和国刑法修正案（六）》，将刑法第三百一十二条修改为："明知是犯罪所得及其产生的收益而予以窝藏、转移、收购、代为销售或者以其他方法掩饰、隐瞒的，处三年以下有期徒刑、拘役或者管制，并处或者单处罚金；情节严重的，处三年以上七年以下有期徒刑，并处罚金。"

《关于执行〈中华人民共和国刑法〉确定罪名的补充规定（三）》，将《刑法》第312条（《刑法修正案（六）》第19条）修改为掩饰、隐瞒犯罪所得、犯罪所得收益罪，取消窝藏、转移、收购、销售赃物罪罪名。

年6个月，1998年1月刑满释放。1999年6月18日被告人董某、许某经预谋后，从旅客列车车窗处盗窃人民币27万元，董某分得赃款12万元。后董某用赃款购买了摩托车、电视机、VCD等物品交给段某，后又将物品拉运至段某家中。董某又于1999年7月17日，在卫辉市用赃款给段某购买了金项链一条、金戒指一枚，并以段某为其抚养孩子予以补偿为由，给段某赃款4万元。据董某交代，当时给段某钱时，并未告诉其钱的来源，段某也辩解称："当时我没问他钱是从何处来的，他也没有告诉我钱是从何处来的。"案发后，段某称："公安人员找到我，我才知道他给我的钱是偷来的。"但在公安机关对段某取保候审后，段某只供述董某给过其2万元，对另外的2万元矢口否认。

太原铁路运输检察院认为董某、许某的行为构成盗窃罪；段某的行为构成窝藏赃物罪，将此案诉至太原铁路运输法院。太原铁路运输法院以盗窃罪，判处董某有期徒刑14年，剥夺政治权利2年，并处罚金人民币5万元；以盗窃罪，判处许某有期徒刑12年，剥夺政治权利1年，并处罚金人民币5万元；以窝藏赃物罪，判处段某拘役6个月，缓刑1年，并处罚金人民币1.5万元。

二、争议问题

本案中，对于段某的行为是否构成窝藏赃物罪存在很大的分歧，主要存在两种观点：

第一种观点认为，段某主观上并不明知是赃物，客观上实施的是接受赠与的行为，不构成窝藏赃物罪。

第二种观点认为，段某凭多年的生活经验应当明知是赃物，客观上其接受赠与的行为具备窝藏赃物的性质，构成窝藏赃物罪。

三、评析意见

我们同意第二种意见。关于窝藏、转移、收购、销售赃物罪的认定，在实践中的分歧主要有两点：一是在主观方面，行为人的主观明知是否包括应当明知；二是在客观方面，明知是赃物而接受赠与的行为是否构成本罪。我们仅就实践中的这两点分歧作一简要分析和论证。

1. 关于该罪主观方面的认识

按照刑法犯罪故意理论，故意包括认识因素和意志因素两方面。意志因素包括希望与放任两种情况；关于认识因素该罪采用的是特殊之明知，即以犯罪人明知是某种情况作为构成要件，在本罪中则是指犯罪人明知是赃物。在实践中我们常将主观明知区分为"明知"和"应当明知"。"明知"指行为人在实施窝藏、转移、收购、销售行为以前，已由他人告知或亲眼所见明确知道是赃物，此时行为人实施窝藏、转移、收购、销售的行为，是对危害结果的一种积极追求，其意志因素是希望危害结果的发生，属于直接故意。

"应当明知"是指行为人在行为前并不确知是赃物，但通过社会阅历、赃物价格、购买时间、地点等可以推定该物品可能是赃物，但行为人往往出于贪图私利、朋友义气、亲属关系等原因和目的而为之。此时行为人已认识到或许会发生危害结果，只不过在其看来是否发生危害结果没有关系，其对危害结果发生并非积极追求，属于刑法理论上的未必故意，而未必故意是间接故意的一种，故此时其主观方面是一种间接故意。根据刑法的规定，该罪的主观方面是故意，而故意又分为直接故意与间接故意，由此可推断出：不论是直接故意还是间接故意都属于该罪的主观方面。"应当明知"自然也不例外。

最高人民法院、最高人民检察院曾在 1992 年 12 月《关于办理盗窃案件具体应用法律的若干问题解释》第 8 条第 1 项规定"认定窝赃、销赃罪的明知不能仅凭被告人的口供，应当根据案件的客观事实予以分析，只要证明被告人应当知道或知道是犯罪所得的赃物而予以窝藏或者代为销售的就可以认定"。可见在司法实践中，一般是将"应当明知"作为该罪的主观故意来认定。在最新的司法解释对此问题没有具体规定前，可参照此规定办理。本案中，段某在接受董某的财物时，董虽事先未告知是偷来的，但段某凭借与董某的生活经验、董某的前科劣迹及刑满释放的时间、无业等情况，应当认识到刑满释放不到一年，又无正当职业的董某是不可能在短时间内挣到如此多的钱物的，这些物品应该是赃物，而且董某曾因盗窃罪被判过刑。段某在接受财物时对财物来源不闻不问，这一点也充分说明段某应当明知财物是赃物，不过问来源只能说明其心知肚明回避盗窃所得赃物而已。

2. 关于该罪客观方面的认识

本罪的客观方面表现为实施了窝藏、转移、收购、销售赃物的行为之一。明知是赃物而接受赠与的行为是否属于上述四种行为之一，构成本罪呢？我们不妨从理论上作一探讨。

首先从侵害的客体来看，明知是赃物而接受赠与的行为同样起到了为犯罪分子藏匿罪证的作用，增加了被害人损失进一步扩大的可能性，干扰了司法机关及时追查、打击犯罪的活动，侵害了国家司法机关的正常活动，具有与窝藏、转移、收购、销售等行为同样的社会危害后果。

第二，从行为人行为时的主观方面来看，明知是赃物而接受赠与时，其主观故意方面的认识因素已具备，行为人应该认识到此时接受赠与会损害他人的合法权利，可能会妨害司法活动，但仍然接受赠与，希望或放任的意志因素已经产生，其主观故意与窝藏、转移、销售及收购行为并无不同。

第三，最高人民法院、最高人民检察院在《关于办理盗窃案件具体应用法律的若干问题解释》第 8 条第 2 项规定："买赃自用，情节严重的也应按销赃罪处理。"修订后的刑法将收购赃物与代为销售并列规定，说明立法意图是把买赃自用以收购赃物专门定罪。从行为表现来比较，买赃自用与接受赠与的行为性质相同，都侵害了司法机关的正常活动和被害人对其财产所享有的权利，造成了同样的危害后果。主观方面均为故意，既然买赃自用情节严重的构成销赃罪，那么明知是赃物而接受赠与，情节严重的也应成为该罪打击的目标。

此外，从立法本意来看，我国刑法之所以将窝藏、转移、收购、销售赃物罪规定在妨害社会管理秩序罪中的妨害司法一节中，是因为该罪实际上起了一种湮灭犯罪证据的作用，导致犯罪行为无据可查，并易纵容各种财产型犯罪。法律设立该罪的目的就在于釜底抽薪，截断某些财产型犯罪中赃物的转化途径，使犯罪分子的犯罪目的不能实现，减少被害人的损失。另外也起到固定证据的作用，为司法工作的顺利开展扫除障碍。由于行为人在"明知"或"应当明知"的情况下实施接受赠与的行为，侵害了司法机关正常的工作秩序。不将其规定为犯罪，将使某些犯罪分子借赠与之名行藏匿赃物之实，成为其规避法律制裁的借口，起不到防范财产型犯罪和固定证据的目的，有悖于我国刑法设立该罪立法本意。

总之，明知是赃物而接受赠与的行为应属于窝藏、转移、收购、销售的犯罪行为，那么，究竟属于上述四种行为的哪一种呢？刘家琛在其主编的《新刑法条文释义》一书中讲道："窝赃就是指为犯罪所得赃物人提供隐藏赃物的场所，其形式是多样的，主要是收受、搬运、隐藏和寄藏等。收受是指无偿地取得赃物，通常是指犯罪分子将赃物赠与窝赃人，至于是从赃物持有人手中直接收取，还是通过第三者转交，在所不问。"我们赞同这种观点，明知是赃物而接受赠与，客观上起到了为犯罪分子提供隐藏赃物场所的作用，使其赃物能够藏匿而不被发现。而转移则是指转移赃物人将赃物从一个地方转移到另一地方，发生了位移，犯罪分子将赃物从本人手中转移到窝赃人手中，并不属于刑法上的转移赃物。收购、销售赃物罪则行为人必须支付一定的对价，显然接受赠与的行为不构成收购、销售赃物罪，应定为窝藏赃物罪。

本案中，段某通过社会阅历、与董某的生活经历、董某的职业、前科劣迹等情况，在应当明知董某所赠之物是赃物的情况下，仍然接受赠与，其行为在客观上起到了为董某提供隐藏赃物场所的作用，干扰了司法机关的正常活动，侵害了司法机关正常的工作秩序，构成窝藏赃物罪。

四、专家点评

本案的关键之处在于对窝藏赃物罪主观方面中的"明知是赃物"在司法实践中的准确认定，以及"接受赠与"是否属于窝藏行为的把握。就本案而言，段某知道董某有前科劣迹、无正当收入来源，而突然赠与其价值很大的摩托车、电器以及金项链等甚至大量现金，从客观事实分析，段某应当知道这些财物的来源不正当，是违法犯罪所得的，即"明知是赃物"；接受赠与之后，对赃物的占有、保管，在客观上起到了隐藏赃物的作用，妨害了司法机关的正常活动。故我们认为起诉、裁判及评析意见认为段某构成窝藏赃物罪是正确的。

二/货车侵财犯罪案件

冯某、雷某、马某等人盗窃铁路运输物资案

本案聚焦

43

盗窃罪既遂的认定。盗窃罪的既遂应以行为人实际控制住所盗财物为标准。实际控制又以行为人逃离盗窃现场并摆脱追捕为标准。

一、案情回放

被告人：冯某，男，42岁，陕西省佳县人，汉族，农民。户籍所在地：陕西省佳县螅镇小社村，暂租住于山西省古交市东曲。

被告人：雷某，绰号小四川，男，31岁，四川省通江县人，汉族，农民，住通江县瓦室区药铺乡药坪村，暂租住于山西省古交市矾石沟煤矿。

被告人：马某，男，35岁，山西省古交市人，汉族，农民。户籍所在地：古交市岔口乡阳湾村，暂租住于古交市西曲村。

冯某、雷某、马某伙同杜某、三三（均在逃）等人于 1997 年 7 月 31 日深夜纠集在古交市西曲村口，伺机到古交火车站盗窃运输物资。8 月 1 日凌晨 2 时许，五人共同窜上停留在古交车站 13 道待发的敞车车厢内，从中盗窃古交钢铁厂储运部运输的 22 型号生铁 131 块，重 1888 公斤，每公斤价值 1.2 元，共计价值 2265.6 元。盗窃后藏匿在该站 12 道停留的一节空车厢内等待时机转移。8 月 3 日 7 时许，冯某、杜某、三三在取赃时，冯某被公安人员抓获，杜某、三三弃赃逃走。缴获生铁 1888 公斤。

太原铁路运输检察院将此案起诉到太原铁路运输法院，1998 年 3 月 2 日，冯某被太原铁路运输法院以盗窃罪判处有期徒刑 1 年 6 个月，并处罚金人民币 500 元。雷某以盗窃罪被判处有期徒刑 1 年 6 个月，并处罚金人民币 500 元。马某以盗窃罪被判处有期徒刑 1 年，并处罚金人民币 500 元。

二、争议问题

冯某、雷某、马某等人的盗窃行为是否构成盗窃罪的既遂？

三、评析意见

关于本案中行为人是否构成盗窃既遂的问题，我们认为应属于盗窃既遂犯。

关于盗窃既遂与未遂划分的标准，中外刑法理论均存在不同观点。主要有：第一，接触说。认为应以行为人是否接触到被盗窃财物为标准，接触到财物就是既遂。第二，转移说。认为应以行为人是否将被盗窃财物转移到安全地带为标准，已实施控制的为既遂。第三，控制说。认为应以行为人是否已经取得被盗窃财物的实际控制为标准，已实际控制的为既遂。第四，移动说。认为应以行为人是否移动被盗窃财物为标准，已移动为既遂。第五，失控说。认为应以被害人是否失去对财物的控制为标准，失去控制的为既遂。第六，失控加控制说。认为应以行为人是否使被害人失去对财物的控制，并且该财物已置于行为人的实际控制之下为标准，失去控制的为既遂。我们认为，盗窃罪是结果犯，应以给公私财产所有权造成直接损害结果为构成要件齐备的标志。所有权的损害结果表现在所有人或持有人控制之下的财物因被盗窃而脱离了其实际控制，一般而言，也意味着被盗窃财物已经被行为人控制，二者是一致的。因此，从对客体的损害着眼，以财物的所有人或持有人失去对被盗财物的控制作为既遂的标准，符合盗窃罪既遂的本质特征。至于行为人是否最终达到了非法占有并任意处置该财物的目的，不影响既遂的成立。铁路运输管理中的盗窃犯罪时常发生在旅客列车和货物列车运输途中及车站，处于相对独立的环境中，是一个特殊场所，具有自身的特点：（1）铁路客运案件中，旅客集中，流动性大，沿途人员上下频繁。（2）铁路货运案件中，货场集中，种类繁多，货场面积大，看守难度较大，行为人很容易沿铁路线进入货场。所以我们认为：盗窃罪的既遂采取失控说较为合适，即盗窃行为已经使被害人丧失对财物的控制时，就是既遂。因为盗窃罪是典型的侵犯所有权的犯罪，对财产所有权的损害结果，就是表现为财物在所有人、保管人、持有人的控制之下因被盗窃而脱离其实际控制，即从对客体的损害着手，以财物的所有人、保管人或者持有人失去对财物的控制作为盗窃罪既遂的标准，至于行为人是否最终达到了非法占有并任意处置该财物的目的，不影响既遂的成立。这样有利于对合法权益的保护。

如果采用国际通行的控制说或不少学者主张的"控制＋失控说"，则不能有力地打击在交通工具上的盗窃行为，也就无法有效地保障铁路运输工具上财产所有者、管理者的合法权益。在我国的司法实践中，并未明确在铁路运输工具的盗窃行为既遂与未遂的标准是什么学说。我们结合有关理论和有关司法解释认为，在铁路运输工具上的盗窃行为，应以失控说作为判定其既遂与未遂的标准。

1. 铁路运输领域中以失控说作为判断盗窃既遂标准的理论和法律依据

（1）从刑法理论看。有学者认为，盗窃罪的本质在于盗窃行为使合法财产权益受到损害，其危害程度的大小不在于行为人是否控制了财物，而在于被害人是否丧失了对财物的控制。我们赞同这种观点，在列车上，对旅客携带的财物进行盗窃，不能以财物脱离运输工具与否作为既遂与未遂的标准，而应以财物是否由行为人隐藏于身，或是否脱离了旅客的监控作为既遂与未遂的标准。因此，在实践中完全可以认为，盗窃行为人如果已将财物隐藏于自己身上（或包内）或将财物移离原处，置于自己的控制之下，使原所有人失去了对该财物的控制，不论是否脱离运输工具都应作为既遂处理。如果采用"控制说"或"失控+控制说"，那么就无法真实揭示盗窃行为的本质，无法准确地揭示其社会危害程度，就不能有力地打击在列车上的盗窃行为和保障交通工具管理人及旅客的财产权益，采用"控制说"或"失控+控制说"作为既遂标准的观点，过于强调盗窃行为的形式，而轻视了盗窃行为的本质和对合法权益的保护。

（2）从有关对发生在铁路运输中盗窃行为的法律适用意见看。我国铁路运输高级法院在《关于审理盗窃铁路运输物资案件的一些具体意见（试行）》中规定：凡是盗窃行为造成铁路运输部门丧失对运输物资的控制，即为盗窃既遂，否则为未遂。未遂与既遂以所有人或管理人是否对物资的失控为标准，显然采用的是失控说。该意见中还具体列举了四种情形属于犯罪既遂：①财物脱离列车；②从一个车厢转移到另一个车厢；③使运输货物移离原位，造成货物管理人脱离了对该货物监管的；④行为人将衣、鞋穿在身上或已经包好只待列车停站逃走而被当场抓获的。这些规定对列车上的盗窃行为不仅采用失控说，而且对失控的要求还非常之低。这说明其对交通运输工具的盗窃行为的既遂与未遂的区分标准是采用失控说，从司法机关的适用意见足以看出，失控说对我国刑法理论中"失控＋控制说"的补充，体现了国家对铁路运输这一交通工具特殊场所的财产权益的保护力度。

2. 失控说在司法实践中的运用

依据上述理论与规定，我们认为，在司法实践中针对铁路运输领域中行窃的，应区别下列不同情况：

（1）对于运行的货车，一般应以货物脱离运输工具时作为既遂。如火车在行驶时，行为人扒车盗窃，只要将货物卸下车，即为盗窃既遂。因为在这种情况下，行为人只要将货物窃离车厢，货物管理人就失去了对货物的控制，事实上置于行为人的控制之下。从盗窃罪的客观要件来看，行为人将货物从运行之工具卸下，其盗窃行为已全部齐备，行为人从车下转移财产，是对占有财产的处分行为，不影响盗窃既遂成立与否。

（2）停留在站段的列车上行窃货物，如有人监视、警戒的，行为人只有脱离了监视、警戒区才能控制财产。因而，应以行为人脱离管理人监视、警戒为既遂。没有监视、警戒的，以脱离运输工具为既遂。

（3）对于停留在货场中等待装运货物的行窃。货场是未经货物所有人或管理人同意不得进入的财产控制领域。由于这种特定控制区是财产所有人或管理人对财产的占有、管理的有效防护区。财产一旦脱离有效控制区，原所有人也就失去了对财产的占有、支配权，而置于行为人控制之下。因而，对这种情况，原则上应以货物盗出货场作为既遂的标志，财产尚未盗出货场应作未遂处理。如货场有大门或门卫控制的，应以越出大门、门卫为既遂。

（4）在旅客列车上盗窃财物时，行为人将旅客衣服、鞋子穿上或者物品拿走即为既遂，对于旅客的财物，一般以拿出车厢为既遂，即使是从甲车厢拿到乙车厢只要使旅客对其失去管理控制，就认为既遂。对于火车上旅客携带的财物进行盗窃，不能以财物窃离列车与否作为既遂与未遂的标准，而应以财物是否由行为人隐藏于身，或是否脱离了旅客的监控行为作为既遂与未遂的标准。如果已将财物隐藏于自己身上（或包内）或将货物移离原处，置于自己的控制之下，使旅客已经失去了对该财物的控制，不论是否脱离列车，都应作为既遂处理。但在我国的司法实践中，并未明确在铁路运输中的盗窃行为既遂与未遂的标准是什么学说。我们结合有关理论和有关司法解释认为，在铁路运输领域中的盗窃行为，应以失控说作为判定其既遂与未遂的标准。

综上，本案中冯某、雷某、马某等人窜上停留在古交车站13道待发的敞车车厢内，从中盗窃古交钢铁厂储运部运输生铁131块。盗窃后藏匿在该站12道停留的一节空车厢内等待时机转移。此时这些生铁对于车站来说已经处于失控状态，所以，根据失控说的标准，行为人的盗窃行为已经构成了既遂，属于盗窃既遂。

四、专家点评

关于盗窃罪既遂与未遂之区分，无论采用"失控说"、"控制说"或"失控＋控制说"，均需要结合具体案情如环境、对象、所处管理状态等来准确认定。评析意见分析了铁路盗窃案件的特殊性，从理论与实际性结合的角度论证了采用失控说的妥当性。评析意见是正确的，冯某等人的盗窃行为虽然没有完全地控制所盗财物，但已使财物脱离了管理人的控制，构成盗窃既遂。

李某盗窃铁路运输物资案

本案聚焦

共同犯罪的认定。我国刑法第 25 条规定："共同犯罪是指二人以上共同故意犯罪。"

一、案情回放

被告人：李某，男，33 岁，无业。

2002 年 10 月 14 日 23 时许，被告人李某雇用一辆自卸卡车至三家店火车站西货场内，趁木城涧煤矿看守人睡觉之机，找到货场当班的铲车司机赵某，谎称已与木城涧煤矿的看守人说好用煤之事，让赵某帮其用铲车往卡车上铲了三四铲煤，共计 8.38 吨煤炭（价值 2111.76 元），并给予赵某 100 元的"好处费"。后李某将所盗窃煤炭转移并存放在一家煤厂内。同年 10 月 21 日三家店车站派出所接到报案，同日下午被告人李某到派出所自首。北京铁路运输检察院以盗窃罪向法院提起公诉，北京铁路运输法院以盗窃罪判处其有期徒刑 1 年，缓刑 1 年。

二、争议问题

在审理本案的过程中，对于被告人李某的行为如何定性，以及赵某是否构成共同犯罪存在两种不同意见：

第一种意见认为，刑法第264条规定的盗窃罪，是指以非法占有为目的，秘密地多次窃取或者窃取数额较大的公私财物的行为。具体而言，即行为人主观方面为直接故意，并且具有非法占有公私财物的目的。客观方面表现为多次秘密窃取或者窃取数额较大的公私财物的行为。本案中，被告人李某主观上存有窃取货场内煤炭，以解自家冬季供暖之需，具有非法占有公私财物的故意。客观方面采取趁木城涧煤矿看守人睡觉之机，在夜间秘密窃取煤炭的行为将木城涧煤矿的煤炭盗走，也符合盗窃罪的客观要件。因此其行为构成盗窃罪。至于铲车司机赵某的行为，属于事实认识错误，不构成李某的共犯，只能以其行为违反企业规章制度为由给予其处罚。

第二种意见则认为，根据刑法的第271条和有关司法解释的规定，本案中李某和赵某的行为共同构成职务侵占行为，但由于数额没有达到法律规定的"数额较大"，因此不构成职务侵占罪。刑法规定：公司、企业或者其他单位的人员，利用职务上的便利，将本单位财物非法占为己有，数额较大的，构成职务侵占罪。最高人民法院《关于审理贪污、职务侵占案件如何认定共同犯罪几个问题的解释》第2条规定："行为人与公司、企业或者其他单位人员勾结，利用公司、企业或者其他单位人员的职务便利，共同将该单位财物非法占为己有，数额较大的，以职务侵占罪的共犯论处。"本案中，赵某和李某具有非法占有财物的目的。赵某分得人民币100元，虽然与李某非法所得悬殊很大，但这只是李某、赵某分赃的结果，不能否认赵某非法占有本单位财物的目的。其次，在客观方面，赵某作为三家店火车站西货场的铲车司机，在当班期间利用自己掌握铲车钥匙的条件，与李某共同将煤炭盗走，属于利用自己的职务便利。再次，构成职务侵占罪的手段方法是多种多样的，其中包括侵吞、虚报冒领、秘密窃取等。因此，赵某的行为构成职务侵占罪，与其共同实施行为的李某，根据司法解释的规定，以职务侵占罪的共犯论处。

三、评析意见

我们同意第一种意见，即李某的行为构成盗窃罪，赵某的行为不构成犯罪。理由如下：

1. 赵某的行为不构成犯罪。首先，赵某的行为属于事实认识错误，主观上不具有非法占有本单位财物的目的，也没有过失。所谓事实认识错误，是指行为人对与自己行为有关的事实情况有不符合真相的认识。包括对行为性质的认识错误、对行为手段的认识错误、对行为对象的认识错误和打击错误。对行为性质的认识错误是指行为人对自己行为的实际性质有不正确的理解，主要表现为行为并非合法，但行为人误认为合法。例如，行为人的行为本来不是正当防卫，但他自认为是正当防卫。这种情况下，不能认定为故意犯罪，如果行为人有过失，就认定为过失犯罪，如果没有过失，则宣告无罪。

本案中，赵某在开铲车帮李某铲煤之前，曾经问李某"是否与矿上说好了"，李某欺骗赵某说"说好了"，由于货场相关管理制度并不规范，使用铲车并不需要什么正式手续，所以赵某相信了李某。赵某在行为的全过程中都认为自己帮助李某铲煤的行为是正常的职务行为，属于对行为性质的认识错误，并且由于货场相关管理制度的缺陷，赵某也不能预见到其行为的违法性和危害性，不具有过失。此外，用赵某得了100元的好处费的事实来证明赵某意图非法占有财物的故意也不能成立，本案中，赵某所得100元虽不是其合理收入，违反了有关规章制度，但该行为的违法性与犯罪之间仍具有本质的区别。

2. 赵某和李某的行为不构成共同犯罪。法院认定李某、赵某构成职务侵占罪的最主要依据是最高人民法院《关于审理贪污、职务侵占案件如何认定共同犯罪几个问题的解释》第2条规定。根据该条规定，李某、赵某的行为必须是共同犯罪，李某是赵某的共犯，由于赵某是企业的工作人员，根据刑法"身份犯说"理论，即"无论是无身份人教唆、帮助有身份人实行犯罪，还是有身份人教唆、帮助无身份人实行犯罪，抑或是无身份人有身份人共同实施犯罪，原则上对各共同犯罪人均应以身份犯之罪定罪处罚"。但是，显而易见，本案中，李某和赵某的行为不构成共同犯罪。

我国刑法明确规定："共同犯罪是指二人以上共同故意犯罪。"作为共同犯罪，各犯罪人之间理应存在犯意之联络，而且共同犯罪人在认识因素上要认识到不是自己一个人单独实施犯罪，而是与他人共同实施犯罪；在意志因素上对本人以及其他共同犯罪人的行为会造成危害社会的结果持希望或者放任态度。本案中，赵某的行为的确对李某盗窃木城涧煤矿煤炭的行为起了辅助作用，但是，是李某欺骗赵某说"已经与矿上说好了"，可见，赵某和李某没有共同犯罪的"主观犯意的联络"，赵某并不知道李某有盗窃煤炭的故意，也没有认识到自己在实施危害行为，更不知道自己在与他人一起实施危害行为。由于本案中李某和赵某的行为不构成共同犯罪，那么，李某、赵某的行为不构成共同职务侵占行为。

3. 李某的行为符合盗窃罪的犯罪构成。如上所述，李某作为有刑事责任能力的人，其行为无论从主观方面，还是从客观方面，都符合盗窃罪的犯罪构成，应定李某犯盗窃罪。

四、专家点评

共同犯罪的主观要件是各共同犯罪人之间必须有共同犯罪的故意，其中意思联络是一个基本的要素。本案中，赵某的主观上没有非法占有单位财务的目的，也不知李某正在实施犯罪，其行为虽然被李某利用，对李某的犯罪行为起了一定帮助作用，但赵某是在完全不知情的情况下做出的，与李某并无意思联络。故赵某既无犯意，又无犯罪行为，其行为不构成犯罪，更谈不上与李某构成共同犯罪了，评析意见是正确的。

赵某盗窃铁路运输物资案

本案聚焦

追诉时效是指法律规定追究犯罪人刑事责任的有效期限，超过法定期限，就不再对犯罪人提起诉讼。刑法第 87 条将追诉时效划分为四档：（1）法定最高刑为不满 5 年有期徒刑的，其追诉时效期限为 5 年……

一、案情回放

被告人：赵某，男，42 岁，汉族，安徽省太和县人，初中文化，住山西省阳泉市东营盘村。

1995 年 11 月 9 日夜，被告人赵某伙同饶某甲、饶某乙（均已判刑）窜至阳泉车站，从一停留的货物列车上盗窃锰铁 940 公斤，价值人民币 3409.38 元。同年 11 月 11 日饶某甲、饶某乙被石家庄铁路公安处抓获，赵某闻风而逃。2001 年 1 月 9 日公安机关将逃匿 5 年 2 个多月的赵某抓获归案。同年 1 月 10 日被公安机关刑事拘留，2 月 9 日此案移送石家庄铁路运输检察院提请批准逮捕，检察院作出不批准逮捕决定，石家庄铁路公安机关撤案处理。

二、争议问题

本案争议的焦点是赵某的行为是否已过法定追诉时效，能否追究其刑事责任？对此，存在两种不同意见：

第一种意见认为，赵某的行为已构成盗窃罪，但是根据刑法从旧兼从轻的原则和追诉时效的规定，对赵某的行为应适应刑法第 264 条第 1 款的规定，其法定最高刑为有期徒刑 3 年，故对赵某的盗窃罪行追诉时效期限为 5 年，赵某的盗窃罪已过追诉期限，不应再追诉。

第二种意见认为，赵某的行为已构成盗窃罪，其在公安机关立案后外逃 5 年的行为，属于逃避侦查，根据刑法第 88 条第 1 款之规定，赵某的行为不受追诉期限的限制，应追究赵某的盗窃罪的刑事责任。

三、评析意见

我们赞同第一种意见，理由如下：

1. 赵某的行为已触犯刑法第 264 条第 1 款之规定，涉嫌盗窃罪。本案中，赵某的盗窃数额为 3409.38 元，按照铁路运输中盗窃数额认定标准的规定，赵某的盗窃数额无论依据修订前的刑法还是修订后的刑法都已达到"数额较大"标准。根据修订前的刑法第 151 条规定，赵某的行为应判处 5 年以下有期徒刑、拘役或者管制；根据现行刑法第 264 条第 1 款规定，赵某的行为应判处 3 年以下有期徒刑、拘役或者管制，并处或者单处罚金。

我国刑法在溯及力问题上采取的是从旧兼从轻原则，即新刑法原则上没有溯及力，但新刑法处罚较轻时，依照处罚较轻的新刑法处理。根据刑法第 12 条的规定，涉及本案处理的两种情况：（1）修订前的刑法认为是犯罪，本法也认为是犯罪，并且按照刑法第四章第八节的规定应当追诉的，除本法不认为是犯罪或者处刑较轻的以外，适用修订前的刑法追究刑事责任，刑法没有溯及力。（2）修订前的刑法认为是犯罪，本法不认为是犯罪或者处刑较轻的，刑法有溯及力。其中一层意思是修订前的刑法和本法都认为是犯罪，但本法处刑较轻，应依本法追究刑事责任。所谓处刑较轻，刑法理论又作了扩大解释，即不仅指法定刑较轻，也包括其他有利于行为人的规定。本案中赵某的盗窃罪法定刑发生变化，因此，根据本文前述第（2）项理由，刑法有溯及力，赵某的盗窃罪应按新刑法第264条第1款规定追究刑事责任。

2. 赵某的行为应依据修订前的刑法第77条规定追究刑事责任。修订前的刑法第77条规定："在人民法院、人民检察院、公安机关采取强制措施以后逃避侦查或者审判的，不受追诉期限的限制。"所谓采取强制措施，是指犯罪嫌疑人受到司法机关逮捕、拘留、监视居住、取保候审、拘传的情况，在这种情况下逃避侦查的，追诉时效停止，其逃避状态不论存在多久，都可以进行追诉，不受追诉时效的限制。司法实践中，犯罪嫌疑人逃避侦查或者审判，并不局限于司法机关采取强制措施后，而多见于在侦查机关立案侦查（如通缉），或者人民法院受理案件后闻风而逃，或者在案发后畏罪潜逃，因此，刑法在时效延长方面作了重大修改。修改后的刑法第88条第1款规定："在人民检察院、公安机关、国家安全机关立案侦查或者人民法院受理案件后，逃避侦查或审判的，不受追诉时效的限制；被害人在追诉期限内提出控告，人民法院、人民检察院、公安机关应当立案而不立案的，不受追诉期限的限制。"也就是说，只要对案件立案侦查，不论是否对其采取强制措施，都不受追诉时效的限制。

所谓"立案"并非是指刑事诉讼中的立案程序，而是指依据立案程序的规定作出的立案决定。因此，"立案侦查"应理解为立案并且侦查，或者作出立案决定后开始侦查。如果只是立案但还没有开始侦查，这不属于立案侦查，因而也就不存在追诉时效终止而无限期追诉的问题；所谓"逃避侦查或者审判"，是指犯罪嫌疑人主观上有逃避侦查或者审判目的，客观上有逃避侦查或者审判的行为。对于那些主观上没有逃避侦查或者审判的目的，而是正常外出的犯罪嫌疑人，不能认为是逃避侦查或者审判，这就是说，逃避侦查或者审判的行为必须是主客观相统一。对照以上两个规定可以看出，修订前的刑法不受时效限制的条件是"被采取强制措施以后逃避侦查或者审判的"，刑法是"立案侦查以后逃避侦查或者审判的"。可见，刑法将延长追诉时效的起始时间提前了，扩大了时效延长制度的范围，降低了时效延长的"门槛"，条件更加严格。因此，根据本文前述第 1 点中第（1）项理由，刑法没有溯及力，赵某的行为应依据修订前的刑法第 77 条规定追究刑事责任。

3. 赵某的这种行为已超过法定追诉时效。刑法在关于追诉时效期限的规定方面，未作任何修改，即：（1）法定最高刑为不满 5 年有期徒刑的，其追诉时效期限为 5 年；（2）法定最高刑为 5 年以上不满 10 年有期徒刑的，其追诉时效期限为 10 年。本案中赵某的盗窃罪行，若按修订前的刑法第 151 条规定处罚，法定最高刑为 5 年，其追诉时效期限应为 10 年；若按刑法第 264 条第 1 款规定处罚，法定最高刑为 3 年（不满 5 年），其追诉时效期限应为 5 年。根据本文前述第 1 点中第（2）项理由，刑法有溯及力，赵某的行为应当适应刑法规定，即其追诉时效期限为 5 年，赵某的行为已过追诉时效期限。

综上所述，赵某的盗窃罪行已过法定的追诉时效期限，根据刑事诉讼法第 15 条第（2）项之规定，不再追究赵某的刑事责任。

四、专家点评

我国刑法规定了追诉时效制度，这一规定显然不是故意放纵犯罪，而是为了有效地实现刑法目的。规定追诉时效制度体现了刑罚目的，体现了惩办与宽大相结合的刑事政策，体现了"历史从宽，现行从严"的政策。

　　本案涉及一个新旧刑法的适用问题，即如何理解和掌握1979年刑法和1997年刑法关于追诉时效延长的具体规定，本案评析意见以及在处理过程中正确地运用了具体的规定，因此对赵某不再追究刑事责任的观点是妥当的。

徐某等人盗窃铁路运输物资案

本案聚焦

行为人实施抢劫、盗窃、诈骗等犯罪后将自己犯罪所得的赃物予以隐藏、转移或者销售的，其藏匿、转移、销售赃物的行为本身，不再单独成立犯罪。①

一、案情回放

2002 年 7 月初的一天，被告人徐某到岳父家，遇见来岳父家探亲的岳父弟弟宁某，宁某向徐某提出帮助找份工作挣点路费回家，徐某答应试试。数日后，徐对宁说：有一个姓张的从过往的列车上往下刮焦炭，正缺人手，你跟他干吗？宁某说：行。7 月 14 日下午，徐某将宁某带至某铁路专用线路旁，介绍给在此

---

① 《中华人民共和国刑法修正案（六）》，将刑法第 312 条修改为："明知是犯罪所得及其产生的收益而予以窝藏、转移、收购、代为销售或者以其他方法掩饰、隐瞒的，处三年以下有期徒刑、拘役或者管制，并处或者单处罚金；情节严重的，处三年以上七年以下有期徒刑，并处罚金。"

《关于执行〈中华人民共和国刑法〉确定罪名的补充规定（三）》，将刑法第 312 条（《刑法修正案（六）》第 19 条）修改为掩饰、隐瞒犯罪所得、犯罪所得收益罪，取消窝藏、转移、收购、销售赃物罪罪名。

以盗窃焦炭为生的张某。徐与张商定让宁帮助盗窃焦炭，张给宁开工资，说定后，徐即离开现场。当晚，宁某伙同张某等人用自制的铁耙子，从运行的货物列车上往下刮焦炭，共盗窃焦炭500公斤，价值约600元。7月16日上午，徐某在宁某的要求下，又将宁某带至上述作案地点，然后徐某到附近水坑洗澡。此时，一列拉焦炭的货车途经此处，宁某伙同张某等人再次盗窃焦炭2600公斤，价值1040元。在宁、张等人收集、转运和藏匿赃物时，徐某回到现场，见宁某用小推车运焦炭很吃力，便过去帮助运了两趟，恰在这时，巡逻至此的公安人员将徐某等人抓获。

天津铁路运输检察院以徐、宁、张三人犯盗窃罪诉至天津铁路运输法院，天津铁路运输法院以盗窃罪对三人分别作出了有罪判决。

二、争议问题

在审查此案时，大家对宁某、张某涉嫌盗窃无争议，但对徐某的行为如何定性存在以下三种不同意见：

第一种意见认为，徐某的行为构成转移赃物罪，徐某应对转移的全部赃物总额负责。其主要理由是：（1）徐某主观上对焦炭没有占有目的，客观上没有实施盗窃行为，不构成盗窃犯罪。（2）徐某主观上明知焦炭是宁、张等人盗窃所得，客观上徐某实施帮助转移赃物的行为，符合转移赃物罪的主客观要件，构成转移赃物罪。（3）徐某帮助宁某转移赃物是二人共同转赃，徐某应当对转移的全部赃物承担刑事责任。

第二种意见认为，徐某事先明知张某等人以盗窃焦炭为生，而又把宁某介绍给张某，让宁某参与盗窃，这说明徐某在主观上有犯罪的故意，客观上唆使他人犯罪，构成共同犯罪的教唆犯。

第三种意见认为，徐某与宁某、张某等人是共同犯罪，徐某的行为构成盗窃罪。其主要理由是：盗窃罪是指以非法占有为目的，秘密窃取公私财物数额较大或者多次窃取公私财物的行为。本案中，徐某的行为从形式上看似乎符合转移赃物罪的特征，但实际上是承接其他几名窃贼的行为，且徐某的行为是宁某、张某盗窃犯罪行为的组成部分，他们的作用可能不同，但他们共同的行为导致了焦炭被盗这一危害结果的发生。因此，徐某的行为应以盗窃共犯论处，其行为构成盗窃罪。

三、评析意见

在上述几种意见当中，我们同意第三种意见，理由如下：

首先，徐某的行为不符合转移赃物罪的基本特征。窝藏、转移、收购、销售赃物罪，是指明知是犯罪所得的财物，而予以窝藏、转移、收购或者代为销售的行为。本罪名属于选择性罪名，行为人仅转移赃物，可认定为转移赃物罪。但是不包括本犯，即行为人自己窝藏、转移、销售自己犯罪所得的赃物的行为，不成立此罪。这里的本犯，包括获取赃物的原犯罪的实行犯、教唆犯与帮助犯，而不仅限于实行犯，即教唆犯与帮助犯实施窝藏、转移、收购、代为销售赃物的行为的，也不成立本罪。本案中，徐某帮助宁某、张某实施盗窃行为，宁某等人盗窃焦炭后，徐某又转移他们所盗窃的财物的，徐某只成立盗窃罪的帮助犯，即只成立盗窃罪，而不成立转移赃物罪。

其次，徐某的行为不宜认定为共同犯罪中的教唆犯。教唆犯是以授意、怂恿、劝说、利诱或者其他方法故意唆使他人犯罪的人。教唆犯的成立需要具备：（1）教唆对象；（2）教唆故意；（3）教唆行为。教唆行为作为一种主动、积极行为，其实质是引起他人的犯罪故意。如果教唆行为引起了被教唆人的犯罪故意，被教唆人进而实施被教唆的犯罪行为，即教唆行为与被教唆人实施犯罪行为之间具有因果关系，则教唆行为与被教唆人的犯罪行为构成共同犯罪。本案中，徐某介绍宁某去盗窃，是受宁某之托，宁某知道什么活儿后，自己主动想干，在这一点上，徐某是一种被动行为，因此可以推断徐某在主观上并没有教唆他人犯罪的故意，故徐某不是该共同盗窃犯罪中的教唆犯。

最后，徐某与宁某、张某实施了共同犯罪，其行为构成盗窃罪。根据我国刑法规定，共同犯罪的成立条件是：必须有二人以上；必须有共同故意；必须有共同行为。共同犯罪的特点在于其共同性。各共同犯罪人在共同故意的支配下，分工合作、互相配合，为完成同一犯罪而活动，他们的行为构成一个统一的行为整体，是一个犯罪行为。由于共同犯罪主客观的共同性，各行为人具体的主客观情况都丧失了独立决定行为性质的意义，有意义的只是他们共同的故意和统一的行为，共同的故意和统一的行为决定了各行为性质的共同性。因此，共同犯罪人应认定统一罪名。就本案的情况看：（1）徐某明知张某等人盗窃焦炭，还把宁某介绍给张某，并帮助宁某与张某谈好工钱，这说明徐某主观上已对这种危害行为持故意的心理态度，与宁某等人具有相同的犯罪故意。（2）徐、宁、张等人的行为构成一个盗窃整体。虽然各个共同犯罪人所实施犯罪行为、阶段不同，但他们具有共同的犯罪目的，他们各自的行为构成了完整的犯罪活动。（3）徐某帮助转移焦炭的行为，是盗窃过程中一个不可缺少的环节。在这一问题上，不能以徐某个人是否对焦炭有占有目的和单纯的转赃行为来认定徐某构成盗窃罪或转移赃物罪，而应综观全案看徐某主观动机、客观行为和危害结果，由此不难看出徐某、宁某、张某等人的行为符合共同犯罪的有关原理，均构成盗窃罪。

四、专家点评

本案中，徐某以言辞方式唆使他人犯罪，既有教唆故意，又有教唆行为和教唆对象，完全符合教唆犯的特征。但值得注意的是，徐某不仅教唆犯罪，而且在纠合犯罪人过程中起到了积极作用，并带领他人到犯罪地点。徐某通过上述行为，已与其他共同犯罪人产生了意思联络，具有共同非法占有公私财物的盗窃故意。徐某既有与他人共同犯罪的故意，又有共同犯罪行为，当然构成共犯。由于徐某已是盗窃的本犯，故其在其他犯罪人窃得财物后，帮助转移的行为应视为事后为维持不法占有状态的继续而实施的行为，不是承接犯，也不具有独立定罪（如转移赃物罪）的意义。由于其犯罪行为不仅仅限于教唆，因此，其在共同犯罪中的作用应综合全案来认定。有学者主张，在此情况下，一般仍按教唆犯论处。因为教唆行为比一般帮助行为性质更恶劣，但其帮助行为应作为情节在量刑上予以考虑。我认为这是妥当的。

三/站、场侵财犯罪案件

王某盗窃案

对因被告人意志以外的原因未能提取出现金，而实际为被告人所控制的两张存折，应认定为盗窃未遂。

一、案情回放

被告人：王某，男，27 岁，原系大同铁路分局朔州工务段工人。

1999 年 7 月 3 日凌晨 1 时许，王某窜入朔州工务段劳资室，撬开办公桌抽屉和卷柜，盗窃刘某和齐某的人民币 4590 元、定活两便存折两张（一张为 1998 年 7 月 23 日存入的 2 万元存折，本息合计 20252 元；另一张为 1999 年 6 月 18 日存入的 4000 元存折，本息合计 4000.33 元）、到期的定期一年存折一张（1998 年 6 月 26 日存入的 1200 元存折，本息合计 1262.84 元）。同日上午 11 时许，被告人又指使"小六子"等二人持盗来的两张小额存折到银行提取现金未成。后因被告人在借款时将存折抵押给他人而案发。大同铁路运输检察院以盗窃罪提起公诉，认定盗窃数额 30105.17 元，其中存折中的本金及利息 25515.17 元认定为未遂。大同铁路运输法院以同样的认定判处王某有期徒刑 3 年零 6 个月，并处罚金人民币 3000 元。

二、争议问题

对被告人王某的盗窃行为及数额如何认定，存在三种分歧意见。

第一种意见认为，盗窃数额应认定为 4590 元，盗窃的三张存折可按盗窃情节认定。理由是：被告人供称"盗窃存折的目的是为了向他人借赌资时作抵押用"，并无非法占有三张存折上的存款之故意，而且案发前被告人丢弃了其中的两张存折，失主通过挂失避免了存款损失。所以对三张存折应按盗窃情节认定。

第二种意见认为，盗窃数额应认定 30105.17 元，盗窃的现金和存折本金及孳息均按既遂认定。最高人民法院《关于审理盗窃案件具体应用法律若干问题的解释》（以下简称《解释》）第 5 条第 2 项第 2 目规定："记名的有价支付凭证、有价证券、有价票证，如果票面价值已定并能即时兑现的，如活期存折、已到期的定期存折，按票面数额和案发时应得的利息计算。"被告人盗窃的存折均为"票面价值已定并能即时兑现的"记名有价票证，按《解释》其盗窃存折的本金及其孳息应计入盗窃数额；并且被告人通过盗窃存折已经控制了失主的存款，应视为盗窃既遂。

第三种意见认为，盗窃数额应认定为 30105.17 元，其中盗窃的存折本金及孳息 25515.17 元应认定为未遂。理由是：（1）被告人盗窃的三张存折符合《解释》中的规定，应计入盗窃数额；（2）被告人虽然盗窃了存折，但因意志以外的原因并没有能够实际占有存折中的这三笔存款，未达到其非法占有存款的目的。被告人盗窃了存折说明其已经着手实行了犯罪，但由于"银行不予兑付"这一意志以外的原因，使其非法占有存折上的存款及其孳息的目的未能得逞，符合刑法第23条规定的情况，应认定为盗窃未遂。

三、评析意见

我们同意第三种意见。理由如下：

1. 从主观上来看被告人具有非法占有失主的三笔存款及其孳息，而并非是为了仅仅占有存折本身。具体表现为：（1）被告人从失主众多（盗窃现场共有十张）的存折中仅选择了可即时兑现的其中三张窃取，而对另外七张不能及时兑现的未到期的定期存折没有盗窃，这种选择足以说明被告人感兴趣的是可即时兑现的存折，即存款，而非存折本身。（2）被告人窃得存折后指使他人去银行兑取现金，验证了其非法占有三笔存款及其孳息的主观故意。

2. 从盗窃行为完成的程度看，被告人盗窃三张存折只是其整个盗窃犯罪的一个步骤。本案是一种特殊的盗窃犯罪，行为人不仅要首先窃得存折，而且还必须去银行兑取现金，若无后面的行为，则其盗窃目的无法实现，其盗窃存折亦无实际意义。因此就盗窃存折上的存款这一特定犯罪而言，必须由两个过程组成，即盗窃存折和兑取现金，二者缺一不可，否则盗窃行为不完全，非法占有存款的目的难以实现。本案被告人虽然完成了盗窃存折的行为，但由于其意志以外的原因未能完成兑现行为，其盗窃存款的行为没有彻底完成，盗窃存款的犯罪结果没有得逞。

3. 从非法占有情况看，被告人虽然盗窃了三张存折，但不等于已经占有了三笔存款及其孳息，要占有存款及其孳息还必须去银行兑取，客观上盗窃存折与占有存款（包括孳息）还有一段"距离",二者不能等同。就本案看,正是由于这段"距离",被告人才始终未能实际占有存款及其孳息。法学上关于盗窃罪认定的"占有论"认为:行为人实际占有了盗窃对象的为既遂,行为人始终未能实际占有盗窃对象的为未遂。按照"占有论",被告人盗窃三笔存款及其孳息的行为显属未遂。

4. 从实际控制程度看。存折的丢失不等于失主对所存现金完全失去了控制,他还可以根据"存款协议"去银行挂失,以避免损失;同样被告人盗窃了存折,也不等于他已经完全控制了存款及其孳息,因为此时银行对失主所存的现金还有一定的控制权。所以本案被告人虽然盗窃了存折,但未能完全控制存折上的存款。法学界的"控制说"认为:行为人实际控制了盗窃对象的为既遂,未能实现控制盗窃对象的为未遂。就本案而言,认定被告人盗窃存折的本金及其孳息为未遂,符合"控制说"的观点。

由上可见,将被告人盗窃的三张存折按盗窃情节认定,不但与被告人的主观故意不吻合,而且与《解释》的规定相悖,故第一种意见不妥;而第二种意见又与刑法第23条相悖,本案无论从盗窃行为完成的程度看,还是按"占有说"和"控制说"分析,被告人虽然着手实施了盗窃,但由于意志以外的原因而未能实现其占有他人钱财的目的,完全符合犯罪未遂的刑法规定,所以认定被告人盗窃三笔存款及其孳息为既遂的意见也不正确。只有第三种意见兼顾了刑法"主客观相一致"的原则与刑法第23条和《解释》的规定,也符合学理解释。

由本案引出的司法问题是,实践中如何理解和把握《解释》第5条第2项第2目的规定。该项对记名票证分两种情况进行了规定:第一种,"记名的有价支付凭证、有价证券、有价票证,如果票面价值已定并能即时兑现的,如活期存折、已到期的定期存折和已填上金额的支票,以及不需要证明手续即可提取货物的提货单等，按票面数额和案发时应得的利息或者可提货物的价值计算……"第二种，"不能即时兑现的记名有价支付凭证、有价证券、有价票证已被销毁、丢弃，而失主可以通过挂失、补领、补办手续等方式避免实际损失的，票面数额不作为定罪量刑的标准。但可作为定罪量刑的情节"。对解释中的此规定，笔者认为：（1）《解释》应按票证的不同特征归纳出相关类别即可，如"能即时兑现的"和"不能即时兑现的"，不应再作列举，否则会给司法实践带来界分困难和混乱。因为能否"即时兑现"的具体标准存在特殊性和可转化性，在实际生活中有时很难绝对化限定。如《解释》中所列举的"能即时兑现"的"活期存折"和"到期的定期存折"，若失主在存款前设定了密码，盗窃者即使窃得了存折也不好即时兑现，对此种情况按"不能即时兑现的"认定则更符合实际，也符合《解释》的精神，但与《解释》的列举情况相左。（2）《解释》未规定既遂与未遂问题，因此在认定"能即时兑现的"票证的盗窃价值时，应区分既遂与未遂的情况，凡已经兑现的无疑是既遂，凡准备兑现或去兑现但未能马上兑现的，应按未遂处理。（3）《解释》中第二种情况提到的"能即时兑现的有价支付凭证、有价证券、有价票证已被销毁……"的类型，不应包括像本案的情况，即盗窃分子故意盗窃该类票证后在兑现未成的情况下销毁或丢弃的情况，不然有悖刑法精神（指刑法第23条和"主客观相一致"的原则）。因此本案中所盗窃的存折，由于被告人未能及时兑现，并未达到实际占有的目的应当认定为盗窃未遂。

四、专家点评

最高人民法院《关于审理盗窃案件具体应用法律若干问题的解释》明确规定对于"记名的有价支付凭证、有价证券、有价票证，如果票面价值已定并能及时兑现的，如活期存折、已到期的定期存折和已经填上金额的支票，以及不需证明手续即可提取货物的提货单等，按票面数额和案发时应得的利息或者可提货物的价值计算"。我们认为此解释包含两层含义：一是认为只要实际占有了解释中所称的票面价值已定并能即时兑现的有价证券等，盗窃行为人已经控制了该有价证券所体现的财产利益，构成既遂，并不以其实际兑现为标准；二是计算方法。通常，只有盗窃既遂才发生数额计算的问题。盗窃行为已经完毕，对这些有价证券等的占有是犯罪后的一种状态，何时兑现，兑现（提取）多少，已由非法占有人决定。我认为王某盗窃一案应认定为盗窃既遂，这样就是按照相关司法解释的规定来认定，有合法依据。认定为未遂，从理论上讲，不能说没有任何道理，但明显是违背相关司法解释的规定。

69

张某盗窃案

本案聚焦

盗窃罪与侵占罪的区别有三：（1）犯罪故意形成的时间不同；（2）客观方面不同；（3）犯罪对象不同。侵占罪的对象是行为人事先代为保管的他人财物或者他人的遗忘物或埋藏物；盗窃罪的对象可以是任何公私财物。最后这一点是本案定性的关键。

一、案情回放

被告人：张某，男，21岁，湖北省郧西县农民。

2001年2月4日晨，张某与彭某在北京市房山区打工处一起领取工资后准备返回原籍，在宿舍张某见彭某将工资放入行李箱内。在去火车站的途中张某还对彭某讲："把你的行李箱看好。"当日8时许，二人来到北京西站，张某让彭某去买车票，他看管行李。彭某走后，张某将彭某放在行李箱中的3600元现金和1张面值5000元的定期存单拿走。彭某购票回来，张某将行李箱交还彭某并催促彭某将行李箱寄存。后张某借机离开现场，将3600元现金以自己的名义存入银行。彭某取行李箱时，由于寄存处将行李箱错发他人，彭某怕自己存单上的钱被别人领走，就到开户储蓄所挂失。后寄存处将行李箱找回并发还彭某。

彭某打开行李箱发现现金和存单已不在，即向公安机关报案。2001年12月21日，张某持上述定期存单到储蓄所取款时被抓获。北京铁路运输检察院认为张某的行为构成盗窃罪，将此案诉至北京铁路运输法院。北京铁路运输法院以盗窃罪，判处张某有期徒刑6个月。

二、争议问题

对张某的行为是构成盗窃罪还是侵占罪有两种不同的意见：

第一种意见认为，张某的行为不构成犯罪，只是非法侵占行为。其理由是：张某在侵占彭某财物之前，已实际控制了彭某的财物。张某的非法占有目的，产生在实际控制彭某托管物以后。根据刑法第270条规定，将代为保管的他人财物非法占为己有，数额较大，拒不退还的才构成侵占罪。而张某侵占的财物数额并没有达到法律规定数额较大的标准，因此，张某的行为不构成犯罪，只是非法侵占行为。

第二种意见认为，张某的行为构成盗窃罪。

三、评析意见

我们同意第二种意见，张某的行为构成盗窃罪。

盗窃罪是指以非法占有为目的，秘密窃取数额较大的公私财物或者多次盗窃公私财物的行为。

侵占罪是指将代为保管的他人财物，或者合法持有的他人遗忘物、埋藏物非法占为己有，数额较大，拒不退还的行为。

盗窃罪与侵占罪同属侵犯财产罪，二者的共同之处是：（1）都是侵犯公私财产所有权的犯罪。（2）主观上都具有非法占有他人财物的目的，都是直接故意的犯罪。（3）犯罪主体都是一般主体。（4）都以非法占有财物数额较大作为立案标准。二者的区别在于：（1）行为人与犯罪对象的关系不同。盗窃的财物是行为人以不使所有人发觉的方法，秘密地从所有人控制之下转移到行为人的控制之下的，而侵占的财物是合法的方式持有的他人财物，即变合法持有为非法所有。（2）犯罪对象的种类不同。盗窃的对象一般是动产，而侵占罪的对象可以是动产也可以是不动产。（3）犯罪的行为方式不同。盗窃罪只能以作为方式实施，不可能是不作为。侵占罪客观方面表现为对业已合法持有的他人财物应当退还或交出给所有人而拒不退还或不交出，即应履行其退还或交出其占有的财物的法律义务而拒不履行，本质上是一种不作为。（4）犯罪既遂的标准不同。盗窃罪既遂以公私财物脱离所有人的控制并被行为人所控制为标准，而侵占罪因为他人财物已在行为人控制之下，其既遂则是以行为人拒不退还或拒不交出为标准。

由此理论得出，侵占罪的行为人在侵占他人财物之前，必须已实际持有或控制他人财物。实际持有或控制他人财物的方式以刑法规定的三种方式为限，即代为保管他人财物、拾得他人遗忘物和发现他人埋藏物。其非法占有目的，必须产生在上述三种方式之后。手段上可以是公开或半公开的。对财物所有者来说，明知其财物是被谁非法占有的。因此，法律规定侵占罪是告诉才处理的案件。盗窃罪行为人的主观故意是产生在实际持有或控制他人财物之前。手段上必须是秘密的。对财物所有者来说，其财物是被谁非法占有了既可以明知也可以不明知。行为人的客观行为反映其主观故意。就本案而言张某非法占有彭某财物的手段属于秘密窃取，其主观故意产生于代为保管财物关系成立之前。从表面上看张某是在为彭某保管财物时，非法占有其财物的，但从本质上就不难看出，张某在实施盗窃行为之前已明知彭某行李箱内有钱，他还以提醒彭某注意看管好自己财物的所谓"好意"，来掩盖自己以后的犯罪行为。在到达北京西站时，张某不去买票，提议由彭某去买，自己看管行李，借机支走彭某。待彭某走后，张某以非法占有为目的，采用秘密窃取的方法，将彭某行李箱内的现金和定期存单盗走。也就是说张某在实际控制彭某财物之前，已经产生了非法占有彭某财物的主观故意。彭某购买车票回来后，张某将行李箱交还彭某并极力催促彭某将已没有了现金和存单的行李箱存入寄存处，使彭某无法知道自己行李箱内的财物已被其盗走。正如张某供述的那样："我让彭某把行李箱存入寄存处，是为了当彭某发现自己行李箱内的钱和存单没有了以后，不会怀疑是我偷的，而会认为是寄存处把他的钱给弄丢了。"由此可见张某在非法占有彭某财物以后，还企图用嫁祸他人的方法来掩盖自己的犯罪行为。尽管张某只盗走了彭某的部分财物，但他在实际控制彭某财物之前，就已经产生了非法占有彭某财物的主观故意，只不过其盗窃行为是在实际控制彭某财物之后才实施的而已。从该案的整个发展过程不难看出，张某主动要求帮彭某看管行李箱的真实目的，就是想将彭某行李箱内的钱财，以秘密窃取的方法，非法占为己有，最终他的这一目的，通过他的犯罪行为得到了实现。因此，张某的行为完全符合刑法第264条的规定，构成盗窃罪。因此，我们认为张某的行为已构成盗窃罪。

四、专家点评

本案中，张某的行为定盗窃罪还是侵占罪，关键在于受委托代他人保管财物的认定。

所谓委托保管，是指所有人自愿将自己的财物的占有权暂时转移给保管人，使财物完全脱离自己的控制，但并未放弃自己的所有权。因此，假如所有人将财物交到他人手中，并未转移占有权，财物并未脱离自己的控制，后者乘所有人不备将该财物非法据为己有，应当定盗窃而非侵占。本案中，张某的一系列行为正符合了上述理论观点，因此，对张某成立盗窃罪而非侵占罪的观点是正确的。

邓某车站盗窃案

本案聚焦

本案中，盗窃罪与侵占罪、诈骗罪主要的区别在于客观方面的不同，即非法占有他人财物的行为方式不同。盗窃罪的行为特征是"秘密窃取"；诈骗罪的行为特征是"虚构事实，隐瞒真相，使他人自愿将财物交付"；侵占罪的行为特征是"将代为保管的他人财物，占为己有拒不退还"。

一、案情回放

被告人：邓某，男，72 岁，文盲，无业。

被告人邓某于 2002 年 6 月至 9 月间先后五次在北京火车站及西客站利用其年老，以假冒老乡、骗说与被害人同路、唠家常等方法，骗取被害人的信任，后趁被害人买东西之机，将代为看管的行李拿走，并从中盗取钱财，共计 3000 元。2002 年 9 月 15 日 7 时许，当邓某再次实施犯罪后走到安检处被侦查人员当场抓获。

北京铁路运输检察院认定邓某的行为构成盗窃罪，将此案诉至北京铁路运输法院。北京铁路运输法院以盗窃罪，判处其有期徒刑 2 年。

二、争议问题

邓某的行为应如何定性，有三种分歧意见：

第一种意见认为，邓某以非法占有为目的，用虚构事实、隐瞒真相的方法骗得旅客信任，自愿将其行李交与邓某看管，邓趁机拿走旅客行李的行为构成诈骗罪。

第二种意见认为，邓某以非法占有为目的，趁旅客外出之机，秘密窃取旅客交其代为看管的行李中的钱财，数额较大，其行为构成盗窃罪。

第三种意见认为，邓某以非法占有为目的，将为他人保管的财物占为己有，数额较大且拒不交还，其行为构成侵占罪。

三、评析意见

我们同意第二种意见，认为邓某的行为构成盗窃罪。

1. 邓某的行为不构成诈骗罪

诈骗罪，是指以非法占有为目的，使用虚构事实或者隐瞒真相的方法，骗取数额较大的公私财物的行为。通常认为，该罪的基本构成为：（1）行为人实施欺诈行为；（2）使被害人产生错误认识；（3）被害人基于这种错误认识对于属于自己的财产进行了处分，将财产自愿、主动的交给诈骗行为人；（4）行为人获得了财产或财产性利益。也就是说，诈骗罪要求被害人基于行为人的欺诈行为对事实真相产生错误认识，进而出于真实的内心意思而自愿处分财产。在这里形成了一系列的因果关系：由于行为人虚构事实或隐瞒真相，使得被害人产生了错误的认识，这个错误的认识又导致被害人做出了有利于行为人的处分财产的行为。在这个因果链条上，欺诈行为是起因，做出有利于行为人的处分财产的行为是结果。错误认识不仅是连接欺诈行为与处分行为的中介，也是行为人的骗财行为能否得逞的关键。如果行为人的欺诈行为不足以使被害人对事实真相产生误解，被害人自然不会做出对自己有害却对行为人有益的处分财产的行为。处分行为是结果，它实现了财产在被害人与行为人之间的转移，使行为人的犯罪目的最终得逞。成立诈骗罪要求被害人陷入错误认识之后作出财产处分，财产处分包括处分行为与处分意识。作出这样的要求是为了区分诈骗罪与盗窃罪。处分财产表现为直接交付财产，或者承诺行为人取得财产，或者承诺转移财产性利益。

本案中，邓某虽然实施了欺诈行为，通过假冒被害人老乡、骗说与其同路等方法，骗取了被害人的信任，使其自愿将行李交与邓某看管，这种交与代为看管的行为并非诈骗罪意义上的财产处分行为，被害人并非自愿将其财物直接交付给邓某，或者承诺邓某取得财产，而只是让其代为看管，实际财物的处分权仍然在被害人手里。邓某最终取得钱财的手段，是趁被害人外出之机，将被害人行李盗走至被害人控制范围之外，并秘密盗窃其行李中的钱财。虚构事实、隐瞒真相的欺骗行为只是邓某采取的一种主观上自认为可以产生不会被财物所有人、保管者发觉的一种方法，是为盗窃行为作掩护。被害人行李占有关系的改变并不是因为被害人陷于错误认识而自愿交付于邓某，而是在没有防备情况下，被邓某趁机盗走。因此，窃取行为才是邓某犯罪目的得以实现的关键，陈某的行为应定盗窃罪而不是诈骗罪。

综上，对该类案件进行定性时应把握行为人取得财物的方式是骗取还是窃取，如果行为人直接以欺骗的方法取得财物，则应定为诈骗罪；而如果行为人的欺诈行为只是为了制造假象，为其最后"秘密窃取"的行为作掩护，则应认定为盗窃罪。

2. 邓某的行为不构成侵占罪

侵占罪，是指以非法占有为目的，将为他人保管的财物或者他人的遗忘物、埋藏物占为己有，数额较大且拒不交还的行为。侵占代为保管物的行为是侵占罪的主要表现形式，对这种行为的认定、处罚也是司法实践中较为复杂、疑难的问题，如何正确理解代为保管的含义，学者们有不同的主张。有的认为应当理解为他人暂托自己保管、看护；有的学者主张代为保管表明了对他人财物的合法持有，委托保管、合同、不当得利及其他之债均可导致这种持有的产生；还有的主张代为保管他人财物，即是表明了持有他人财物的合法根据。我们认为，第一种主张是完全依照新刑法第270条字面上的含义所作的解释，是不全面的，他人之委托保管、看护只是产生代为保管义务的合法根据之一。后两种主张揭示了代为保管的一个前提，即对他人财物的合法持有。

侵占罪与盗窃罪的界限：（1）犯罪故意产生的时间不同。侵占行为人是在持有财物之后才产生的犯罪故意，而盗窃罪是行为人在没有占有财物之前就产生犯罪故意。（2）行为对象不尽相同。侵占罪对象是行为人业已持有的公私财物，有其特定性；盗窃罪对象则是他人持有的公私财物。（3）客观方面不尽相同。侵占罪客观方面表现为侵占行为，即将财物变持有为所有的行为；盗窃罪客观方面表现为秘密窃取的行为，即行为人采取主观上自认为不会被财物的所有者、保管者发觉的方法窃取其财物。因此，侵占行为的特殊性在于以行为人与他人之间的民事法律关系——持有他人财物并附有返还的义务为前提条件的。而在其他的侵犯财产的犯罪行为中，如盗窃、诈骗等罪中，事前并不存在此种民事法律关系。所谓持有，是指他人财物基于民事法律关系而处于行为人的实际控制之下，如果行为人虽然表面上持有他人财物，但并未实际控制该财物，则不构成本罪所要求的持有。当然，这种持有必须是"合法持有"。合法，除了包含"法定的、与法律相一致的"这一层意思之外，还包含"不违反法律"之意。前一层意思上的"合法"是指具有法律上的根据，后一层意思上的"合法"则是指虽无法律上的根据但亦不与法律相冲突。我们认为这一解释较为全面、准确。侵占罪的主要特征在

"变合法持有为非法占有"。本案中，邓某先后六次以同样手段实施非法占有他人财物的行为，足以证明是有计划、有预谋的行为，这种直接的故意是产生在其持有被害人财物之前，不符合主观要件。其次，邓某对财物的"持有"并非"合法持有"，他是通过虚构事实、隐瞒真相的欺骗手段，取得被害人的信任，使得被害人将其财物交与其看管后趁机将钱财盗走，这种行为，是非法"取得"。再次，这种临时的代为看管行为，与侵占罪所规定的代为保管行为是不一样的。代为看管，只是基于信任关系临时性的代为看护，被看护的财物仍在财物所有人实际控制之下，看护人虽然表面上持有他人财物，但并未实际控制该财物。所以，邓某并未实际合法持有被害人的财物，该前提不具备，又何谈侵占罪呢？

通过对上述案例的分析以及对盗窃罪和诈骗罪、侵占罪主客观方面的比较，我们可以得出这样的结论：区分诈骗罪和盗窃罪的关键应把握行为人取得财物的方式是骗取还是窃取，如果行为人直接以欺骗的方法取得财物，则应定为诈骗罪；而如果行为人的欺诈行为只是为了制造假象，为其最后"秘密窃取"的行为作掩护，则应认定为盗窃罪。同时，被害人"陷于错误认识"自愿处分财产的行为是否造成财产的处分权发生实际的转移，也是区分盗窃罪和诈骗罪的关键。在通常情况下，只要按照这个标准进行界定，就不难区分。即使是在诈骗行为和盗窃行为相交织的犯罪活动中，只要看行为人非法占有财物的过程中其关键作用的手段是什么，也不难区分诈骗罪和盗窃罪。另外，盗窃罪与侵占罪的区分在理论上不难理解，因为侵占和盗窃是两种不同的行为，侵占罪的特点是某一财物不在所有人或保管人控制之下而非法据为己有，盗窃罪的特点是采取秘密窃取的手段将处于财物所有人或保管人控制之下的财物据为己有。因此，某一财物是否已经不在他人控制之下就成为区分侵占罪与盗窃罪的关键。

四、专家点评

　　盗窃罪、诈骗罪、侵占罪同属于侵犯财产罪，它们之间的区别，从主观上看，虽然都有非法占有他人财物的目的，但是对其行为的性质等具体认识内容不同。从客观上看，非法占有他人财物的行为方式不同。盗窃罪的行为特征是"秘密窃取"，诈骗的行为特征是"虚构事实，隐瞒真相，使他人自愿将财物交付"，侵占罪的行为特征是"将代为保管的他人财物，占为己有拒不退还"，代为保管，应出于双方真实的意思表示。本案中，邓某以非法占有为目的，骗取他人信任，代为看管他人财产，其主观上并没有真实的为他人看管财物的意思，利用看管他人行李之机，窃得他人财物，是在财物所有人不知情的情况下发生的。因此，其行为从表面上看和诈骗罪、侵占罪有一定相似之处，但实质上是以诈骗代管为掩护手段的秘密窃取行为，完全符合盗窃罪的构成特征。评析意见较好地进行了分析、论证，观点是正确的。

刘某、朱某站台抢劫案

抢劫罪与敲诈勒索罪的区分。

一、案情回放

犯罪嫌疑人刘某、朱某，原系某市建设服务局职工。

2004年3月18日21时许，刘某身着99式警服上衣，携带警用手铐伙同朱某窜至某火车站一站台，刘某自称是某刑警队民警，以打击盗版书为由，将旅客张某扣留，使用手铐铐住双手，带至站台南头一小门处，刘某强行从张某身上搜出现金60元，然后又带张某乘出租车到其老板家，继续向王老板索要现金200元，并扣留张某随身携带的《奥运财富》书籍一套，后放张某离去。21日21时许，刘、朱再次在上述地点，采取相同手段，刘某强行从旅客李某身上搜出现金480元，在得知其认识某刑警队长时，刘为其打开手铐，李向刘索要身份证件，并伸手抓他时，刘挣脱后叫上朱逃跑。后刘某、朱某被抓获。

石家庄铁路公安处以刘某、朱某涉嫌敲诈勒索罪，将此案移送石家庄铁路运输检察院审查批捕，石家庄铁路运输检察院审查后，认为刘某、朱某的行为不构成犯罪，石家庄铁路公安处将此案撤回。

二、争议问题

有以下几种分歧意见：

第一种意见认为，刘某、朱某冒充警察，使用手铐铐住旅客双手，强行从张某、李某身上搜出现金，以非法占有他人财物为目的，对被害人当场使用暴力、胁迫方法强行劫取财物的行为，符合抢劫罪"当场使用暴力"和"当场取得财物"的特征，应定抢劫罪。

第二种意见认为，刘某、朱某以打击盗版书为名，冒充警察，使被害人精神上感到恐惧后再向其索取财物，二人的行为属于敲诈勒索性质，但数额未达到"数额较大"的起刑点（2000元），不宜按犯罪处理（二人索取的财物价值共计1200余元）。首先，刘、朱二人冒充警察，索取财物锁定的目标是携带盗版书籍的旅客，其主观上是要利用对方的"过错"相要挟，使对方出于害怕而不得不满足他们的索财要求，从动机上是想通过敲诈来获取钱财，而不是要通过暴力去取得他人财物。第二，从犯罪手段来看，不能简单把职务上派生出的强制手段理解为暴力，抢劫罪的暴力是赤裸裸的，不需要与职务有关，被害人产生的恐惧完全是基于暴力，而本案中使用的强制手段是假冒职务行为的一种延伸，被害人的恐惧来源于犯罪人冒充的职务，而不是来源于强制手段，因此不能简单认为是使用暴力手段。第三，从危害结果来看也不能简单认定为抢劫，因为认定抢劫势必构成冒充军警人员抢劫，按照刑法第263条第6项规定，处10年以上有期徒刑、无期徒刑或者死刑，显然本案作此认定不符合我国刑法罪刑相适应原则。

三、评析意见

我们同意第一种意见。

1. 抢劫罪与敲诈勒索罪的区分

本案中被告人实行了三个有刑法意义的行为：第一个是两被告人假冒警察，用手铐把被害人铐住，从其身上搜出 60 元现金；第二个行为是到张某老板家中，向其索要现金 200 元；第三个是 21 日两被告人又实行了相同的行为，这一行为与前两个行为一样，不做重复评价，现只分析前两个行为。

本案中主要涉及敲诈勒索罪与抢劫罪的区分。敲诈勒索罪是指以非法占有公私财物或非法取得财产性利益为目的，对被害人以暴力或者其他损害相胁迫，迫使其交付数额较大的公私财物或提供财产性利益的行为。

本罪的客观方面表现为威胁他人，使之处分财产。威胁，是指以恶害相通告迫使被害人处分财产，即如果不按照行为人的要求处分财产，就会当场或在将来的某个时间遭受恶害。威胁内容的种类没有限制，包括对被害人及其亲属等人的生命、身体、自由、名誉等进行威胁。威胁行为只要足以使人产生恐惧心理即可，不要求现实上使被害人产生了恐惧心理。威胁的内容是将由行为人自己实现，还是将由他人实现，在所不问。威胁内容的实现不必具有违法性。威胁的方法没有限制，既可能是明示的，也可能是暗示的；既可以使用语言文字，也可以使用动作手势，还可以使用没有达到抢劫程度的轻微暴力；既可以直接通告被害人，也可以通过第三者通告被害人。威胁的结果，是使被害人产生恐惧心理，然后为了保护自己更大的利益而处分其数额较大的财产，进而使行为人取得财产。被害人处分财产，并不限于被害人直接交付财产，也可以是因为恐惧而默许行为人取得财产，还可以是与被害人有特别关系的第三者基于被害人的财产处分意思交付财产。行为人敲诈勒索数额较小的公私财物的，不以犯罪论处。根据最高人民法院 2000 年 4 月 28 日《关于敲诈勒索罪数额认定标准问题的规定》，敲诈勒索公私财物"数额较大"，以

1000 元至 3000 元为起点。

　　二者一般不容易混淆，只有敲诈勒索罪与以胁迫手段实施的抢劫罪难以区分，下面对这两者进行区别：

　　（1）从威胁的方式看。抢劫罪的威胁是当着被害者的面直接发出；而敲诈勒索罪之威胁，可以当着被害者的面，也可以通过第三者或者其他方式间接发出。如果是通过第三者或者书信来进行威胁，索取财物，只能定敲诈勒索罪，不能定抢劫罪。

　　（2）从威胁的内容看。抢劫罪的威胁，都是直接侵犯人的生命健康的暴力威胁，如以杀害、伤害相威胁；而敲诈勒索罪的威胁的内容要广泛得多，既可以是针对人身的杀害、伤害等暴力威胁，也可以是以损坏财物、揭发隐私、设置困难等相威胁。

　　（3）从威胁内容可能实施的时间看。抢劫罪的暴力威胁，是行为人扬言当场付诸实施；而敲诈勒索罪的威胁，既可以是扬言当场付诸实施，也可以是扬言在将来某个时间予以实施。

　　（4）从威胁索取的财物看。抢劫罪索取的财物只能是动产；而敲诈勒索罪索取的财物包括动产和不动产。

　　（5）从非法取得利益的时间看。抢劫罪非法取得利益的时间只能是当场取得；而敲诈勒索罪非法取得利益的时间，既可以是当场，但更多的是在若干时日以后（一般是罪犯指定或同意的时间）。

　　如果一个案件事实同这五点相符合，就应认定为抢劫罪，如果其中有一条不符合，一般就应定敲诈勒索罪。

　　2. 对本案被告人实行的第一个行为的认定

　　从以上区别可以看出，本案中的关键是刘某、朱某是否当场使用了暴力？

　　暴力方法，是指对财物的所有人、占有人、管理人不法行使有形力，使被害人不能反抗的行为，如殴打、捆绑、伤害、禁闭等。暴力一词在不同场合具有不同的含义，抢劫罪的暴力只能是最狭义的暴力。这种暴力必须针对人实施（不包括对物暴力），并要求足以抑制对方的反抗，但不要求事实上抑制了对方的反抗，更不要求具有危害人身安全的性质。暴力的对方并不限于财物的直接持有者，对有权处分财物的人以及其他妨碍劫取财物的人使用暴力的，也不影响抢劫罪的成立。

用手铐铐住双手，我们认为是使用了暴力。刘、朱二人冒充警察，使用戒具将被害人双手铐住，这一行为完全达到了使财物所有人张某不能反抗的程度，是一种捆绑的行为，属于暴力方法中的一种。由于二被告人实施了暴力方法，使被害人张某不敢反抗、不能反抗，二被告人当场取得了财物，因此，可以认定二被告人构成了抢劫罪。

或许有人对此不赞同，认为用手铐铐住被害人，对被害人产生了威胁，是一种威胁的方法，被害人基于此威胁而处分了财产，认为构成敲诈勒索罪。

从程度来看，捆绑与用手铐铐住并无实质上的不同，用手铐铐住双手的行为甚至比捆绑更为严重，捆绑的方法可视为暴力，用手铐铐住双手当然可以认为是使用暴力，这与罪刑法定原则并不矛盾，只不过是一种刑法的解释方法而已。

我们来分析一下第二种观点的错误之处：

第一，第二种观点认为刘、朱二人冒充警察，索取财物锁定的目标是携带盗版书籍的旅客，其主观上是要利用对方的"过错"相要挟，使对方出于害怕而不得不满足他们的索财要求，从动机上是想通过敲诈来获取钱财，而不是要通过暴力去取得他人财物。但主观上的目的、动机并不是抢劫罪与敲诈勒索罪的根本区别，如果当场使用了暴力，且当场获得了财物，就应认为是抢劫罪，动机并不是影响抢劫罪的成立，在敲诈勒索罪的动机支配下实行的行为并不都是敲诈勒索罪。

第二，从犯罪手段来看，不能简单把职务上派生出的强制手段理解为暴力，抢劫罪的暴力是赤裸裸的，不需要与职务有关，被害人产生的恐惧完全是基于暴力，而本案中使用的强制手段是假冒职务行为的一种延伸，被害人的恐惧来源于犯罪人的职务，而不是来源于强制手段，因此不能简单认为是使用暴力手段。

这一点对暴力的认识过于片面，认为使用的强制手段是假冒职务行为的一种延伸，其实被害人的恐惧来源于两个方面：一方面是他假冒的警察职务；另一方面是被害人被手铐铐住了双手，失去了反抗能力，是不能反抗的表现，达到了抢劫罪要求的暴力程度，完全符合抢劫罪的暴力手段。

第三，从危害结果来看也不能简单认定为抢劫，因为认定抢劫势必构成冒充军警人员抢劫，按照刑法第263条第6项规定，处10年以上有期徒刑、无期徒刑或者死刑，显然本案作此认定不符合我国刑法罪刑相适应原则。这一点理由更不能成立，这与罪刑法定并没有什么关系。触犯了什么罪就应定什么罪，不能从危害结果看。例如，在故意伤害的主观支配下可能会致人死亡，我们总不能说是故意杀人吧。

3. 对本案被告人实行的第二个行为的认定

刘某、朱某带着张某到其老板家，向王老板索要现金200元，我们认为这一行为是敲诈勒索的行为。刘某、朱某身穿警服，以打击盗版书为名，来到王老板家，王老板基于害怕给予现金200元，刘某、朱某并没有使用暴力，而是以胁迫的方法，使王老板交出现金，但是数额没有达到司法解释规定的1000元，故应认定其是敲诈勒索行为，不构成犯罪。

四、专家点评

本案中，对刘某、朱某实施的第一个行为和第二个行为的分析和定性已较为充分且观点是正确的。疑难之处在于被告人刘某、朱某带张某到其老板家，向其老板索要200元现金的行为究竟属于抢劫罪还是敲诈勒索罪?

抢劫罪与敲诈勒索罪的客观方面都存在一个以胁迫、威胁的方法实施犯罪的内容,那么,被告人刘某、朱某的行为是符合抢劫罪中的威胁方法还是符合敲诈勒索罪中的威胁、要挟方法?在评析意见中,较为清晰地区分两罪之间的区别,结合评析意见来看,对刘某、朱某的第二个行为认定属于敲诈勒索罪的行为是妥当的,评析意见的最后认定也是恰当的。

周某销售赃物案①

正确界定和区分窝藏、转移、收购、销售赃物罪客观方面的几个行为的特征是本案定性的关键。

一、案情回放

被告人：周某，男，44岁，河北省唐山市古冶区农民。

被告人周某在1998年10月间曾经与其妻王某低价收购古冶铁路机务段职工荣某等人送来的柴油10余次，在收购过程中获知柴油是荣某等人从单位盗窃所得。同年11月的一天，荣某等人从单位盗窃柴机油3桶（路内调拨价为900余元），于傍晚找到周某家，要周某拉回。周某因顾虑怕被人发现扣车不想去拉，

---

① 《中华人民共和国刑法修正案（六）》，将刑法第312条修改为："明知是犯罪所得及其产生的收益而予以窝藏、转移、收购、代为销售或者以其他方法掩饰、隐瞒的，处三年以下有期徒刑、拘役或者管制，并处或者单处罚金；情节严重的，处三年以上七年以下有期徒刑，并处罚金。"

《关于执行〈中华人民共和国刑法〉确定罪名的补充规定（三）》，将刑法第312条（《刑法修正案（六）》第19条）修改为掩饰、隐瞒犯罪所得、犯罪所得收益罪，取消窝藏、转移、收购、销售赃物罪罪名。

但经其妻王某劝说周某还是用自家的拖拉机将油拉回家中。其妻支付 1000 元钱收购自用。此后，荣某等人又先后 4 次从单位盗窃柴油 1 桶和柴机油 6 桶（价值 6000 余元）。每次作案后都找到周某，周某虽然没再收购，但每次都帮助荣某等人将赃物从作案现场机务段油房墙外运往古冶区赵各庄南场大车店等销赃地点。荣某等人销赃后支付给周某运费 200 元。

该案以销售赃物罪批捕、起诉，法院以同罪判决。

二、争议问题

周某的行为构成窝藏赃物罪、销售赃物罪还是转移赃物罪？

第一种意见认为，周某的行为应定窝藏赃物罪、销售赃物罪。周某在 11 月份与其妻王某收购荣某等人盗窃的柴机油的行为应定为共同销赃，因为二人均明知所收购的柴机油是荣某等人盗窃所得赃物，虽为自用也属销赃行为。周某帮助荣某等人 4 次运赃的行为应定为窝赃，因为他只是为荣某等人转移赃物，符合窝藏赃物罪特征，收取 200 元钱只是拉脚钱。

第二种意见认为，周某的行为应认定窝藏赃物罪。因为周某在 11 月份将荣某等人盗窃的柴机油拉回家中的行为是其妻王某主张并指使的，周某本无收购犯意，是不得已才把柴机油拉回家的，与后 4 次帮助荣某等人运赃的行为一并认为窝藏赃物罪。

第三种意见认为，周某的行为构成转移赃物罪。周某用自己的拖拉机运送赃物到销赃地点。符合转移赃物的要件，构成转移赃物罪。

第四种意见认为，周某的行为应定收购、销售赃物罪。周某经其妻王某劝说，还是用自家的拖拉机将油拉回家中，其妻支付 1000 元钱收购自用，构成收购赃物罪。周某是具有完全刑事责任能力的人，在主观上明知柴机油是盗窃所得的赃物，客观上伙同王某予以收购，帮助荣某等人将赃物从作案现场机务段油房墙外运往古冶区赵各庄南场大车店等销赃地点，构成销售赃物罪。

三、评析意见

在分析本案时，我们必须首先讨论一下选择罪名。以罪名所包含的犯罪构成内容的单复为依据可分为单一罪名和选择罪名。单一罪名是指所包含的犯罪构成的具体内容单一的罪名。选择罪名是指所包含的犯罪构成的具体内容复杂，可以概括使用，也可以分解使用的罪名。刑法第 312 条规定：明知是犯罪所得的赃物而予以窝藏、转移、收购或者代为销售的，处 3 年以下有期徒刑、拘役或者管制，并处或者单处罚金。此条罪名被概括为窝藏、转移、收购、销售赃物罪，系典型的选择罪名，属行为选择。选择罪名的特征在于既可以概括使用，也可以分解使用。

其次，我们有必要先说明为什么要将窝藏、转移、收购、销售赃物的行为规定为犯罪及其我国刑法对其规定的历史。古今中外的许多刑法都将窝藏、转移、收购、销售赃物等行为规定为犯罪，如《唐律》规定："知盗赃而故买者，坐赃论减一等。"《德国刑法典》第 259 条第 1 款规定："为自己或他人之利益，买受为自己或他人取得出售或协助他人经盗窃或其他对于财产之犯罪行为所取得之物者，处 5 年以下自由刑或并科罚金。"这是因为赃物是一种证据，买赃实际上就起了一种湮灭证据的作用，导致犯罪行为无据可查，并易纵容各种财产犯罪。这也是本罪为什么规定在妨害司法罪一节的缘故。

窝藏、转移、收购、销售赃物罪进入我国现行刑法经历了几番曲折。在 1979 年前的刑法草案第 22 稿就有关于买赃罪的规定："明知是犯罪所得的赃物而收买的，处 3 年以下有期徒刑或者拘役，可以并处或者单处 1 千元以下罚金。"在第 33 稿也规定有收买赃物的犯罪行为，其中第 190 条规定："意图营利，明知是犯罪所得的赃物而收买或者代为销售的，处 7 年以下有期徒刑或者拘役，可以并处或者单处罚金或者没收财产。"后感到打击面仍比较大，便将"收买"改为"予以窝藏"，相应地删去"意图营利"四字。随着我国改革开放的进行，经济有了巨大的发展，但随之而来的经济犯罪也愈演愈烈。在某种意义上说，这与未将收买赃物的行为规定为犯罪有一定关系。犯罪分子能够将盗窃、诈骗、收受贿赂等所得的赃物销售出去，其中一个原因是收购人的收购并不构成刑事犯罪。所以，当时立法上的谨慎已成了一种漏洞。故现行刑法典重新将其写入法典，以助遏制经济犯罪的发展势头。

窝藏、转移、收购、销售赃物罪是指明知是犯罪所得而予以窝藏、转移、收购或者代为销售的行为。本罪侵犯的客体是国家司法机关的正常活动。赃物，是刑事诉讼中的一种重要证据，揭露犯罪，证实犯罪以至定罪量刑都离不开它。犯罪分子将赃物窝藏起来或者销售出去，就必然会妨碍和干扰司法机关及时追查、打击犯罪。

本罪的客观方面表现为行为人实施了窝藏、转移、收购、代为销售的行为。所谓"赃物"，是指犯罪分子通过实施犯罪而得到的财物，包括可以证明或者记载财产性利益或权利的证件或文书，如存折、股票、债券、汇票、借据等。窝藏就是为犯罪分子提供藏匿赃物的处所，为其隐藏赃物、保管赃物等，使司法机关不能或者难以发现赃物的行为。至于该处所是隐蔽的还是公开的，都不影响本罪的成立。所谓"收购"，是指有偿地取得赃物的行为。所谓"代为销售"，是指接受犯罪分子的委托而为其代为销售赃物的行为。购买财物为自己所用的，不能认为是代为销售的行为，不应作为本罪论处。

本罪的主观方面是故意。即行为人明知是犯罪所获的赃物而仍加以窝藏、转移、收购、销售。认定"明知"，不能仅凭被告人的口供，而应当根据案件的客观事实进行分析。只要证明被告人知道或者应当知道是犯罪所得的赃物而予以窝藏、转移、收购或者代为销售的，就可以认定。

本案中，判断周某是实施了窝藏赃物的行为，还是实施了销售赃物的行为，抑或是转移、收购赃物的行为是定罪的关键。首先，周某的行为可排除转移赃物罪，周某4次运赃的行为是在帮助荣某等人运输赃物，而不是单纯的转移赃物，是将赃物运至销赃地点出手，而不是运到他处藏匿。可以认为周某是在明知荣某等人是销赃的情况下，提供拖拉机予以帮助的。其次可以排除窝藏赃物罪，因为周某先前收购油是为了自用，而不是为犯罪分子窝藏赃物。但符合收购赃物罪的特征，构成收购赃物罪。周某用拖拉机为荣某等人托运赃物，符合销售赃物罪的特征，构成销售赃物罪。

如上所述，由于本罪属选择罪名，所以周某应以收购、销售赃物罪定罪，而不属于数罪并罚。

四、专家点评

准确地为本案定性，关键问题在于正确界定和区分窝藏、转移、收购、销售赃物罪客观方面的几个行为的特征，即何谓窝藏、转移、收购以及销售行为？

我国1979年刑法第172条仅规定了窝赃和销赃两种赃物犯罪行为。但是，在立法原意及有关司法解释中，对"窝藏"和"销售"均作了扩大解释，如认为根据立法原意，改装赃物、转移赃物的情况，实际上也是窝藏行为，仍可以窝藏赃物罪论处。尤其在最高人民法院、最高人民检察院1992年12月11日印发的《关于办理盗窃案件具体运用法律的若干问题的解释》第8条第2项也明确规定"窝藏，既包括提供藏匿赃物的场所，也包括为犯罪转移赃物；代为销售，既包括把赃物卖给他人，也包括以低价买进、高价卖出的行为。买赃自用，情节严重的，也应按销售赃物罪处罚。

1997年刑法修订后，第312条关于赃物犯罪的规定中，将赃物犯罪的行为分解为"窝藏"、"转移"、"收购"和"代为销售"四种，即将转移赃物的行为从窝藏赃物中分离出来，将收购赃物的行为从销售赃物中分离出来，形成了目前的规定。

本案评析意见中，对于周某的先前收购行为定性为收购赃物罪的意见是恰当的。但是对于周某用拖拉机运赃的行为，认定属于销售赃物罪的观点有失偏颇，综合分析周某的运输赃物的行为，定转移赃物罪更为恰当。

此外，对于周某其妻在收购赃物时的帮助、教唆行为，应当予以考量，周某其妻王某的行为构成转移赃物、收购赃物罪的共犯，这一方面在评析中没有得以进一步的阐明。

杨某销售赃物案①

盗窃罪与销售赃物罪的区分。

一、案情回放

被告人：杨某，男，37 岁，汉族，原系天津市军杨储运公司保安员。曾因犯盗窃罪、脱逃罪被法院判处有期徒刑 5 年。

被告人杨某于 2000 年 8 月 12 日晚 10 时许，借在天津市军杨储运公司夜班巡视之际，在储运公司与军粮城车站围墙缺口处，发现由别人盗窃的铁路运输物资用编织袋包装的电解锰 11 袋。杨某就雇其公司一民工将电解锰用双轮车运到储运吊车库房

---

① 《中华人民共和国刑法修正案（六）》，将刑法第 312 条修改为："明知是犯罪所得及其产生的收益而予以窝藏、转移、收购、代为销售或者以其他方法掩饰、隐瞒的，处三年以下有期徒刑、拘役或者管制，并处或者单处罚金；情节严重的，处三年以上七年以下有期徒刑，并处罚金。"

《关于执行〈中华人民共和国刑法〉确定罪名的补充规定（三）》，将刑法第 312 条（《刑法修正案（六）》第 19 条）修改为掩饰、隐瞒犯罪所得、犯罪所得收益罪，取消窝藏、转移、收购、销售赃物罪罪名。

内，然后打电话给被告人孙某（另案处理）准备将电解锰销售给他，从中牟取非法利益。8 月 13 日早晨，被告人孙某雇用司机张某乘汽车到储运公司库房内，经和杨某讨价还价，最后以每公斤 3 元卖给孙某，经过秤为 520 公斤，被告人孙某交给杨某赃款 1560 元。经物价事务所鉴定评估电解锰的实际价格为 5720 元。被告人孙某、张某（另案处理）将电解锰装上车后，准备离开储运公司大门时，被民警抓获。被告人杨某当即外逃。2000 年 11 月 28 日晚，公安民警在军粮城车站蹲守时，将被告人杨某抓获归案。

综上所述，天津铁路运输检察院以杨某的行为涉嫌销售赃物罪向法院提起公诉。2001 年 5 月 23 日天津铁路运输法院以杨某犯销售赃物罪判处有期徒刑 2 年。

二、争议问题

对被告人杨某的行为是构成盗窃罪还是销售赃物罪存在很大分歧，主要有以下几种分歧意见：

第一种意见认为，杨某行为属不当得利，不应当追究刑事责任。理由是：（1）杨某的行为属于拾得物，卖给他人获得 1560 元属于不当利益；（2）杨某的行为造成军粮城车站对铁路运输所有权受到损害结果；（3）军粮城车站对铁路运输物资所有权受侵犯是杨某的行为引起的；（4）杨某的行为和军粮城车站对铁路运输物资所有权受侵犯有直接因果关系。所以杨某行为完全具备不当得利的构成要件。

第二种意见认为，杨某的行为构成销售赃物罪，应当追究刑事责任。理由是：（1）杨某明知放在储运公司和军粮城车站围墙缺口处 11 袋电解锰是别人盗窃的赃物，主观想把这赃物卖掉获取非法利益；（2）客观上，杨某产生犯意后，晚上 10 点钟马上和另一名被告人孙某联系销赃事宜，将赃物销售给孙某，并得赃款 1560 元，当杨某得知孙某被公安机关抓获后，马上外逃。

第三种意见认为，杨某的行为构成盗窃罪，应当追究刑事责任。理由是：（1）杨某明知这 11 袋电解锰是别人盗窃的铁路运输物资，产生非法占有的主观故意；（2）杨某采取秘密手段窃取电解锰 11 袋卖给他人得赃款 1560 元；（3）虽然杨某不是直接从铁路列车上盗窃，而是别人盗窃的电解锰还没来得及运离作案现场，财产所有权没有发生本质变化，只是国有财产的位置发生了位移，所以杨某具备了盗窃罪的主客观构成要件。

三、评析意见

在上述几种意见当中，我们同意第三种意见，被告人杨某的行为符合盗窃罪构成要件，侵犯了他人合法的财产所有权，应认定盗窃罪，追究其刑事责任。主要理由如下：

1. 杨某的行为不属"不当得利"，应承担刑事责任。民法上的"不当得利"是指没有合法根据取得利益而使他人受损失的事实，一般只承担民事责任。而侵占拾得物或遗失物的行为是"不当得利"还是侵犯他人财产权的犯罪，应从两方面区分：（1）"不当得利"的侵犯对象是遗失物或拾得物，即由于财产持有者一时疏忽而脱离了自己和有关人员控制范围的财物。本案所涉及的电解锰，系他人未完成的盗窃行为导致财物脱离了原持有者即军粮城车站的情形，而不是军粮城车站管理工作一时疏忽。（2）"不当得利"的行为虽然没有合法依据，但不合法依据不等于违法依据，也就是说不是利用违法行为而占有他人财产利益，属于不当得利，而杨某的行为属犯罪行为既遂而取得利益，因此不宜认定为"不当得利"。

2. 杨某的行为不宜认定为销售赃物罪。销售赃物罪是指明知是犯罪所得赃物而代为销售的行为。它的一个显著特征是加入犯，即"代为销售"，而不是犯罪本犯自己销赃以得利的行为。

本案中，杨某联系买主窝藏、转移、销售电解锰，是犯罪人自己将犯罪所得赃物予以窝藏、转移、销售，属状态犯，其窝藏、转移和销售属不法状态的继续，仍应认定为盗窃罪，不宜认定为销赃罪。

3. 杨某的行为构成盗窃罪。盗窃罪是指以非法占有为目的，秘密窃取公私财物，数额较大或多次盗窃公私财物的行为。盗窃罪所侵犯的客体是公私财物所有权，通常通过直接侵犯所有人对财物的占有权而实现。本案的难点是由于第三方盗窃未完成而导致财物处于看似既脱离了原所有人或持有人的控制，又未被实施盗窃的第三方占有的状态，即无主的赃物，该财物能否成为盗窃罪侵犯的对象？我们认为，非法占有的财物，如赌资、赃物、违禁品等，应成为侵犯财产罪的对象。因为这些财物本来就属于国家、集体或个人所有，而不能被认定为是所有者抛弃的无主物，不容许任何人随意侵占，而应当由国家主管机关追缴没收或返还原主。如有人用非法手段将之据为己有，应当视为侵犯财产罪的一种特殊形式，仍应视为侵犯了财物的所有权。本案中，正如第二种意见所析，杨某取得电解锰的行为没有合法依据，属于非法占有的状态，而该电解锰虽系他人盗窃未完成而留下的，仍应视为军粮城车站所有的公共财物，属盗窃罪的犯罪对象。杨某明知电解锰是军粮城车站所有的铁路运输物资，而秘密雇人运走，继而欲销售得利的行为，符合盗窃罪构成要件，应认定为盗窃罪。杨某的行为妨害的是车站管理和使用运输设备良好秩序，致使铁路运输物资受到损害。杨某的行为触犯《中华人民共和国刑法》第264条之规定，构成盗窃罪。

四、专家点评

我们同意评析人的意见。本案应认定为盗窃罪。销售赃物罪中的销售应理解为代为销售，即代他人销售他人违法犯罪所得之财物。本案中被告人杨某的行为不属于此种情形。杨某采取秘密窃取的行为方式，盗窃了他人实施犯罪后尚未运走的财物，而这些财物是有其合法所有人的，也就是军粮城车站。杨某的行为侵犯了军粮城车站对该公共财产的所有权而非司法机关的正常活动。

四／盗窃、抢劫铁路器材、物资案件

王某、齐某盗窃、销售铁路器材案[①]

本案聚焦

　　帮助犯是共同犯罪理论和实践中的疑难问题之一。一般地讲，明知他人欲实施犯罪行为而加以帮助，提供作案工具等，使犯罪可以顺利进行的，应构成帮助犯。

---

　　①　《中华人民共和国刑法修正案（六）》，将刑法第312条修改为："明知是犯罪所得及其产生的收益而予以窝藏、转移、收购、代为销售或者以其他方法掩饰、隐瞒的，处三年以下有期徒刑、拘役或者管制，并处或者单处罚金；情节严重的，处三年以上七年以下有期徒刑，并处罚金。"

　　《关于执行〈中华人民共和国刑法〉确定罪名的补充规定（三）》，将刑法第312条（《刑法修正案（六）》第19条）修改为掩饰、隐瞒犯罪所得、犯罪所得收益罪，取消窝藏、转移、收购、销售赃物罪罪名。

一、案情回放

被告人：王某，男，23 岁，无业。

被告人：齐某，男，21 岁，无业。

2002 年 7 月 20 日晚 23 时 20 分许，王某、郎某（实施盗窃行为时 13 岁，另作处理）相约到齐某经营的废品收购站借扳手，齐某询问借扳手作何用时，王告知齐借扳手是去偷铁。借得扳手后王、郎二人窜至石太上行线 231km + 970m 处，用扳手、石块将车号识别天线（价值 7800 元）拆下来运至齐某处，以 45 元的价格销赃于齐某，王某获赃款 22 元。齐某又以 54 元的价格将车号识别天线转手倒卖。

太原铁路运输检察院以王某涉嫌盗窃罪，齐某涉嫌销售赃物罪诉至太原铁路运输法院。太原铁路运输法院以盗窃罪判处王某有期徒刑 2 年，并处罚金人民币 8000 元，以销售赃物罪单处齐某罚金人民币 5000 元。

二、争议问题

关于齐某在明知王、郎二人因盗窃而借用扳手的情况下，将扳手借给二人使用，并收购其盗回的赃物，之后转手倒卖的行为是否构成盗窃犯的共犯？对此有两种意见：

第一种意见认为，齐某不构成盗窃罪的共犯，而只是构成销售赃物罪。主要理由是：王、郎到齐处借扳手，齐虽然询问过借扳手的用途，王也告知其是用做偷铁的，但不能就此认定王、郎二人盗窃的必然性，且其将扳手借给二人后，没有共同商议将盗窃所得卖给齐某的行为和意思表示，因此，王某与齐某之间没有盗窃后销赃的共同故意，不能认为齐某构成盗窃罪的共犯，但齐某将赃物转手倒卖的行为符合销售赃物罪的构成要件，齐某构成销售赃物罪。

第二种意见认为齐某构成盗窃罪的共犯，不构成销售赃物罪。主要理由是：齐某给王、郎作案提供了犯罪工具，属于帮助犯，而王、郎二人的盗窃行为既遂，齐某的帮助行为就构成盗窃罪的共犯。

三、评析意见

我们同意第二种意见，原因如下：

首先，共同犯罪的成立需要三个构成要件：一是共同犯罪的主体必须是两个人达到刑事责任年龄、具有刑事责任能力的单位或者个人。二是从犯罪的客观方面来看，构成共同犯罪必须是两人以上具有共同的犯罪行为。所谓具有共同的犯罪行为，指两个行为人的行为都指向同一犯罪，相互联系，相互配合，形成一个统一的犯罪活动整体。三是从犯罪的主观方面来看，构成共同犯罪必须两人以上具有共同的犯罪故意。所谓共同的犯罪故意，指各共同犯罪人认识他们的共同犯罪行为和行为会发生的危害结果，希望或者放任这种结果发生的心理态度。按照共同犯罪的分工，共同犯罪行为表现为四种方式：实行行为、组织行为、教唆行为、帮助行为。帮助行为即帮助犯是指故意提供信息、工具或者排除障碍协助他人实行犯罪的行为。其基本特征是自己不直接实行犯罪，在他人产生犯罪决意之后，为他人实行犯罪创造便利条件，帮助他人完成犯罪。犯罪行为必须在主观上有过错（故意或过失）。我国刑法将故意分为直接故意和间接故意。对犯罪故意作分类主要有两方面的意义：一方面，通过进一步分析，确定不同犯罪故意的特征，为犯罪故意的具体认定提供更加清晰明了的标准；另一方面，通过揭示具体犯罪故意的不同特征，区别不同犯罪故意在主观恶性上的轻重差别，为量刑的个别化和科学化提供主观责任方面的依据。根据成立犯罪故意所要求的认识与意志的不同，可将故意分为行为故意和结果故意。这种分类方法从行为犯和结果犯的区别回溯，认为行为犯的犯罪故意是行为故意，而结果故意就是结果犯的故意。在结果故意中根据行为人对构成要件结果的认识内容和认识程度，可分为确定故意与不确定故意。在结果犯中，共同犯罪故意的认识因素要求共同犯罪人预见到共同犯罪行为和共同犯罪结果的因果关系。不过，对因果关系的预见，并不要求预见其发展过程中的一切细节，而只要预见到由于共同犯罪行为会产生某种犯罪结果就够了。在司法实践中，共同犯罪人对共同犯罪结果的预见，通常有两种情况：一是预见特定的犯罪结果，即某一具体犯罪的结果。二是预见概括性的犯罪结果，即所预见的犯罪结果并非某种具体的结果，而可能是某几种犯罪结果或其中一个结果。只要这个结果包括在预见的范围之内，共同犯罪人之间就存在共同的犯罪故意。从心理态度上考虑，前者属于确定的故意，而后者属于不确定故意中的概括故意。概括故意是指行为人明知自己的行为必然导致构成要件的结果，而希望放任这种结果发生的心理态度。盗窃罪作为结果犯，其盗窃既遂与否与定罪量刑有着直接而重大的影响。王某和郎某在实施盗窃行为之前，到齐某处借扳手，齐向王某询问借扳手的用途，王某回答，是用来偷铁的。齐仍将扳手借给王、郎二人使用。在这种情况下，齐某已经明确知道王、郎有进行盗窃的犯罪故意，可能会有危害社会的结果发生，还给二人提供作案工具，齐主观上促使了这种犯罪行为的发生，在客观方面给犯罪行为的实施提供了便利。从犯罪的完成形态角度上分析，齐某将扳手借给二人的行为处于犯罪的预备阶段。概括地讲，犯罪预备行为就是为实施犯罪而创造便利条件的行为。根据刑法第 22 条规定：为了犯罪，准备工具，制造条件的，是犯罪的预备。犯罪预备形态的特征有两层含义：一是行为人已经开始实施犯罪的预备行为，其中包括两种表现形式：（1）为实施犯罪准备犯罪工具的行为。所谓犯罪工具，是指犯罪分子进行犯罪活动所用的一切器械物品。（2）其他为犯罪创造便利条件的行为。本案中，齐某并没有积极为王、郎二人的盗窃行为准备工具，只是在明知二人要实施盗窃行为的情况下将犯罪工具提供给他们使用，齐的行为属于为犯罪提供便利条件的共同犯罪行为。但由于共同犯罪中的实行犯王某已经着手实施犯罪，并将车号识别天线盗得，带到齐处销赃。根据失控说的原理，王盗窃行为已经既遂，那么作为帮助犯的齐某也相应的承担盗窃既遂的刑事责任。

由于盗窃行为在主观上是以非法占有为目的，因此在盗窃既遂之后的销赃和倒卖的行为，是盗窃行为之后的另一行为，形式上符合销售赃物罪犯罪的特征，构成了吸收犯的情况。

吸收犯是指行为人的数个犯罪行为因为一个被另一个所吸收，而失去独立存在的意义，仅以吸收之罪处断的犯罪形态。其核心问题是数行为之间存在吸收的关系，这种吸收关系因为数行为存在密切关系，常常处于同一犯罪的过程，前行为可能是后行为发展的必然阶段，后行为可能是前行为的自然结果。吸收犯的形式分为三种：一是重行为吸收轻行为；二是主行为吸收从行为；三是实行行为吸收非实行行为。在本案中，盗窃行为是前行为，销赃行为是后行为。作为盗窃罪这一前行为既遂的必然结果就是要进行销赃，倒卖以实际占有车号识别天线的交换价值，即以金钱形式表示占有。同时也是盗窃罪这一重行为对销售赃物罪这一轻行为的吸收。因此，齐某为王、郎盗窃提供工具，帮助其盗窃既遂，构成共同犯罪同时，应当承担盗窃既遂的法律责任。其收购赃物有转手倒卖的行为属于盗窃的事后必然行为，而被盗窃罪所吸收，失去其独立存在的意义，根据吸收犯重罪吸收轻罪的处理原则，盗窃罪吸收了销售赃物罪，齐某的行为仅构成盗窃罪的共犯，而不应再对销售赃物罪定罪量刑。

四、专家点评

帮助犯是共同犯罪理论和实践中的疑难问题之一。一般地讲，明知他人欲实施犯罪行为而加以帮助，提供作案工具等，使犯罪可以顺利进行的，应构成帮助犯。本案中，齐某在知道王某等需要进行盗窃而提供扳手，符合帮助犯的特征，应认定为盗窃罪。之后的销赃行为，可视为事后不可罚之行为，不再单独定罪。不过，在实践中，由于提供作案工具的人，往往辩称不知道他人要利用该工具实行犯罪，或者对提供作案工具的人与实施犯罪的人之间的通谋有时很难查清，故经常出现对此种情况不追究提供工具的人的做法。

李某盗窃钢轨案

本案聚焦

在共同犯罪中起辅助作用的犯罪分子，即为共同犯罪提供方便，帮助创造条件的犯罪分子，是帮助犯。本案中，李某能否成立盗窃罪的帮助犯，其关键之一在于李某的帮助行为是否符合共同犯罪中帮助犯的特征？其关键之二在于李某打电话询问工长的行为能否阻止其犯罪的成立？

一、案情回放

被告人：李某，男，30岁，原系大同铁路分局朔州工务段石湖河养路工区职工。

2003年夏季一天上午（双休日），李某在铁路沿线养路工区值班，工区职工王某伙同其他案犯用氧焊切割工具在工区附近盗割路基上的钢轨。期间，王某担心李某不让他们盗割钢轨，便到工区值班室对李说："工长让割点钢轨给弟兄们弄点钱"。李打电话询问工长（同案犯）被告知"我知道了"，而后李同意王某等人继续盗割钢轨。割完钢轨，为了把散落在路基上割断的钢轨集中到汽车停车处装车，王某再次来到工区值班室，向李某借用工区的单轨车在轨道上转运盗割的钢轨，李某在明知王某等人用单轨车运输盗窃物品的情况下，违反铁路单轨车使用规定，无视铁路行车安全，打开库房门将工区的单轨车借给盗窃犯运输盗割的钢轨。此次共盗窃钢轨 18 吨，价值 21907.05 元。盗窃后，李某收受了案犯给予的 1000 元赃款，并将其全部挥霍。

　　大同铁路运输检察院以盗窃罪对被告人李某提起公诉，大同铁路运输法院以盗窃罪判处李某有期徒刑 1 年零 6 个月，缓刑 2 年，并处罚金人民币 3000 元，李某未提出上诉。

二、争议问题

　　该案办理过程中，对李某是否构成盗窃罪，存在两种不同的意见：

　　第一种意见认为，李某主观上没有盗窃犯罪的故意，客观上没有参与盗割钢轨的活动，不构成犯罪。其理由如下：案发前，李某没有参与其他案犯盗窃钢轨的预谋和准备活动。作案中，李某自始至终在工区值班，没有参与盗割或搬运钢轨的具体活动。当案犯向他说明："工长让割钢轨给弟兄们弄点钱"时，他向工长"请示"是履行值班人员职责的表现，工长告知"我知道了"，表明工长已经同意此事，既然工长已经同意盗割钢轨，那承担责任的应该是工长而不是李某。盗窃中，李某让案犯推走工区的单轨车转运盗窃的钢轨，这是工长同意他人盗割钢轨之后的配合行为，是先前征求工长意见行为的延续，不应看做是参与盗窃活动的具体行为，更不能以此证明李某参与了共同盗窃活动。因此，李某的行为不构成盗窃罪，他的行为是知情不举，属于道德和行政处理的范畴。

　　第二种意见认为，李某主观上有非法占有故意，且为盗窃提供帮助，构成盗窃罪，理由如下：首先，李某主观上有非法占有的故意。这主要表现在案犯向他表明盗窃意图后，他主动寻求同案犯（工长）的意见，当工长明确告知同意他人盗割钢轨后，李某随即以默认的形式同意他人盗割钢轨，并且这种默认盗窃的前提是案犯答应盗窃后给其分赃，其动机是为了得到案犯允诺分给他的盗窃赃款，这种谋取盗窃赃款的动机就是其参与盗窃的犯罪故意。其次，李某客观上参与了盗窃钢轨的犯罪活动。这主要表现在：李某默认的态度客观上对盗窃活动起到了保护作用，使盗窃活动得以顺利完成。另外，李某应案犯的要求，亲自打开库房门，让案犯推走工区的单轨车，转运盗割的钢轨，使得案犯迅速将盗割的钢轨装车转移并销赃。根据"无功不受禄"的惯例，李某如果没有为盗窃活动贡献力量，案犯绝不会比照盗窃主犯的数额分给他 1000 元赃款。

三、评析意见

我们同意第二种意见。理由如下：

本案中，涉及共同犯罪的认定。刑法理论上对共同犯罪有正犯与共犯之分。正犯指在共同犯罪中直接导致结果发生的实行犯，二人以上均为正犯时，称为共同正犯；教唆犯与帮助犯合称为狭义共犯，正犯与狭义的共犯是相对的概念。

我国刑法将共同犯罪分为主犯、从犯、教唆犯、胁从犯。其中，从犯指在共同犯罪中起次要作用或者辅助作用的人。从犯分为两种人：第一种是在共同犯罪中起次要作用的犯罪分子，即对共同犯罪的形成与共同犯罪行为的实施、完成起次于主犯作用的犯罪分子，如起次要作用的实行犯；第二种是在共同犯罪中起辅助作用的犯罪分子，即为共同犯罪提供方便，帮助创造条件的犯罪分子，是指帮助犯。成立帮助犯，要求有帮助的行为与帮助的故意，共犯的从属性说还要求被帮助者实行了犯罪。

帮助行为是基本构成要件以外的行为，即实行行为以外的行为，这种行为的作用在于使正犯的实行行为更为容易。帮助行为既可以是有形的，也可以是无形的。前者是指提供犯罪工具、犯罪场所等物质性的帮助行为，后者是指精神上的帮助行为，如提供建议、强化犯意等等。帮助行为既可以是作为，也可以是不作为。在法律上，对正犯的犯罪行为具有防止义务的人，故意不履行该义务的，就是不作为的帮助犯。

刑法之所以处罚帮助犯，是因为帮助行为促进了犯罪，因此，帮助行为与正犯的实行行为之间必须具有因果关系，这就要求帮助行为给正犯以心理的影响或者物质的帮助，从而使实行行为更为容易。否则，帮助行为与实行行为之间就没有因果关系，该帮助行为就不可罚。

本案中，李某实行了两个有刑法意义的行为，第一个是给工长打电话，在得到工长回答"我知道了"后，就同意王某等人盗窃钢轨。第二个行为是王某向他借单轨车时，他违反铁路单轨车使用规定，将工区的单轨车借给王某运输盗窃的钢轨。

此案中，王某是盗窃罪的正犯，他盗窃能成功的一个很重要的因素是李某的配合，二者的行为具有因果关系。判断李某是否具有盗窃犯罪的主观故意不能仅从表面上看，应在排除虚假外表的基础上，根据他在盗窃活动中及盗窃后的具体表现，综合判断认定。结合本案，案件发生在其他职工都未上班的双休日，李某独自在工区值班，担负着维护国家财产安全的职责，这种责任的履行不应受工长违法行为的支配。因此，李某以工长同意为由，逃避责任的辩解不能成立。李某是一名工作多年的铁路职工，具有分辨是非的能力，他在"请示"工长是否同意"弄钢轨"之前，知道铁路钢轨属于国家的专控物资，知道即使是本单位的领导也无权擅自处理钢轨。他非常清楚：即使工长"同意弄钢轨"也改变不了盗窃钢轨的犯罪性质。他"请示"工长的意图是想借此推卸自己不履行工作职责的责任，掩盖自己默认他人盗窃钢轨的行为，并且其"请示"的工长是本案的同案犯，其"请示"的内容不属于工长职权范围内的工作。因此，他们之间的所谓

"请示"不具有工作上的性质，只能认定为是同案犯之间的犯罪联络。当工长表示"知道"后，他便对王某的盗窃不予理睬，事实上构成了不作为的帮助犯。特别是盗窃犯告诉李某卖了钢轨后给其分钱时，李未拒绝，销赃后又欣然接受了1000元赃款。这些情节证实李某"请示"工长是假，其真正的目的是以默认的方式为盗窃活动提供庇护，为自己牟取非法利益创造条件。

在认定共同盗窃的因果关系时，应将共同犯罪人的行为联系起来统一考察。共同盗窃是案犯为了一个共同的盗窃目标，彼此联系、互相配合的行为。由于共同盗窃的复杂性，决定了其参与者间互相配合行为的多样性，尽管这些行为不尽一致，但它们均离不开共同犯罪的性质。只有这样综合分析认定，才能正确区分共同犯罪人的刑事责任，做到"不枉不纵"。本案是一起由铁路职工牵头，由盗窃、收赃、转移赃物等案犯共同参与的盗窃犯罪，其参与者的表现形式是各不相同的，由于盗窃的钢轨分散在铁路沿线路基上，许多钢轨虽然被割断了，但仍然摆放在汽车无法到达的地方，装卸人员又不能远距离将18吨钢轨抬到装车处，这种情况凸显了用"单轨车"在铁路线上转运钢轨的关键作用。因此，李某虽然未在案发现场切割和搬运钢轨，但其提供单轨车让案犯在现场转运盗割的钢轨，在盗窃中发挥了极其重要的作用，是此次盗窃活动的组成部分。李某的第二个行为是积极的帮助行为，与其他被告人形成了一个有机的整体。

综上，李某主观上具有帮助盗窃的犯罪故意，且客观上庇护盗窃并提供单轨车参与盗窃，窃后又分得赃款，其行为已构成盗窃罪，是盗窃罪的帮助犯。

四、专家点评

本案中，李某能否成立盗窃罪的帮助犯，其关键之一在于李某的帮助行为是否符合共同犯罪中帮助犯的特征？其关键之二在于李某打电话询问工长的行为能否阻却其犯罪的成立？

对于第一个问题，即李某的帮助行为是否符合共同犯罪中帮助犯的特征，正如在对第二种意见评析中李某的帮助行为既有不作为形式上的帮助，即默示王某等人的盗割行为，又有积极的作为，即将单轨车出借王某运输所盗钢轨的行为，主观上与客观上的内容符合帮助犯的特征。

对于第二个问题，即李某打电话询问工长的行为能否阻却其犯罪的成立？在本案中对第二种意见的评析中，也明确详细地提到这一点，其论证是合理的。

因此，本案对李某行为的定性是正确的。

王某抢劫铁路物资案

本案聚焦

盗窃罪转化抢劫罪的认定。

一、案情回放

被告人：王某，男，32 岁，农民。

1999 年 2 月 20 日凌晨，被告人王某伙同孙某（另案处理）、侯某（另案处理）等租用太原市第四运输公司司机张某开的黄河牌汽车，来到北同蒲铁路线 270km + 600m 处的公路铁路立交桥工地上，盗窃该工地放置的靠背钢桩。在行窃中，被工地看守人员郝某、亢某发现，他们先是躲起来，后发现巡守工只有两人便站起来威胁郝、亢，并用石块投向郝、亢，致使二人被迫返回工棚内。王某等人将 15 根靠背钢桩装上汽车。靠背钢桩均用 43型旧钢轨制成，总长 62.25 米，价值 6611.57 元，加工费 84.44元，运费 391.65 元，共计价值 7087.66 元。然后孙某等人将赃物拉运到太原市光社街道办事处企业公司简易宿舍收购站销赃，获赃款 2100 元。

太原铁路运输检察院认为王某的行为构成抢劫罪，将此案诉至太原铁路运输法院。太原铁路运输法院以抢劫罪，判处其有期徒刑 4 年，并处罚金人民币 4000 元。

二、争议问题

本案中，对于王某等人的行为是否构成转化型抢劫罪，主要存在以下两种观点：

第一种意见认为，虽然王某等人向巡守人员投掷石块进行威胁，但是此种行为尚不能构成抢劫罪中规定的暴力行为，因此，不构成转化型抢劫罪，只构成盗窃罪。

第二种意见认为，王某等人的行为构成转化型抢劫罪。

三、评析意见

我们同意第二种意见，被告人王某等人的行为已达到抢劫罪中规定的暴力行为的程度，构成转化型抢劫罪。现分析如下：

1. 关于"转化犯"的理论

所谓"转化犯"，是指由于法律的特别规定，某一犯罪在一定的条件下转化成为另一种更为严重的犯罪，并且应当依照后一种犯罪定罪量刑的犯罪形态。其特征是：（1）转化犯必须有法律的特别规定，法定性是转化犯的前提；（2）被转化的轻罪和重罪之间存在着性质上的递进关系。转化犯是某一基础行为向某一更为严重的犯罪的转化，具有行为性质的趋重性；（3）转化犯必须具备了法律规定的转化条件才能转化，转化犯的条件性是罪刑法定原则的体现；（4）对于转化犯应当按照转化后的犯罪定罪量刑。

2. 盗窃罪转化为抢劫罪的条件

我国刑法第 269 条规定，犯盗窃、诈骗、抢夺罪，为窝藏赃物、抗拒抓捕或者毁灭罪证而当场使用暴力或者以暴力相威胁的以抢劫罪论。我们认为，刑法第 269 条的适用，应具备这样三个条件：

111

（1）实施了盗窃、诈骗、抢夺行为。根据刑法的规定，盗窃罪须以"数额较大或者多次盗窃"为成立要件，诈骗罪与抢夺罪须以"数额较大"为成立要件，但抢劫罪的构成并无数额或者行为次数的限制，这就产生了一个问题：盗窃、诈骗、抢夺行为转化为抢劫罪，是否以成立盗窃罪、诈骗罪、抢夺罪为必备条件？对此，有观点认为，行为人不仅要实施盗窃、诈骗、抢夺行为，而且要构成犯罪。另一种观点则认为，尽管刑法的表述是"犯盗窃、诈骗、抢夺罪"，但并不意味着行为事实上已经构成盗窃、诈骗、抢夺罪，而是意味着行为人有犯盗窃罪、诈骗罪、抢夺罪的故意与行为。我们赞成后一种观点。只要行为人已经着手实施了盗窃、诈骗、抢夺行为，不管既遂未遂，亦不论所得财物数额大小，均可转化为抢劫罪。1988年3月16日最高人民法院、最高人民检察院《关于如何适用刑法第153条的批复》对此也曾作过肯定，这个司法解释在没有相关新的司法解释之前，仍可参照执行。从抢劫罪的本质特征上分析，财物数额大小不影响其构成，因而将刑法第269条的"犯盗窃、诈骗、抢夺罪"理解为实施盗窃、诈骗、抢夺行为，并无违背罪刑法定原则之嫌。

本案中，王某等人租用汽车到北同蒲铁路公路立交桥工地上盗窃靠背钢桩的行为已具备了转化型抢劫罪的这个前提条件。

（2）行为人必须当场使用暴力或者以暴力相威胁。在此，有必要着重讨论一下"暴力"问题。所谓抢劫罪的暴力，是指犯罪分子对被害人身体实行的打击强制手段，如殴打、捆绑、禁闭、伤害等，目的是排除被害人的反抗以劫取财物。对暴力主要可从四个方面来理解：①暴力必须是在取得财物的当场实施。这里的"当场"，既包括行为人实施盗窃、诈骗、抢夺的现场，也包括行为人在逃离作案现场被人发现后的整个被追捕过程与现场。如果行为人作案时或者在逃离作案现场时没有被及时发现，在事后其他地点被发现而对他人使用暴力或者以暴力相威胁的，则不存在转化抢劫罪的问题，构成什么罪按什么罪处理。本案中，王某等人在实施盗窃行为的工地这个偷窃现场对前来阻拦的巡守郝某、亢某投掷石块进行威胁的暴力行为，符合了"当场"这个条件。②暴力必须是针对被害人的身体而采取的打击或强制。暴力方法具有多种表现形式，但暴力的作用对象必须是人身。暴力不要求必须达到危及人身健康、生命、或使被害人不能抗拒的程度，只要达到使被害人恐惧，反抗能力受到一定程度的抑制即可。本案中，王某等人对郝、亢投掷石块的行为虽然没有造成对人身健康、生命危害的程度，但是，在一定程度上使前来阻止王等人盗窃钢桩的郝某和亢某感到恐惧，以致使郝、亢二人被迫返回工棚，这样就使二人阻止王等人盗窃行为的反抗能力受到了抑制，最终使自己的盗窃得逞。③暴力是向财物持有人为之。暴力通常是指向财物持有人实施的，意在抢走财物的一种较为常见的抢劫方法。如果是对与财物持有人同行的第三者实施暴力，应视为胁迫。④暴力是犯罪分子有意识实施的，也就是说，犯罪分子自觉、积极地利用暴力手段为排除被害人反抗并抢走财物创造条件。如果犯罪分子在夺取财物过程中无意侵害被害人的身体，不能认为是使用了暴力。实践中，不应将行为人给抓捕或阻碍人造成的任何伤害都视为暴力的结果从而认定行为人有"暴力"行为。暴力只能是行为人有意识、有目的、故意实施的。本案中，王某等人的行为是一种有意识、有目的的抗拒郝某和亢某阻止其偷窃的行为，因此，也具备了积极利用暴力手段排除反抗这一条件。

（3）使用暴力或者以暴力相威胁的目的是"为了窝藏赃物、抗拒抓捕或者毁灭罪证"。"窝藏赃物"，是指转移、隐匿盗窃、诈骗所得的财物，以使已经取得的赃物不被恢复原有的状态；"抗拒抓捕"，是指抗拒司法机关依法对其进行的拘留、逮捕以及一般公民对其进行的扭送；"毁灭罪证"，是指为逃避罪责，湮灭作案现场遗留的痕迹、物品以及销毁可以证明其罪行的各种证据。如果行为人在实行盗窃、诈骗、抢夺过程中，被他人发现，出于取得财物的目的而使用暴力或者以暴力相威胁的，不适用刑法第 269 条，而应直接适用第 263 条认定为抢劫罪。本案中，王某等人在行窃过程中向郝某和亢某投掷石块的行为，是为了盗窃钢桩而抗拒郝、亢二人的抓捕，因此显然是具有"抗拒抓捕"的目的。

综上所述，王某等人的盗窃钢桩行为，以及在盗窃钢桩的过程中，当场对前来进行阻止盗窃行为的工地巡守工郝、亢二人投掷石块进行暴力威胁，使郝、亢二人产生了恐惧心理而被迫返回，从而使反抗能力受到一定程度的限制，这一系列的行为完全具备了盗窃罪转化抢劫罪的诸条件，因此王某等人的行为构成盗窃罪转化抢劫罪，属于转化型抢劫犯。

四、专家点评

评析意见运用转化犯的理论结合刑法规定，对该案进行了正确的评析。此案行为人的行为是盗窃还是抢劫，关键在于对刑法第 269 条规定中的"当场使用暴力或者以暴力相威胁"中的"暴力"的解释和认定。向巡守人员投掷石块是否能构成该条规定中的"暴力"呢？我们的回答是肯定的，该条规定中的暴力是指对人体实行一种强力的袭击或强制，比如伤害、殴打、捆绑等。尽管暴力的程度有所不同，但只要对人体构成袭击或强制，具有侵犯人身安全、健康等特性的，均构成暴力。投掷石块的行为，是一种强力的袭击，具有侵犯性和攻击性，具有对他人的人身造成伤害的现实可能性。从本案来看，王某等人投掷石块也确实致使巡守人员不能阻止王某等人实施犯罪行为。我们认为，起诉、判决意见正确。

翟某等人盗窃案

本案聚焦

盗窃罪、职务侵占罪、侵占罪的区别。

一、案情回放

被告人：翟某，男，33 岁，原系太原铁路分局太原机务段职工。

被告人：耿某，男，30 岁，无业。

被告人：刘某，男，34 岁，原系太原铁路分局太原机务段职工。

2000 年 11 月至 12 月间，被告人翟某通过樊某联系，由被告人耿某租车，三人分三次到太原机务段清洗组，盗窃 0# 废柴油 6 桶，共计价值1224 元。盗后耿某付给翟某 2700 元，耿某又将所盗柴油掺上土炼柴油以每公升 3 元的价格出售，获赃款3600 元。

2001 年 3 月至 4 月间，被告人翟某与耿某联系后，由刘某租用郝某的汽车，伙同翟某分五次到太原机务段清洗组盗窃 0#柴油 7 桶，价值 3710 元，盗后将柴油送到耿某处，耿付给翟某3150 元，翟分给刘某 1400 元，刘某付出租车款 250 元，耿又将所盗柴油卖掉 1 桶，其余被公安机关查获。

2001 年 3 月至 4 月间，被告人翟某、刘某先后盗窃太原机务段清洗组 0$^{\#}$柴油 8 塑料桶，价值 530 元，盗后由刘某将柴油以每塑料桶 50 元的价格卖给山西省青年干部管理学院澡堂，获赃款 400 元。

太原铁路运输检察院认为翟某等人的行为构成盗窃罪，移送至石家庄铁路运输检察院审查起诉。石家庄铁路运输检察院认为翟某等人的行为属于职务侵占性质，但情节显著轻微，不构成犯罪，决定对翟某等人不起诉。

二、争议问题

本案中，翟某等人的行为构成盗窃罪、职务侵占罪还是侵占罪？

三、评析意见

翟某等人的行为构成何种犯罪与其主体身份和作案手段密切相关。

1. 职务侵占罪

该罪是指公司、企业或者其他单位的人员，利用职务上的便利，将本单位财物非法占为己有，数额较大的行为。按照通说，该罪的公司、企业或者其他单位必须是非国有的，该罪的主体必须是在公司、企业或其他单位从事职务的人员，即该罪是身份犯。本罪的构成特征如下：

（1）本罪的主体为公司、企业或者其他单位的人员。根据刑法第 271 条的规定，本罪主体只能限定为公司、企业或者其他单位不具有国家工作人员身份的人。

（2）本罪的客观方面为利用职务之便，并且有将本单位财物非法占为己有，且数额较大的行为。具体而言，构成本罪必须同时具备三个行为要件：第一，侵占行为必须是利用职务上的便利。"利用职务上的便利",是指利用自己在职务上所具有的主管或者分管内有调配本单位财物的权力,如出纳员有经手、管理钱财的职责等。如果行为人没有利用自己的职务上的便利,不构成本罪。第二,必须是将本单位财物非法占为己有。非法占有可以采取侵吞、盗窃、骗取等各种手段,但非法占有的财物必须是本单位的财物。第三,侵占财物必须达到数额较大。根据有关司法解释,"数额较大",是指 5 千元至 2 万元以上。

(3)本罪的主观方面出于故意,且具有将本单位的财物非法占为己有的目的。

(4)本罪侵犯的客体是公司、企业或者其他单位的财物所有权。侵犯的对象则为行为人所属公司、企业或者其他单位的财物。

如前所述,本案中翟某、刘某是太原机务段的工人。按照企业性质来说,我国目前的铁路企业是国家独资的,属于国有企业,这点就不符合职务侵占罪的要件。同时,翟某、刘某的身份系普通工人,其行为根本不可能构成"职务"行为,"职务"行为是一种带有管理性质的行为。对此,认为"职务就是工作,职务上的便利就是工作上便利"的观点是错误的。所以,我们认为将翟某等人的行为认定为职务侵占罪是不妥当的。

2. 侵占罪

与职务侵占罪相密切联系的是侵占罪。虽然本案的审理过程中没有出现这个罪名,但我们认为很有探讨的必要。侵占罪,是指以非法占有为目的,将代为保管的他人财物或者他人的遗忘物、埋藏物非法占为己有,数额较大,拒不退还或者拒不交出的行为。

本罪的构成特征如下:

(1)侵占罪的主体为一般主体,即任何达到法定责任年龄,具有刑事责任能力的自然人均可成为本罪的主体。

（2）侵占罪在主观方面出自故意，并且具有非法占有他人财物目的。

（3）侵占罪在客观方面表现为非法占有他人财物，数额较大，拒不退还或拒不交出的行为。具体来说，本罪在客观方面包含三个要素：①非法占有他人财物的行为。所谓非法占有，是指行为人在没有法律根据的情况下，侵犯权利人的利益，自行侵吞、占有、使用或处分他人财物。这里的"他人财物"，有两种情况。自己代为保管的他人财物。所谓代为保管，是指接受他人委托或者根据事实上的管理而成立的对他人财物的持有、管理。"他人财物"，既可以是他人个人的财物，也可以是其他单位的财物。行为人基于委托关系或事实上的管理而拥有的对他人财物的持有和管理权，是构成侵占罪的前提条件。如果不是将代为保管的他人财物占为己有，而是用盗窃、抢夺、诈骗等方法占有他人财物，不构成本罪。二是他人的遗忘物或者埋藏物。所谓"遗忘物"，是指由于财物所有人、持有人的不慎而失去占有、控制的财物。遗忘物的特点是失主发现遗忘后，可以比较准确地或者大致回忆起财物在什么时间、什么地点脱离自己的控制，拾得者一般也能知道失主。所谓"埋藏物"，一般是指很久以前埋藏在地下，所有人不明的财物。②行为人所侵占的财物数额较大。不管是侵占代为保管的他人财物，还是侵占遗忘物、埋藏物，都必须是数额较大的，否则不构成犯罪。③拒不退还或拒不交出。这是指行为人非法侵占他人财物，被人发现，经所有人要求其退还或交出时，仍不予退还或交出。如果行为人虽然有非法侵占的行为，但经权利人要求，退还或者交出了所侵占的财物，则不构成犯罪。

（4）侵占罪侵犯的客体为公私财物所有权。侵害的对象为他人的财物，不包括他人的财产上的利益。

那么，本案中翟某等人在不构成职务侵占罪的情况下，能不能构成普通的侵占罪呢？我们认为，不能。从定义和构成要件可以看出，侵占罪的主体需要首先对财物拥有合法的占有权。而本案中的翟某等人是在下班后，重新返回工厂取得的柴油（柴油是他们上班时用来清洗齿轮的），按常理，工人在下班以后就不会对工厂的生产资料享有合法占有权，所以，翟某等人的行为就不可能构成侵占罪。

最后，还得看翟某的行为是否构成盗窃罪。盗窃罪，是指以非法占有为目的，秘密窃取数额较大的公私财物或者多次盗窃公私财物的行为。盗窃罪在客观方面表现为秘密窃取数额较大的公私财物或者多次盗窃公私财物的行为。所谓秘密窃取，是指行为人采取自以为不使财物所有者、保管者发觉的方法，暗中将财物取走。秘密是指取得财物为暗中进行，是相对财物的所有者、保管者而言的。本案中翟某等人在取得 $0^{\#}$ 柴油时确实存在不愿被其他人发现的心理，而且也是采取背着其他人的方式实施。更为重要的是，翟某等人取得油的过程，既没有利用所谓的"职务之便"，也没有"合法占有"，充其量只是长期工作对单位环境的熟悉（还有单位管理上的漏洞），其手法完全是秘密窃取的方法，所以本案应当认定为盗窃罪。

四、专家点评

本案之所以存在翟某是构成盗窃罪还是职务侵占罪的争议，关键在于解决以下几个问题：

其一，职务侵占罪主体是否包括国有公司、企业以及其他国有单位的人员？这个问题在理论上存在分歧，存在肯定说和否定说两种观点。肯定说认为，以刑法第271条第2款的规定，虽然能够说明国有公司、企业以及其他国有单位从事公务的国家工作人员不能成为职务侵占罪的主体，但并不能由此得出结论：国有单位中的非国家工作人员（即非从事公务的人员）都不能成为职务侵占罪的主体。

其二,国有公司、企业或者其他国有单位中非国家工作人员,利用职务上的便利,侵占本单位财务,应如何定罪处罚?上述所指的是国有企业、事业单位中的从事劳务的人员,他们从事的不是具有管理性的公务,不是国家工作人员,他们利用工作上的便利侵占自己经手的财物,在刑法修订之后,有了职务侵占罪的规定,是可以纳入到职务侵占罪的主体范围的。

其三,"利用职务的便利"与"利用工作上的便利"含义是否相同?在此问题上,理论也存在分歧,但学界认为,将"劳务上的便利"排除在"职务上的便利"之外是不恰当的,不能仅仅将"职务"理解成"职权"。职务侵占罪中的"利用职务上的便利"实质上是工作上的便利,应包括从事劳务活动合法持有单位财物的便利,但不包括因工作关系熟悉作案环境,容易接近单位财物等情况。

因此,评析意见中对翟某的主体身份的否定是不恰当的。至于翟某是否具有从事劳务活动中合法持有单位 0# 柴油的便利,不能因为翟某上班时持有,下班之后就不再持有来说明翟某不具有合法持有的便利,下班之后的持有便利仍然属于职务侵占罪中的"利用职务(工作)上的便利",因此,翟某的盗窃行为不属于利用职务工作关系熟悉环境的情况,而应认定属于从事劳务活动中合法持有单位财物的便利的情况,成立职务侵占罪而非盗窃罪。

此外,按照最高人民检察院、公安部《关于经济犯罪的案件追诉标准的规定》第 75 条规定,"数额在 5000 元至 10000 元以上应予追诉"。因此,对翟某等人应当以职务侵占罪予以定罪处罚。

丁某等铁路职工盗窃案

本案聚焦

　　公司、企业或者其他单位的人员，利用职务上的便利，将本单位数额较大的财物非法占为己有的行为，构成职务侵占罪。若该单位的职工无"职务上的便利"可利用，只是利用"工作之便"窃取或骗取本单位的财物，只能以盗窃罪论。

121

一、案情回放

　　被告人：丁某，男，37岁，河北省正定县人，初中文化程度，太原铁路分局太原机务段副司机。

　　被告人：梁某，男，48岁，中技文化程度，太原铁路分局太原机务段司机。

　　被告人：武某，男，50岁，小学文化程度，太原铁路分局太原机务段司机长。

　　被告人：白某，男，38岁，小学文化程度，太原市西铭乡风声河村农民。

　　1998年4月至11月间，被告人丁某伙同本班调车机司机梁某、武某，利用夜间调车作业之机，先后11次盗卖内燃机车燃油（共计39桶，每桶重170公斤，每公斤2.3元，每桶价值

391 元，共计价值 15249 元），盗后卖给太原市西铭乡风声河村及大虎峪村农民白某及白某某、崔某某（均另作处理）等人，获赃款 11420 元。丁分得 4090 元，梁分得 2500 元，武分得 1100 元，其余由丁支配使用。

太原铁路运输检察院认定丁某等人的行为构成盗窃罪，将此案诉至太原铁路运输法院。太原铁路运输法院以盗窃罪，分别判处丁某有期徒刑 3 年，缓刑 4 年，并处罚金人民币 6000 元；梁某有期徒刑 2 年，缓刑 3 年，并处罚金人民币 3000 元；武某有期徒刑 1 年，缓刑 2 年，并处罚金人民币 2500 元。

二、争议问题

对被告人丁某等人的行为是构成盗窃罪还是职务侵占罪存在很大分歧，主要有以下两种意见：

第一种意见认为，丁某等人身为机务段司机，负责机车的安全运行，机车的保养等工作，利用对燃油的使用权限，秘密侵占本单位的燃油，运出单位加以变卖，所得赃款予以挥霍，其行为符合职务侵占罪的特征，构成职务侵占罪。

第二种意见认为，丁某等人的行为应认定为盗窃罪。丁某等人以非法占有为目的，利用对本单位工作环境熟悉，多次秘密窃取机车上的燃油，给铁路部门造成一定的经济损失，属于秘密窃取铁路物资，其行为符合盗窃罪的特征，构成盗窃罪。

三、评析意见

我们同意第二种意见。

1. 丁某等人的行为不构成职务侵占罪

首先，职务侵占罪侵犯的对象只能是公司、企业或者其他单位的财产所有权。具体包括：依照我国公司法设立的股份有限公司，有限责任公司的财物；依照我国企业登记法规，经过国家主管机关批准设立的各种营利性经济组织，如集体企业、私营企业、外资企业以及中外合资企业、中外合作企业等混合所有制企业的财物；除公司、企业以外的非国有性单位，如非国有性事业单位、社会团体、群众自治性组织等单位的财物。根据以上的规定，此罪侵犯的客体均是非国有公司、企业、其他单位的财产所有权，而本案中被盗单位的性质是国有企业，它的财产属性是纯国有财产，故不能认定为职务侵占罪。其次，"利用职务上的便利"是构成职务侵占罪的必要条件。所谓利用职务上的便利，是指行为人利用自己在本单位所具有的一定职务，并因这种职务所产生的方便条件，即经手、管理本单位财物的便利。一般限于本人直接实施的职务、业务行为，如会计本人的会计业务，出纳员对于现金的保管，收支行为。对于单位的工作人员，如果只是利用在本单位工作，熟悉工作环境等条件，不能视为利用职务上的便利，不构成职务侵占罪。本案中，机车燃油的管理是由加油工负责，机车上油箱的钥匙由整备车间保管，丁某等人没有主管本单位燃油的便利，更谈不上"利用职务上的便利"，只因工作关系而熟悉作案环境、条件，或者凭机车工作人员身份，较易接近作案目标或对象等便利条件，秘密窃取本单位的财物，故不宜认定为职务侵占罪。最后，只有在上述单位中从事一定的管理性工作，担任一定的管理性职务的人员才能构成本罪主体，其他人员，如车间工人、清洁人员以及不直接接触、看管财物的保安人员等，虽也是该单位职工，但因其所从事的是劳务而不是管理性事务，无"职务上的便利"可利用，并不能成为犯罪主体。若他们利用其工作之便，窃取或者骗取本单位财物的，只能以盗窃罪、诈骗罪论处。本案中，丁某等人是机车司机和副司机，其责任是安全运行，保养机车，对燃油没有管理权限，故不属于管理人员。因此，不宜认定为职务侵占罪。

2. 丁某等人的行为构成盗窃罪

盗窃罪是指以非法占有为目的，秘密窃取公私财物数额较大或者多次窃取公私财物的行为。盗窃罪所侵犯的客体是公私财物的所有权。所谓公私财物，通常认为主要包括国有财产、劳动群众集体所有财产和公民私人所有的财产，也包括多种所有制经济成分混合组成的法人、非法人的社会组织和团体所有的财产。盗窃罪的主体是一般主体，凡是达到刑事责任年龄，具有刑事责任能力的自然人，均可以成为盗窃罪的主体。盗窃罪的客观方面表现为秘密窃取公私财物的行为。所谓秘密窃取，是指行为人主观上自以为采取不会被财物的所有者、保管者或经手者发觉的方法，暗中窃取其财物。盗窃罪的主观方面只能是故意，即明知自己的盗窃行为会发生侵害公私财产的结果，并且希望或者放任这种结果的发生，还具有非法占有公私财物的目的。本案中，丁某等人以非法占有为目的，多次利用夜间调车作业之机，不被人发觉，秘密窃取本单位机车燃油，然后偷运变卖来满足自己个人私欲，其行为构成盗窃罪。他们的行为不仅给铁路部门造成了一定的经济损失，而且破坏了铁路企业的声誉。被告人丁某、梁某、武某身为铁路职工，更应该维护铁路治安秩序稳定，为铁路运输安全生产做好本职工作，然而却因个人私欲的恶性膨胀，贪图不义之财，走上犯罪的道路，他们的行为应受到法律的严惩。

四、专家点评

在本案中，争议的问题之一在于如何根据被告人的身份来确定被告人的行为构成盗窃罪还是职务侵占罪？争议问题之二在于丁某的行为是否属于利用职务上的便利？对于争议的第一个问题，国有公司、企业中的非国家工作人员，即从事的是劳务而非带有管理性质的公务人员只利用工作上的便利侵占自己经手的单位财物能否成为职务侵占罪的主体。由于刑法修订以前，1979年刑法没有关于侵占罪的规定，实践中一直把国有或集体单位上述人员纳入贪污罪主体范围之中，作为权宜之计，而现行刑法已有职务侵占罪的规定，在刑法修订之后，把上述人员纳入到职务侵占罪主体范围之内是比较恰当的。

主体身份不存在疑问，关键在于丁某实施的盗窃行为是否属于"利用职务上的便利"？"利用职务上的便利"和"利用工作上、劳务上的便利"是否一致？学者认为，职务侵占罪中的"利用职务上的便利"实质上是工作上的便利，应当包括从事劳务活动合法持有单位财物的便利，但不包括因工作关系，熟悉环境，容易接近单位财物等情况。从本案来看，丁某作为机务段副司机，并不掌握着内燃机车的燃油，而仅仅属于因工作关系的原因熟悉环境实施的窃取，应认定为盗窃罪而非职务侵占罪。

五/运输、持有型犯罪案件

陈某非法运输珍贵、濒危野生动物制品案

本案聚焦

刑法理论认为，犯罪故意作为犯罪主观方面的罪过形式之一，包括认识因素和意志因素两项内容。"明知自己的行为会发生危害社会的结果"是认识因素；"希望或放任这种结果的发生"是意志因素。只有两个方面因素的有机统一，才能认定行为人具有犯罪的故意。

一、案情回放

被告人：陈某，39 岁，中专文化，1988 年至捕前系山西省原平市中医脉管炎医院主治医师。其间（1992 年至 2001 年），由于医院不景气，曾从事中药材购销生意和开家庭门诊。

2001 年 12 月 27 日，被告人陈某携带 67 根羚羊角从太原火车站乘坐旅客列车到定州，欲到安国市场出售，因价格不合适未出售，于 12 月 30 日乘火车到达太原站，准备换乘回原平的火车时在候车室被民警查获。经国家林业局野生动物检测中心鉴定，

送检的动物角均为高鼻羚羊角的产品，总重量为 14520.9 克，送检的 67 根羚羊角至少分属于 40 个个体，总价值 240 万元人民币。2002 年 6 月 5 日，太原铁路运输法院以非法运输珍贵、濒危野生动物制品罪，判处陈某有期徒刑 11 年，剥夺政治权利 1 年，并处罚金 5 万元。陈某对一审判决不服，提出上诉，理由是：（1）自己不明知所带羚羊角是高鼻羚羊角，也不知高鼻羚羊角是国家一类保护野生动物制品，不允许非法运输；（2）在安国药市上，羚羊角允许自由买卖是客观事实，因此，误认为买卖羚羊角不违法。北京铁路运输中级法院审理后维持原判。

二、争议问题

陈某主观上是否明知，是否具有故意，其行为是否构成非法运输珍贵、濒危野生动物制品罪？

第一种意见认为，被告人的行为符合我国刑法关于非法运输珍贵、濒危野生动物制品罪的构成要件，因为犯罪的基本特征是具有一定社会危害性、刑事违法性和应受惩罚性。仅以不明知是高鼻羚羊角，不明知国家的禁止性规定为理由是不能免除罪责的。因为我国刑法没有不知法就能免责的规定，否则，会将法盲排除在犯罪之外，是不合理的。

第二种意见认为，非法运输珍贵、濒危野生动物制品罪的主观方面是故意，必须明知是国家重点保护的珍贵、濒危野生动物制品而运输。根据刑法第 14 条规定：故意犯罪，应当负刑事责任。如果不知是国家重点保护的珍贵、濒危野生动物制品而运输的，主观故意不明显，因而不构成犯罪。

三、评析意见

我们同意第一种意见。本案涉及对故意犯罪的主观内容的理解，涉及刑法理论中故意犯罪是否要求必须具备"违法性认

识"的问题。具体到本案，即构成本罪，是否必须是主观上
"明知"高鼻羚羊角是国家重点保护并且严禁买卖、运输的野
生动物制品而故意为之？如果没有违法性认识，是否是故意
犯罪？

我国刑法第14条规定："明知自己的行为会发生危害社会
的结果，仍然希望或者放任这种结果发生，因而构成犯罪的，是
故意犯罪。"故意犯罪与犯罪故意虽然是两个密切相关的概念，
但它们二者在本质上却有所差别。故意犯罪，指的是一类犯罪的
统称，而犯罪故意则指的是一种罪过心理。刑法理论认为，犯罪
故意作为犯罪主观方面的罪过形式之一，包括认识因素和意志因
素两项内容。"明知自己的行为会发生危害社会的结果"是认识
因素；"希望或放任这种结果的发生"是意志因素。只有两个方
面因素的有机统一，才能认定行为人具有犯罪的故意。

1. 对认识因素的分析

关于犯罪故意的认识因素，需要弄清以下两个方面的问题。

（1）认识的内容，也就是"明知"的内容。根据我国刑法
理论界的通说，犯罪故意的认识因素中的"明知"包含以下三
方面的内容：一是对行为本身的认识，即对刑法规定的危害社会
行为的性质、内容与作用有所认识。这是"明知自己的行为会
发生危害社会的结果"的前提。二是对行为结果的认识。即行
为产生或将要产生的危害社会的结果的内容与性质的认识。三是
对与危害行为和危害结果相联系的其他犯罪构成事实的认识。如
对法定的犯罪对象要有认识，对法定的犯罪手段要有认识，对法
定的犯罪时间、地点要有认识。对上述内容的认识不必是明确
的、具体的，只需是模糊的、大概的。

关于"明知"内容，在刑法学界有所争议的另外一个问题，
就是"明知"是否包括行为人对违法性的认识。按照通常的法
律规定，犯罪故意的认识因素，表现为行为人"明知自己的行

为会发生危害社会的结果"，这显然是只要求行为人明知其行为和行为结果的社会危害性，而没有要求行为人明知行为及结果的刑事违法性。

一个有犯罪故意的人是否必须知道自己的行为是违法的？不知违法而为之是否就能免除罪责？一千年前罗马法就坚持不知法不能免责。随着社会文明的发展，罗马人感到这是个僵化的原则，因而主张在确实能证明不知法、不可能知法的情况下犯罪，可以不认为是犯罪。法国在1810—1994年坚持不懂法也是犯罪，1994年改为"能证明自己对法律合理误解，合法完成其行为的人，不构成犯罪"。意大利法典第5条规定"不得以不知为由，要求宽恕"。1988年宪法法院宣告本条违宪，规定"对刑事法律不可避免的不知，应免除法律责任"。这种规定是立法的进步。过去不知行为违法不能成为免责理由的做法是僵化的，但有的国家法典仍然坚持。在日本，这方面的判例是有矛盾的。有的判，有的不判。一国之内对行为违法性的认识，对是否构成罪责认识不一致。

在我国，刑法总则对故意犯罪的界定，没有明确回答"违法性认识"的问题。在刑法理论上，犯罪可以分为自然犯和法定犯。自然犯是与任何社会的价值相违背，在任何刑法中都会被规定为犯罪的行为，如杀人、盗窃等。法定犯是根据国家形势特定需要，为维护特定利益颁布行政法规，在特定条件下被规定为犯罪的行为。行为性质是形势发展决定的，也叫行政犯，涉及林业、医药、卫生等领域。这是根据形势变化的，一个时期是犯罪，另一个时期可能就不是犯罪；或者这个时期不是犯罪，到另一个时期就是犯罪。

对自然犯不要求违法性认识。刑法总则关于"明知自己的行为会发生危害社会的结果"这一规定，限定在对行为结果的社会危害性认识上，没有要求对行为的"刑事违法性"有所认

129

识。因此，自然犯的犯罪故意不包括"违法性认识"。法定犯一般主张应有违法性认识。这是因为某种行为一向不为刑法所禁止，后来在某个特殊的时期或者特定的情况下被刑法所禁止，如果行为人确实不知法律已禁止而仍实施该种行为的，就不能认为他故意违反刑法，而且他也往往同时缺乏对行为及其结果的社会危害性的认识，这种情况下难以认定行为人具有犯罪的故意。对法定犯要求有违法性认识，但在案件的认定中，必须坚持谨慎的做法。必须是有事实证明行为人确实不知法律已禁止该种行为。对于行为人所提出的不具备违法性认识的辩护理由，必须进行认真的审查，剔除无根据的狡辩，对于确实言之有理的进行查证落实，在此基础上，确认行为人不具备违法性认识，排除成立犯罪故意的可能。

（2）认识的程度。对于认识的程度，即明知自己的行为"会发生"危害结果的含义，不能要求过严，应当以最普通人的最普通认识为标准。

首先，我国刑法中犯罪故意包括直接故意和间接故意。直接故意是指行为人明知自己的行为必然或可能发生危害社会的结果，并且希望这种结果发生的心理态度。间接故意是指行为人明知自己的行为可能发生危害社会的结果，并且放任这种结果发生的心理态度。直接故意和间接故意的认识因素中都包括了"明知可能发生危害社会的结果"的内容。

其次，对于对象要件的认识，知道"是"或者"可能是"，都可以认为对于对象要件是明知的，均符合犯罪故意的认识特征。例如，最高人民检察院在《关于构成嫖宿幼女罪主观上是否需要具备明知要件的解释》中就采取了这种观点，它规定："行为人知道被害人是或者可能是不满 14 周岁幼女而嫖宿的，适用刑法第 360 条第 2 款的规定，以嫖宿幼女罪追究刑事责任。"

最后，对于违法性认识，一般要求只要认识到行为是违法的、是某种规范所禁止的就可以了，即只需知道有违法的可能性，而不要求知道具体违反什么法，更不要求知道违反了哪一条具体规定。否则，让一般民众达到法律专业人员的水平是不现实的，会让相当多的犯罪分子以不知法为借口逃避制裁，使法律的许多规定无法发挥作用。

由此可见，明知是指知道"是"或者"可能是"、"必然导致"或者"可能导致"，而不是强求必须"确切知道"。"明知"既可以是认识到"必然性"，也可以是认识到"可能性"，两种情况都是明知。

2. 对意志因素的分析

意志因素的含义是指行为人对自己的行为将要引起的危害结果的发生持"希望"或者"放任"的心理态度。希望是积极追求危害结果的发生；放任是对危害结果的发生与否采取听之任之、满不在乎的态度，不发生结果他不懊悔，发生结果也不违背他的本意。

3. 本案的认定

具体到本案来说，所谓非法运输珍贵、濒危野生动物制品罪，是指违反野生动物保护法规，未经有关主管部门批准，擅自运输珍贵、濒危野生动物制品的行为。本罪的主观方面是故意，即行为人明知所运输的是国家重点保护的珍贵、濒危野生动物制品，但为了牟取暴利、食用或者其他目的，仍违反国家规定而为之。具体包括以下两层含义：第一，要认识到对象要件。"珍贵、濒危野生动物制品"是对象要件。必须明知是珍贵、濒危野生动物制品，如果根本没有认识到，或者不可能认识到，就不能认为是犯罪。第二，要有违法性认识。即明知国家有规定，禁止非法运输珍贵、濒危野生动物制品。本罪是典型的法定犯，是国家出于保护野生动物资源的考虑，随形势变化而写入刑法典的。如前所述，法定犯要求有违法性认识。

通过以上的分析得知非法运输珍贵、濒危野生动物制品罪中犯罪嫌疑人，对犯罪对象和违法性都要有明知，这是否说明了只要本案被告人为自己辩解"不知是高鼻羚羊角"，"不知法律的规定"，就可以免除其责任了呢？我们认为，本案可以通过各种事实判断行为人是否具有主观上的明知。

（1）认识因素

第一，一个专门倒卖药材的人，具体到本案被告人，身份是一名中医，中药是其必修课。他对珍贵、濒危野生动物制品应当有鉴别能力。在此必须强调的是，对"明知"中认识的程度不能要求过严。前面已经讲过，对于认识的程度，应当以最普通人的最普通认识为标准。认识珍贵、濒危野生动物制品的意义或属性，并不要求行为人像专家那样，从严格的专业意义上理解或认识，只要他认识到运输的动物制品，是违反保护野生动物资源、维护生态平衡这种道德观念的物品，就足以认定其认识到了该种动物制品具有珍贵、濒危野生动物制品的属性。至于是通过自己观察而得知，还是由他人告知，均不影响对这种明知的认定。此外，关于珍贵、濒危野生动物的受国家保护的程度，也不要求行为人有精确认识。具体是哪一种珍贵、濒危野生动物，对这种特殊性质的问题，只有动物学家才能认识到。只要行为人认识到是或者可能是珍贵、濒危野生动物就可以了。

第二，构成法定犯、行政犯，通常是那些与特定行业有较多联系的行为人。例如，偷税罪、抗税罪的行为人一般多与工商、税务机关打交道；侵犯著作权犯罪的行为人一般是从事文化、出版工作或与之联系密切的人；滥伐林木罪的行为人多与林业生产有关。在一定的业务范围内，一旦国家制定规范该业务领域的特别刑事法规，必然要以各种方法、渠道，使该领域的业务人员对新的法律有透彻的了解。1988年颁布的《中华人民共和国野生动物保护法》，1988年11月全国人大常委会《关于惩治捕杀国

家重点保护的珍贵、濒危野生动物犯罪的补充规定》，1989 年国
务院批准公布的《国家重点保护野生动物名录》，1997 年修订的
刑法以及 2000 年 11 月最高人民法院的相关司法解释，都明确禁
止非法运输国家重点保护的野生动物及其制品。本案被告人是从
医多年的中医大夫，又专门从事中药买卖多年。根据他的身份和
阅历分析，他是能够认识到高鼻羚羊是或者可能是珍贵、濒危野
生动物，是国家予以保护的；同时也会知道国家禁止非法捕杀和
买卖这些动物及其制品，对买卖、运输有严格限制。我国制定上
述法律的目的，是要依法严格保护野生动物资源，维护生态平
衡。任何人都知道，实施与国家的保护措施相反的行为，都要承
担法律后果的，尽管不必确知是什么具体法律后果。不按照规定
去做，就是违法。仅以对法律一无所知为由，这对特别领域的业
务人员来说并不是充分可信的辩护理由。

（2）意志因素

对非法运输、贩卖的人来说，考虑更多的是挣钱，不顾忌是
哪种羚羊角，不顾忌国家的规定。主观上根本没有保护野生动物
的意识，没有保护动物资源的故意。被告人对非法运输高鼻羚羊
角，主观上至少是一种放任。只要从事这种生意，在有条件、有
能力避免破坏动物资源的情况下，没有去避免，就是放任。放任
也是一种故意。对被告人的辩解，要站在保护动物资源立场上去
分析。基于被告人的这种主观因素，不能免除其罪责。

本案还有两个需要说明的问题。其一，在安国药市上，羚羊
角允许自由买卖是客观事实，但能否就以此为由认为买卖高鼻羚
羊角也是合法的？我们认为，只要某种行为与法律相抵触，就不
能免除罪责。各地地方保护主义严重，明目张胆地违反国家法
律。有些地方政府受利益驱动，纵容和保护违法行为。其二，高
鼻羚羊角的价格核定是否合理？国家规定，高鼻羚羊野生动物保
护费 6000 元/只，每只高鼻羚羊的价值按野生动物保护费的

12.5 倍计算，野生动物有特殊利用价值的部分按整只动物的 80% 折算，经鉴定，67 根羚羊角分属 40 只羚羊个体。所以，山西省林业厅以 6000 元/只 × 12.5 倍 × 80% × 40 只 = 240 万元。①国家如此规定，正是体现出对野生动物的保护力度，体现出对破坏野生动物资源行为的打击力度。

四、专家点评

本案中，对于陈某辩护的准确认定直接关系到陈某的行为是否构成犯罪的问题，因为非法运输珍贵、濒危野生动物制品罪的主观方面表现为故意，过失不构成本罪。

本案的评析意见中通过从陈某所应具有的主观上的认识因素和意志因素入手，对陈某的主观方面作出了认定，而陈某在主观上具有故意内容的存在，因此陈某的行为构成非法运输珍贵、濒危野生动物制品罪。

① 2000 年最高人民法院《关于审理破坏野生动物资源刑事案件具体应用法律若干问题的解释》规定：非法运输珍贵、濒危野生动物制品价值在十万元以上的属于"情节严重"，价值在二十万元以上的属于"情节特别严重"。

姚某等人运输假币案

一罪与数罪的区别。我国刑法学界以犯罪构成的个数作为确定或区分一罪与数罪的标准。牵连犯是处断的一罪中的表现形式之一，是指行为人实施某种犯罪（即本罪），而方法行为或结果行为又触犯其他罪名（即他罪）的犯罪形态。

一、案情回放

被告人：姚某，男，62 岁，汉族，文盲，农民，四川省蓬安县人。

被告人：姚某某，男，44 岁，汉族，小学三年级文化程度，农民，四川省蓬安县人。

被告人姚某 1981 年以 2 万元的价格从四川射洪县一老妇人手中购得百元票面美元 1 万元，一元票面美元 100 元，同时还得到了国民党时期的证件三本（分别为写有李德衡字样的第 38 军军长的军官证、黄埔军校毕业证、潜伏证），银行存单一张，卡片一张（印有中美联合基金会字样），铜戳一枚（刻有李德衡名字）。在 1988 年姚某通过鉴定得知其所买的百元票面美元为假币后，遂产生了利用所购美元等物品诈骗的想法，于是假冒李德衡的身份，虚构其在美国银行有9亿美元存款的事实，对外声称为了办理取款手续需要经费，只要借给其钱，将来必会借一还二，并将这一想法告诉其子姚某某，二人遂一同实施诈骗。在1999年至2001年期间二人先后在四川石坊县、天津红桥区两地诈骗作案3起，在诈骗过程中为了获取被害人信任还多次给被害人打借条。其中姚某单独作案一起，诈骗人民币8000元；二人共同作案两起，诈骗人民币2.4万元。2002年6月13日10时30分许，被告人姚某伙同其子姚某某乘坐火车，携带百元票面假美元100张（折合人民币81941元）在天津再次实施诈骗未果后，准备乘火车回四川原籍时在天津西站查危口处被铁路值勤民警查获。

天津铁路运输检察院以运输假币罪向天津铁路运输法院提起公诉。天津铁路运输法院于2003年1月5日以运输假币罪判处姚某有期徒刑6年并处罚金人民币7万元，判处其子姚某某有期徒刑5年，并处罚金人民币6万元。

二、争议问题

姚某父子的行为构成运输假币罪还是诈骗罪，一罪还是数罪？对于此案主要有两种不同观点。

第一种意见认为，姚氏父子的行为触犯《中华人民共和国刑法》第171条、第266条之规定，构成运输假币罪、诈骗罪，应数罪并罚。

第二种意见认为，姚氏父子的运输假币和诈骗行为之间存在牵连关系，依据对牵连犯的处罚理论，在排除刑法分则的特殊处罚规定的情况下，应遵从从一重处断原则定罪处刑，故应以运输假币罪定罪量刑。

三、评析意见

我们同意第二种意见，理由如下：所谓牵连犯是指行为人实施某种犯罪，而方法行为或结果行为又触犯其他罪名的犯罪形态。牵连犯的构成要件表现为以下特征：第一，牵连犯必须基于一个最终犯罪目的。第二，必须具有两个以上的相对独立的危害社会行为。第三，牵连犯所包含的数个危害行为之间必须具有牵连关系。所谓牵连关系，是指行为人实施的数个危害社会行为之间具有手段与目的或原因与结果的内在联系，即行为人数个危害社会行为分别表现为目的行为（或原因行为）、方法行为（或结果行为），并相互依存形成一个有机整体。第四，牵连犯的数个行为必须触犯不同的罪名。

而本案中（1）姚氏父子的种种行为都是为了达到一个最终犯罪目的，即通过虚构事实骗取他人钱财，也就是说本案中姚氏父子所有的违法犯罪行为是基于一个最终的犯罪目的，这是符合牵连犯的主观要件的。（2）在本案中姚氏父子实施了两个相对独立并完全具备犯罪构成要件的危害社会行为，即运输假币和诈骗。从运输假币看，二人在明知的前提下携带百元票面假美元100张（折合人民币81941元）从四川运往天津，又从天津运往四川，这已符合《中华人民共和国刑法》第171条关于运输假币罪的构成要件。从诈骗看，姚氏父子以非法占有为目的，用虚构事实的方法，骗取他人钱财3.2万元，这也具备《中华人民共和国刑法》第266条诈骗罪的构成要件。所以本案中被告人具有两个相对独立的危害社会行为，这是符合牵连犯的客观外部特征的。（3）本案中姚氏父子的运输假币行为和诈骗行为，从外表看是没有必然的直接的关系，但其实二者之间事实上存在着一种手段与目的的内在联系，姚氏父子携带假币予以运输最终是为了诈骗他人钱财，这两个行为相互独立但又相互依存形成一个

137

有机整体。进而言之，本案中姚氏父子的运输假币和诈骗这两种社会危害行为之间存在着手段与目的及逻辑上的原因与结果的关系。（4）姚氏父子的行为同时触犯了刑法规定的两个罪名，运输假币罪与诈骗罪。

综上所述，我们认为姚氏父子的犯罪行为具备刑法理论中的牵连犯的构成要件，依据牵连犯的处断原则：凡刑法分则对特定犯罪的牵连犯明确规定了相应处断原则的，按其规定处理；除有明确规定之外，对于其他牵连犯不实行数罪并罚，应适用从一重处断原则，即按运输假币罪定罪处罚。

四、专家点评

本案中，姚氏父子的犯罪行为构成持有、使用假币罪和诈骗罪。首先，姚氏父子携带假币乘坐火车，是他们持有假币的一种方式，与单纯地将假币从一地运往另一地的运输假币行为在客观上有明显的不同。其携带的目的是为了使用假币，这与运输假币的主观方面意图将假币从一地运往到另一地有所不同。其次，姚氏父子使用假币，虚构事实，骗取他人的财物，已构成诈骗罪，因此种情形下，使用假币和诈骗构成牵连犯，应从重处断，即以诈骗罪论处。最后，对于未用来进行诈骗活动的那部分假币，行为人保管行为构成持有假币罪。因此，综合全案，应以持有、使用假币罪和诈骗罪，对被告人实行数罪并罚。

雷某运输假币案

本案聚焦

行为人为自己使用而携有假币不构成运输假币罪，而是构成持有、使用假币罪。持有、使用假币罪的主观特征是行为人对自己持有、使用的假币必须明知。

一、案情回放

被告人：雷某，男，43岁，农民。

被告人雷某于2000年2月1日晚，在乘坐的成都开往太原的486次旅客列车到达华山站停车时，用面值为50元的人民币购买食品时，被售货员察觉为假币，后乘警又当场从其西服内侧左上口袋查获面值均为50元的人民币，共计42张，价值2100元，经中国人民银行太原中心分行货币发行处鉴定，为机制手段伪造币。

太原铁路运输检察院认为雷某的行为构成运输假币罪，将此案诉至太原铁路运输法院。太原铁路运输法院以运输假币罪，判处其拘役6个月，并处罚金人民币2万元。

二、争议问题

本案中，对于雷某的行为是构成运输假币罪还是持有、使用假币罪存在很大的分歧，主要有以下两种意见：

第一种意见认为，雷某的行为构成运输假币罪，其主要理由是雷某是在交通运输工具上被抓获，其乘坐交通工具的行为本身就是一种运输行为，因此应定性为运输假币罪。

第二种意见认为，雷某构成持有、使用假币罪，其主要理由是：对于此案不能进行简单的客观归罪，而是要主观要件和客观要件有机的统一，本案中雷某携带假币虽在乘坐交通运输工具时被抓获，但无证据证明其在主观上运输假币的故意，其拥有假币和使用假币的行为构成持有、使用假币罪。

三、评析意见

我们认为第二种意见在认定上更为准确。按照我国刑法理论通说，构成某种犯罪，行为须符合其犯罪构成。下面来分析两罪的犯罪构成的区别。

1. 运输假币罪与持有、使用假币罪的概念及特征之比较

运输假币罪是指行为人明知是伪造的货币而运输，数额较大的行为。持有、使用假币罪，是指明知是伪造的货币而持有或者使用，数额较大的行为。本罪是从全国人大常委会《关于惩治破坏金融秩序犯罪的决定》第4条的规定吸收改为刑法的具体规定的。1979年刑法没有持有、使用假币罪的规定。根据修改后的刑法第171条、第172条之规定，我们对两罪的构成特征进行比较：

（1）客体特征。运输假币罪侵犯的客体是国家的货币管理制度，我国对货币实行严格的统一管理制度，运输假币的行为严重损害了货币的信誉，冲击国家货币的独立和统一；非法持有、运输假币罪侵犯的客体是国家的货币金融管理制度。使用假币罪同时侵犯公私财产的所有权。近年来，持有、使用假币的违法犯罪行为较为突出。司法实践中，司法机关查获这类行为后，对于

行为人持有或者使用的假币的真实来源由于种种原因，常常很难真正查清。1979 年刑法由于没有规定持有、使用假币罪，导致一些缺乏确凿证据的走私、制造、购买、销售、运输假币的犯罪分子逃脱了应有的惩罚。假币是违禁品，绝不允许任何个人非法拥有。因此，凡个人拥有假币，又不能讲清并证明其真实来源的，均属非法，数额较大的，应依法追究刑事责任。

（2）客观特征。"运输"是指明知是伪造的货币而将其从甲地运往乙地的行为。运输作为动态的过程，基本特征是将货物从一个地方转移到另一个地方。这是一个客观的行为，同时也在行为人的主观上得到反映。持有、使用表现为持有、使用伪造的货币，包括伪造的人民币和外币，数额较大的行为。"持有"，是指将假币随身携带或者存放在家中、亲友等处保管的行为。不论假币在何处，只要能证明该假币是行为人所有，即属行为人持有。"使用"，是指以假币当真币使用，履行货币职能的任何行为，包括以假币购物，用假币到银行存款，用伪造的外币在境内兑换人民币及以假币清偿债务等等。根据法律规定，持有、使用假币的行为，必须达到"数额较大的"，才构成犯罪。数额较大的具体标准，在最高人民法院《关于审理伪造货币等案件具体应用法律若干问题的解释》中作了明确的规定，即行为人"明知是假币而持有、使用，总面额在 4000 元以上不满 5 万元的，属于'数额较大'"。

（3）主体特征。两罪的主体均为一般主体，即凡年满 16 周岁，具有刑事责任能力的自然人均可构成本罪主体。

（4）主观特征。运输假币罪主观方面只能是故意，即明知是伪造的货币而予以运输。需要指出的是，在运输假币过程中，如果承运人开始是因受蒙骗不知道是假币，但后来在运输过程中，发现所运输的是假币，仍然运送的，也同样构成运输假币罪。持有、使用假币罪的主观特征是行为人对自己所持有、使用的假币必须明知，否则不构成犯罪。司法实践中，对于"明知"的认定，不能仅凭行为人的口供，而应根据案件的综合情况予以正确判定。

结合本案，雷某在列车上携带大量假币的行为表面上符合运输假币罪的构成特征，但如许多涉及"运输"的罪名一样，运输假币也不能简单地以在运输工具上抓获为标准。"运输"在刑法中是指自身或者利用他人携带或者伪装后以合法形式交邮政、交通部门邮寄、托运的行为。更重要的在于，我国刑法理论认为行为是一种主观要件与客观要件的有机统一，只有单纯的、孤立于行为人意识之外的行为并不能决定成立运输假币罪，运输的故意即行为人要有把假币从一地运往另一地的主观意识，但这种故意并非一般的运输意识。行为人为自己使用而携有假币之所以不能构成运输假币罪，正是因为行为人不具有这种运输的故意。对于运输而言，行为人主观上是为了转移地方，即使是采取随身携带的方式，也是如此。如果仅仅是为了自己亲自持有，在乘车时携带，这种行为应以持有假币论处。

本案中，雷某虽然系在列车上被抓获，但其持有的假币仅是供其自己使用的可能性并不能排除。所以，就本案而言，我们更倾向于定持有、使用假币罪。司法实践中一度出现的只要在运输工具上抓获即以"运输"类罪名定罪的倾向是一种客观归罪的表现，与我国的刑法理论是相悖的。

2. 运输假币罪中的"明知"的认定问题

在运输假币罪中还有一个重要问题需要澄清，该罪要求行为人必须明知其运输的是伪造的货币，但对"明知"的认定理论界有争议。我们认为所谓"明知"是一种现实的认识，而不包括潜在的认识。但有些司法解释却将"应当知道"解释为"明知"，例如，刑法第 145 条规定，"销售明知是不符合保障人体健康的国家标准、行业标准的医疗器械、医用卫生材料，足以严重危害人体健康的"是犯罪行为，而最高人民法院、最高人民检察院在《关于办理生产、销售伪劣商品刑事案件具体应用法律若干问题的解释》第 6 条中指出："医疗机构或者个人，知道或者应当知道是不符合保障人体健康的国家标准、行业标准的医疗器械、医用卫生材料而购买、使用，对人体健康造成严重危害的，以销售不符合标准的医用器材罪定罪处罚。"再如，最高人民法院 2000 年 11 月 17 日《关于审理破坏森林资源刑事案件具体应用法律若干问题的解释》指出：刑法第 345 条规定的"非法收购明知是盗伐、滥伐的林木中"的"明知"是指知道或者应当知道，这是不正确的。下面进行分析：

从刑法第 14 条、第 15 条关于故意犯罪与过失犯罪的规定来看，"明知"表明的是故意心理。"应当知道"，反映的是一种过失心理。从事实上看，"明知"是一种现实的认识；"应当知道"只是具有明知的可能性，而并没有现实的认识。刑法没有明文规定过失可以构成的犯罪，只能由故意构成；换言之，某种犯罪要求行为人明知符合构成要件的事实时，该犯罪属于故意犯罪，过失不可能成立该罪。如果将该故意犯罪解释为包含过失犯罪，则违反罪刑法定原则。所以，将"明知"解释为"知道与应当知道"，便是将故意犯罪解释为包含故意犯罪与过失犯罪，明显违反罪刑法定原则。

当然，本案中的雷某携带 42 张假币，从行为上完全可以推定其主观上明知是假币（一般人基于认识错误不可能拥有这么多的假币），但基于司法实践中的一些做法，在此提出对"明知"的界定还是有意义的。

四、专家点评

运输假币罪与持有、使用假币罪，在特定情形下，认定上有一定难度。因为运输假币必然有携带及一定时间段内的保管行为，而持有假币也不排除携带假币并乘坐运输工具，使假币发生空间上转移的情况。二者在客观行为方面有一定的重合性。但是在此种情况下，根据主客观相统一的基本原理和刑法相关规定，准确定性是能够做到也应当做到的。刑法对两罪的法定刑配置是有所不同的，主要表现在持有假币罪的财产刑数额相应地低于运输假币罪的财产刑数额，并可单处罚金刑。运输和持有同样数额的假币，在主刑适用上也会产生刑罚轻重之不同。我们认为，如果没有证据证明行为人携带假币乘坐运输工具的目的是将假币从一地运送到另一地，现有证据仅证明行为人非法持有假币的，应定持有假币罪。因此，评析意见是正确的。

赵某运输假币案

　　本案关键在于清晰界定以随身携带方式的
运输与持有之间的区别。

一、案情回放

　　1999 年 5 月 28 日，赵某在邓州火车站转乘宜昌到临汾的
541 次旅客列车时，因其行迹可疑被公安人员查获，现场从其身
上查获假人民币 13795 元。后经中国人民银行太原分行货币发行
处验证均为机制假币。

　　临汾铁路运输检察院以运输假币罪提起公诉。临汾铁路运输
法院以运输假币罪判处赵某有期徒刑 1 年。

二、争议问题

　　对赵某的行为构成何罪，存在两种意见。

　　第一种意见认为，赵某的行为构成运输假币罪。其理由是：
（1）赵某所持的是自己在广州购买的假币，主观上是故意，明
知其所携带的是假币而予以运输。（2）客观方面表现为赵某实
施了把假币从甲地运到乙地的行为，发生了位移，且达到数额较
大的程度。运输假币罪是行为犯，只需实施了运输行为，不论是

否运达目的地均构成既遂。因此，赵某在明知是假币而乘坐列车予以运输，故构成运输假币罪。持此意见的关键原因是：无论行为人出于何种目的，只要是在交通工具中被查获携带假币，就应定运输假币罪。

第二种意见认为，赵某的行为构成持有假币罪。其理由是：赵某在主观方面是故意的，即明知是伪造的货币而持有，这里的"持有"在立法上有非法携带之意。在客观方面表现为携带假币。根据主客观相一致的原则。赵某的行为构成持有假币罪。

三、评析意见

我们同意第二种意见。

根据我国的刑法理论，行为构成某罪，必须符合该罪的犯罪构成，所以我们有必要先分析和区分两罪的犯罪构成。

1. 运输假币罪构成要件

运输假币罪，是指将伪造的货币从此地携往彼地。其罪的构成要件为：

第一，运输假币罪的客体是国家的货币管理制度。

第二，客观特征。"运输"是指明知是伪造的货币而将其从甲地运往乙地的行为。运输作为动态的过程，基本特征是将货物从一个地方转移到另一个地方。但这里的"运输"并不是词典中所讲的单纯意义上的运输，即"用交通工具把物资或人从一个地方移动到另一个地方"。刑法中的运输假币罪是在犯罪构成都具备的基础上的运输，即每一种犯罪须是一系列互相联系制约的主客观要件组成的有机体。

第三，主体均为一般主体，即凡年满 16 周岁，具有刑事责任能力的自然人均可构成本罪主体。

第四，运输假币罪主观方面只能是故意，即明知是伪造的货币而予以运输。需要指出的是，在运输假币过程中，如果承运人开始是因受蒙骗不知道是假币，但后来在运输过程中，发现所运输的是假币，仍然运送的，也同样构成运输假币罪。

2. 持有假币罪的构成要件

持有假币罪是指明知是伪造的货币而持有，数额较大的行为。本罪是从全国人大常委会《关于惩治破坏金融秩序犯罪的决定》第 4 条的规定改为刑法的具体规定的。该罪的构成特征是：

（1）侵犯的客体是国家的货币金融管理制度。

（2）客观方面表现为持有伪造的货币包括伪造的人民币和外币，数额较大的行为。"持有"，是指将假币随身携带或者存放在家中、亲友等处保管的行为。不论假币在何处，只要能证明该假币是行为人所有，即属行为人持有。数额较大的具体标准在最高人民法院《关于审理伪造货币等案件具体应用法律若干问题的解释》中作了明确的规定，即行为人"明知是假币而持有、使用，总面额在 4 千元以上不满 5 万元的，属于'数额较大'"。

（3）主体为一般主体，即凡年满 16 周岁，具有刑事责任能力的自然人均可构成本罪主体。

（4）本罪在主观方面是故意，即明知是伪造的货币而持有，客观方面表现为持有伪造的货币的行为，而持有伪造的货币是指非法拥有伪造的货币，可具体表现为非法保管、收藏、携带伪造的货币等形式。司法实践中，对于"明知"的认定，不能仅凭行为人的口供，而应根据案件的综合情况予以正确判定。与运输假币罪相比，持有假币不具有运输伪造货币的目的，不以运输为目的而随身携带伪造的货币。

3. 运输假币罪与持有假币罪的区别

从立法当中我们已能清楚地看到区别运输假币罪与持有假币罪的关键点：刑法第 171 条明确规定："出售、购买伪造的货币或者明知是伪造的货币而运输数额较大的。"为什么立法者在这一选择性罪名条款中，在运输假币之前还要加上"明知"二字？如是自己的假币，那就如出售、购买、伪造货币一样，从行为中可知行为人具有主观上的故意，为什么在此还要多此一笔呢？从中我们是看见立法者的立法本意，即构成本罪的主体是承运人而非假币所有者本人。谈到这，又涉及另一个问题，即作为承运人运输假币时，如托运人并未如实告知所运货物的真实情况，在这种情况下，承运人是被蒙骗的，对这种因受蒙骗等原因在不知道运输的是伪造的货币的情况下而运输的不构成本罪。因此，刑法第171条中将"明知"规定为构成运输假币罪的要件的意义正在于此。另外，在构成运输假币罪的主观方面，不但强调行为人明知是伪造的货币，而且具有运输的目的。

从以上分析中，我们认为赵某的行为不构成运输假币罪，其理由如下：

从运输假币罪的主体来分析，赵某的行为之所以认定为运输假币罪，关键一点是行为人赵某携带假币在交通工具中被查获。持此种观点的，是其只注重了客观行为而忽视了构成本罪的主体及主观方面。相反，结合本案，赵某的行为定为持有假币罪是适当的。因为，赵某所持有的是自己在广州购买的假币，即主观上是明知假币而持有、携带，客观方面表现为明知是假币而持有的行为。至于在列车上被查获与本案定性并无干系。

所以，我们认为在司法实践中，应力戒客观主义的定罪倾向，而应认真按照主客观相统一的原则，以犯罪构成为标准来衡量。

四、专家点评

本案中，赵某的行为成立运输假币罪还是持有假币罪，关键在于清晰界定以随身携带方式的运输与持有之间的区别。理论上对"运输"的含义有不同的看法，进而对随身携带的运输的准确定性也存在争议。对于本案的评析意见，作者采纳了第二种观点，并且加以详细的论证，符合理论上通说观点和司法实践中的具体认定，因此对赵某的行为认定其成立持有假币罪是恰当的。

耿某运输假币案

运输假币罪与持有假币罪的区别关键在于把握两者主观特征的不同，"运输"要求行为人具有主观上运输的故意，即行为人是以运输之意图持有、携带、控制伪造货币的；而"持有"行为则并不具有运输之意图。从客观上证明不了行为人的意图是"运输"的，只能认定为"持有"。

一、案情回放

被告人：耿某，男，39 岁，个体工商户，因涉嫌运输假币罪于 1999 年 8 月 7 日被刑事拘留，同年 8 月 20 日被逮捕。

1998 年 7 月 22 日，被告人耿某与王某在广州时，耿某明知是假币而帮助王携带 189 张，计 18900 元，并于当日乘坐广州开往太原的 386 次旅客列车回太原。次日，当列车从长沙站开车后，被告人耿某在 12 号车厢 7 号中铺被乘警从随身携带的手机包内查获其携带的假币。在公安机关审查期间，耿跳车逃跑，后于 1999 年 8 月 6 日被抓获，所查获的假币经中国人民银行太原市分行货币发行处鉴定系机制假币。

太原铁路运输检察院认为耿某的行为构成运输假币罪，将此案诉至太原铁路运输法院，太原铁路运输法院以运输假币罪判处有期徒刑 2 年，缓刑 3 年，并处罚金人民币 2 万元。

二、争议问题

1. 被告人耿某的行为应如何定性，存在以下两种分歧意见：

第一种意见认为，被告人耿某的行为已构成持有假币罪。理由是被告人明知是假币而随身携带，其拥有假币的行为构成持有假币罪。

第二种意见认为，被告人耿某明知是假币而予以运输，且数额较大，应认定为运输假币罪，其主要理由是耿某是在交通工具上被查获的，其乘坐交通工具的行为本身就是一个运输行为，因此，应认定为运输假币罪。

2. 被告人耿某明知是假币，而帮助购买假币并意图出售的王某运输是否构成共同犯罪。

三、评析意见

1. 关于第一个问题，我们同意第二种意见

（1）被告人耿某的行为不构成持有假币罪。持有假币罪是指明知是伪造的货币而持有，数额较大的行为。①本罪客观上表现为持有伪造的货币，数额较大的行为。持有，是指将假币随身携带或者存放在家中、亲友等处保管的行为。不论假币在何处，只要能证明该假币是行为人所有，即属行为人持有。根据法律规定，持有假币的行为，必须达到"数额较大"才构成犯罪。数额较大的具体标准，在最高人民法院《关于审理伪造货币等案件具体应用法律若干问题的解释》中作了明确的规定，即行为人"明知是假币而持有、使用的，总面额在 4 千元以上不满 5 万元的，属于数额较大"。②本罪侵犯的客体是国家的货币金融管理制度。近年来，持有、使用假币的违法犯罪行为较为突出。司

法实践中，司法机关查获这类行为后，由于种种原因对于行为人持有或者使用的假币的真实来源，常常很难真正查清。1979 年刑法没有规定持有、使用假币罪，导致一些犯罪分子逃脱了应有的惩罚，假币是违禁品，绝不容许任何个人非法拥有。因此，凡个人拥有假币，不能讲清并证明其真实来源的，均属非法，数额较大的，应依法追究刑事责任。③犯罪主体为一般主体。④主观方面由故意构成。即行为人对自己所持有、使用的假币必须明知，否则不构成犯罪。司法实践中，对于"明知"的认定，不能仅凭行为人的口供，而应根据案件的综合情况予以正确判定。本案中，被告人耿某虽然随身携带假币，其主观方面为帮助他人运输，与持有假币罪所体现不确定性的主观故意特征不符，同时在运输假币的这一动态过程中，持有假币是一种外在表现形式，其实质是为了实施运输假币的行为。所以，不宜认定为持有假币罪。

（2）被告人耿某构成运输假币罪。运输假币罪是指行为人明知是伪造的货币而运输，数额较大的行为。①本罪侵犯的客体是国家货币金融管理制度。②客观方面表现为运输。运输是指明知是伪造的货币而将其从甲地运往乙地的行为。运输作为动态的过程，基本特征是将货物从一个地方转移到另一个地方，这是一个客观的行为，同时也在行为人的主观上得到反映。③犯罪主体为一般主体。④主观方面由故意构成。即行为人明知是伪造的货币而予以出售、购买或者运输，刑法第 171 条对运输假币的行为明确规定须以"明知"为构成犯罪的前提条件。司法实践中，对于"明知"的认定往往比较困难。因为运输假币的行为人很少承认其知道所运物品即是假币。因此，对于"明知"的认定主要不能依靠被害人的口供，而应根据案件的全部情况，特别是案发时行为人的表现，进行综合判定。只要案件情况表明行为人知道或者应当知道所运物品为假币，就可以认定其"明知"依法定罪处罚。本案中，有充分的证据表明被告人耿某在明知其所携带的是假币的情况下，同意案犯王某的委托，利用交通工具从广州运至太原，可见，被告人耿某具有运输假币的主观故意，实施了运输假币的行为，完全符合运输假币罪的构成要件，应认定为运输假币罪。

2. **耿某明知是假币，而帮助购买假币并意图出售的王某运输是否构成共同犯罪**

（1）从犯罪主体上看，我国刑法第 25 条规定："共同犯罪是指二人以上的共同故意犯罪"。因此，共同犯罪的主体必须是二人或二人以上，一个人不可能"共同"，并且均达到法定责任年龄，具有刑事责任能力。本案中，二人均符合主体要件的要求。

（2）犯罪的主观方面表现为故意，即"明知自己的行为会发生危害社会结果，并且希望或者放任这种结果发生"，共同犯罪人不仅意识到自己在实施犯罪，而且意识到自己在和他人一起实行犯罪。最明显的共同故意是共谋，即共同犯罪人在实行犯罪前对犯罪活动进行共同的策划，进行沟通，实质上进行犯罪预备。本案中，王某事先购买，并意图出售假币并没有和被告人耿某通谋，而耿某只具备运输假币的故意，缺少共同犯罪故意，不是共同犯罪。

（3）成立共同犯罪当然要求有共同行为，"共同行为"不仅指各共犯人都实施了属于同一犯罪构成的行为，而且指各共犯人的行为在共同故意支配下相互配合、相互协调、相互补充，形成为一个整体。本案中，二人的行为在各自故意支配下实行的，不能作为一个整体，同时不符合共同犯罪犯罪行为的三种表现形式，因此，不宜认定二人构成共同犯罪。

四、专家点评

　　在本案中，涉及行为人为他人运输假币的行为是成立运输假币罪还是持有假币罪的行为问题。把握"运输"的含义，关键在于正确区分"运输"与"持有"的区别，二者的区别关键在于主观特征的不同，即构成"运输"，要求行为人主观上具有"运输"的故意，即行为人是以运输之意图持有、携带、控制伪造的货币的，而"持有"行为则并不具有运输之意图，而是具有潜在的多样性和当前目的的不可求证性，即从客观上证明不了行为人的意图是"运输"，而只能认定为"持有"。本案中，耿某明知是假币而为王某携带的行为，其主观上以运输之意图而携带的目的是明确的，不存在持有行为潜在的多样性和当前目的的不可求证性的特点。因此，法院认定耿某成立运输假币罪是正确的。至于耿某是否成立共同犯罪，正如评析中所阐释，由于缺乏通谋而不能认定耿构成出售、购买、运输假币的共犯，这种见解是恰当的。

麻某运输毒品案

本案聚焦

　　运输毒品罪与非法持有毒品罪的区别。从客观方面分析，非法持有毒品仅仅表现为一种单纯的持有行为，即行为人对毒品的事实上的支配；而运输毒品则表现为将毒品从此处运往彼处。

一、案情回放

　　被告人：麻某，男，21岁，农民。

　　被告人麻某于2000年1月17日晚乘坐成都开往太原的486次旅客列车去太原。次日，当列车运行至略阳站开车后，麻某在其乘坐的5号车厢22号座位上，用西服上衣蒙住头吸食毒品时，被在该车厢巡视的乘警发现，并当场从其秋裤裤裆内查获用塑料袋包装的白色固体物一块，检重为35.5克。后经山西省公安厅刑事技术鉴定结果为：经气相色谱法和甲醛硫酸法检验，从白色块状物中检出海洛因成分。

　　太原铁路运输检察院认定麻某的行为构成运输毒品罪，将此案诉至太原铁路运输法院。太原铁路运输法院以运输毒品罪，判处其有期徒刑10年，剥夺政治权利1年，并处罚金人民币1万元。

二、争议问题

麻某的行为构成运输毒品罪还是非法持有毒品罪？

第一种观点认为，麻某构成运输毒品罪。其主要理由是：麻某是在交通运输工具上被抓获，其乘坐交通工具的行为本身就是一种运输行为，因此定性为运输毒品罪。

第二种观点认为，麻某构成非法持有毒品罪。其主要理由是：对于此案不能进行简单的客观归罪，而是要主观要件和客观要件有机的统一，本案中麻某携带毒品在乘坐交通运输工具时被抓获，但无证据证明其在主观上有运输毒品的故意，因此应定性为非法持有毒品罪更为恰当。

三、评析意见

我们同意第二种观点，即麻某的行为构成非法持有毒品罪。

首先分析运输毒品罪，运输毒品罪源于刑法第 347 条的规定：走私、贩卖、运输、制造毒品，无论数量多少，都应追究刑事责任，予以刑罚处罚。我们认为分析运输毒品罪，关键在于对"运输"二字的理解。从词义上分析，所谓"运输"，按照通行辞书的解释，是指"用交通工具把物资或人从一个地方运到另一个地方"。但是同一词语从日常生活进入法律领域将被赋予新的或有差别的含义。也就是说，同一词语在日常生活中与在刑法中的内涵、外延并不完全相同。"运输"在刑法中是指自身或者利用他人携带或者伪装后以合法形式交邮政、交通部门邮寄、托运的行为。我国刑法理论认为行为是一种主观要件与客观要件的有机统一，只有单纯的、孤立于行为人意识之外的行为并不能决定是否成立运输毒品罪，运输毒品的故意在这里起到了关键的作用。运输的故意即行为人要有把毒品从一地运往另一地的主观意识。但这种故意并非一般的运输意识，原因在于毒品犯罪是一个紧密联系的整体，制造、贩卖、运输（其延伸行为为走私）是整个毒品犯罪中的不同行为阶段，运输本身并不构成行为的最终目的，所以运输行为人的主观意识中也就有了这种阶段性行为的潜在内容。行为人为自己吸食携有毒品之所以不能构成运输毒品罪，正是因为行为人不具有这种运输的故意。

非法持有毒品罪，是指违反国家毒品管理法规，明知是毒品而非法持有，数量较大的行为。持有是一种事实上的支配，行为人与物之间存在一种事实上的支配。所谓持有毒品就是行为人对毒品的事实上的支配。

事实上，持有型犯罪在我国的开端也正由于 1990 年全国人大常委会《关于禁毒的决定》中设立的非法持有毒品罪。持有毒品之所以可以构成犯罪，是因为非法持有毒品，有可能使毒品在社会上得到流传，危害人民健康，而且一些人为了个人吸食、注射而非法持有较大数量的毒品，这不仅会严重损坏吸毒者的身体健康，更可能"以卖养吸"，危害社会。将非法持有毒品规定为犯罪已是许多国家的做法。

运输毒品罪与非法持有毒品罪的区别，从客观方面分析，非法持有毒品仅仅表现为一种单纯的持有行为，即行为人对毒品的事实上的支配。而运输毒品则表现为将毒品从此处运往彼处。

从主观方面分析，非法持有毒品罪要求行为人不是出于其他故意（如走私、贩卖、运输）而持有毒品，持有的故意是行为人明知是毒品，而故意私藏和保存。而运输毒品罪则要求行为人是出于运输的故意而持有毒品，具体内容已如前述。

为什么将列车上无其他证据证明行为人携有毒品的行为一概定为非法持有毒品罪？根据最高人民法院的解释：在非法持有毒品的人拒不说明毒品的来源，而司法机关根据已查获的证据，又不能认定非法持有较大数量的毒品是为了进行走私、贩卖、运输

157

或者窝藏毒品罪的，构成本罪。所以，我们认为，以非法持有毒品罪定罪是符合司法解释的。

必须注意，任何毒品犯罪都是以非法持有为前提的。事实上，非法持有毒品罪的本质特征就在于对一定数量的毒品存在占有的状态。而列车上携有毒品，正好符合占有的状态这一特征。在对待持有行为的表述上，除大部分明确采用持有一语外，在个别犯罪中表述为携带。这也从一个侧面反映出在列车上携有毒品未必是运输毒品。

经过以上分析，我们在此试图总结若干原则和标准以供实践工作中参考。实践中认定运输毒品罪与非法持有毒品罪并不能脱离一般原则，而只是一般原则的适用。（1）综合认定原则。从行为人的行为迹象，有无吸毒史，有无共犯，行为目的、动机等多个方面，予以认定。只抓一点，不及其余，很容易为主观归罪和客观归罪开方便之门。（2）从轻原则。非法持有毒品罪与运输毒品罪相比，是较轻的罪名，所以，在难以确定之时，应从轻定罪。

运输毒品罪与非法持有毒品罪的区分还是有很多端倪可循的：

第一，数量。数量当然不能成为唯一的标准，但是是一个很重要的标准，一定的数量仍不失为确定两罪的标尺。

第二，有无吸毒史。有吸毒史的人持有一定毒品很可能为自己吸食所用。而无吸毒史的人携有毒品其运输的可能性就大。

第三，能否证明为犯罪集团的成员。毒品犯罪大多是有组织的贩毒集团的活动，贩毒集团成员实施的行为很可能是运输行为。

第四，本人及其家庭财力状况。毒品是非常昂贵的消费品，如果某人携带毒品的数量非其财力所能承受，则有可能为运输毒品。

以上现象都不能孤立看待，而应全面综合分析。

对于毒品犯罪，由于各地以及地方和铁路在本罪上的认定标准和规定各不相同，在运输毒品罪和非法持有毒品罪的认定上就会产生分歧意见，而且本案发生的时间较早，是在 2000 年。根据北京铁路运输中级法院的《关于审理刑事案件若干问题的意见》的规定，对于运输毒品罪的掌握，根据铁路案件的特点，只要是在列车上或者铁路区内查获犯罪嫌疑人携带海洛因 5 克（或者携带其他毒品相当于海洛因 5 克）以上，即可以运输毒品罪对其定罪处罚。因此，太原铁路运输检察院认定被告人麻某犯运输毒品罪。

2001 年《全国法院审理毒品犯罪案件工作座谈会议纪要》指出，吸毒者在购买、运输、储存毒品过程中被抓获的，查获的毒品数量大的，应以非法持有毒品罪定罪。2004 年北京铁路公安局、北京铁路运输检察分院、北京铁路运输中级法院联合下发的《关于刑事案件中若干问题法律适用的会议纪要》在毒品犯罪的问题作了进一步的规定，犯罪嫌疑人携带海洛因 10 克以上不足 50 克、本人自称是吸毒者的，如没有证据排除其是吸毒者，也无证据证明其实施了走私、贩卖、运输、制造毒品犯罪行为的，其行为性质按非法持有毒品罪认定。① 这两个文件的出台，解决了某中级法院文件中对于运输毒品罪进行简单的客观归罪的

① 2008 年《全国部分法院审理毒品犯罪案件工作座谈会纪要》规定：对于吸毒者实施的毒品犯罪，在认定犯罪事实和确定罪名时要慎重。吸毒者在购买、运输、存储毒品过程中被查获的，如没有证据证明其是为了实施贩卖等其他毒品犯罪行为，毒品数量未超过刑法第三百四十八条规定的最低数量标准的，一般不定罪处罚；查获毒品数量达到较大以上的，应以其实际实施的毒品犯罪行为定罪处罚。

问题，对我们以后办理运输毒品案件的认定上达到了主客观的有机统一，更具有可行性和合理性。

四、专家点评

在携带毒品乘坐运输工具被抓获的情况下，不应简单地认定为运输毒品罪。运输毒品罪是指明知是毒品而采用携带、邮寄、利用他人或者使用交通工具等方法非法运送毒品的行为。非法持有毒品罪，是指明知是毒品而非法占有、携带、藏有或者其他方式持有且数量较大的行为。运输毒品并非一定要使用、乘坐交通工具，也可能发生在乘坐交通工具的场合。一般地讲，运输毒品总有一个运输的目的地，即运往何处的问题。根据查获的证据，不能定非法持有较大数量是为了运输毒品的情况下，应认定为非法持有毒品罪，评析意见是正确的。

李某等人运输毒品案

贩卖毒品的犯罪行为往往包含着运输毒品行为。在此种情形下，如果确有证据证明这种运输行为是为贩卖而实施的，则应认定为贩卖毒品罪。

一、案情回放

被告人：李某，女，32 岁，个体服装经营，住天津市河东区郭庄子公议大街 39 号。

被告人：张某，男，36 岁，无业，住天津市河东区郭庄子台东大街 54 号。

被告人：贺某，女，35 岁，个体经营，住湖南省湘乡市望春门大正街 13 号。

1998 年年初，张某在广州市内与在此做发廊生意的贺某相识，当年 11 月 22 日，张、贺二人商议回天津市探亲。行前张某对贺某说："咱别空手回去，买一些白粉（海洛因）回去卖给我家邻居三嫂（李某）能赚点钱，她也是干这个的。"张某当即拿出 1500 元人民币，由贺某在广州市三元里购买了海洛因 20 克，当日张、贺二人携带上述所购海洛因由广州站乘坐 354 次列车于 11 月 24 日晚返回天津。次日，张某来到李某家中，对李某说：

三嫂，我刚从广州回来，带来点烟（海洛因），你要不要。李某说：你把烟拿来看看。张某返回家中，将两块海洛因拿来。李某看后说：你这烟不行，没劲，说着从被子下拿出一包海洛因说：你看我这烟发黄，你们的烟要是和我的一样，有多少，我要多少。你们回广州把这些烟换了，就按这种成色买。张某说：我们没钱了，回不了广州。你借我点钱当路费，李某于是拿出300元人民币给张某，张某回到家中，将上述情况告知贺某。并商定由贺某一人到广州换海洛因，并再购买一些，同年11月27日晚，张某将包括李某所给300元在内的1900元人民币交给贺某，并将贺某送到天津站乘上353次列车，贺某于11月29日到达广州并于当日在广州市三元里换了上次购买的后又购买了海洛因37.29克。次日，贺携带上述海洛因由广州站乘354次列车返津。列车运行途中，其所带海洛因被乘警查获，张某、李某也先后被公安机关抓获。

天津铁路运输检察院认定张某、贺某、李某的行为构成运输毒品罪，将此案诉至天津铁路运输法院。天津铁路运输法院以运输毒品罪，分别判处三被告人有期徒刑7年。

二、争议问题

三名被告人的行为应如何处理？

第一种意见认为，三名被告人违反刑法第348条规定，构成非法持有毒品罪。非法持有毒品罪，指行为人明知是毒品而违反毒品管理法规非法持有，且数量较大的行为。持有，是指以占有、携有、存有、藏有或其他方式实际控制毒品的行为。本案中，张某、贺某明知是毒品海洛因，还故意持有，且数量远远超过10克已达到非法持有毒品罪的法定标准，故而其行为构成非法持有毒品罪。

第二种意见认为，三名被告人的行为构成运输毒品罪。被告人张某、贺某利用随身携带毒品的手段，将毒品海洛因 2 包从广州市运输到天津，符合运输毒品罪的构成要件，事实清楚，证据确凿，可以确定三名被告人之行为构成运输毒品罪。

第三种意见认为，三名被告人的行为构成贩卖毒品罪（未遂）。理由是：被告人张某、贺某以牟私利贩卖毒品为目的而携带毒品，主观上有贩卖毒品的故意，客观上亦有贩卖毒品的行为，虽然还没卖出就被起获，也应认定为贩卖毒品罪（未遂）。由于其毒品未能卖出，量刑时可从轻处罚。

三、评析意见

我们同意第三种意见，即被告人违反了刑法第 347 条第 2 款规定，构成贩卖毒品罪（未遂）。具体阐述如下：

1. 被告人张某、贺某虽有持有毒品的行为，但不构成非法持有毒品罪。非法持有毒品罪与贩卖毒品罪都以毒品为犯罪对象，且均有一定时间、空间上控制毒品的状态，实践中容易混淆。但实际上，两者存在许多不同之处。第一，主观方面不同。虽然两者均属故意犯罪，但故意内容不同。非法持有毒品罪的主观故意处于不确定之中，具有潜在的多样性和当前目的的不可求证性等特点，持有者既可能是自己吸食，也可能是为了进行贩卖、运输或走私，无明确证据可以证明。而贩卖毒品罪的目的明确，就是为了贩卖而贩卖。第二，客观方面不同。虽然二者的行为具有重合性，即行为人贩卖毒品之前或在贩卖过程中必然有持有毒品的行为，但非法持有毒品罪中的持有毒品仅是一种状态，与其他毒品犯罪没有可以证明的关系；而贩卖毒品罪中的持有毒品是一种外在的表现形式，其实质是为了实施贩卖毒品的行为。第三，两者在构成犯罪所要求的毒品数量上，法定刑幅度上均有较大的不同。

总之，非法持有毒品罪，只有在行为人不能说明其来源和目的，司法机关也查不到能够证明行为人是为进行走私、运输、贩卖或窝藏毒品的证据时，才能定罪。而本案中，被告人张某、贺某在明知其所携带的是毒品的情况下，为牟取高额利润，采用携带毒品的手段，将若干包海洛因从广州市运到天津，准备与李某进行交易。可见，被告人具有贩卖毒品的主观故意，实施了运输毒品的行为，完全符合贩卖毒品罪的构成要件，构成贩卖毒品罪。

2. 三名被告人不构成运输毒品罪。理由是我国刑法第 347 条第 1 款规定"走私、贩卖、运输、制造毒品，无论数量多少，都应当追究刑事责任，予以刑事处罚"。运输毒品罪的特点为：主观方面表现为故意，即明知是毒品，而故意进行运输，并且是以运输毒品为目的。若行为人客观上虽实施了运输毒品的行为，但其并不知所运输的物品是毒品的，不构成本罪，即过失不构成运输毒品罪。客观方面表现为有运输毒品的行为。所谓运输，从方式上，指采取自身携带、托人或雇人携带，或者使用交通工具等方法将毒品从某地向另一地运送（一般在同一城市的运送不构成运输），以及经伪装后以合法形式交邮政、交通部门邮寄、托运毒品的行为。而所谓携带，是指利用人体或者行李提携、夹带，既包括利用自己的身体或行李，也包括他人的身体或行李；从空间上，运输行为必须是在境内发生的，若是从境内运至境外或是从境外运至境内，则构成走私毒品罪。凡以运输为目的，明知是毒品，而在境内将其由一地运往另一地的行为，均构成运输毒品罪。实践中要特别注意将运输毒品罪和贩卖毒品中的运输行为相区别。运输毒品罪的目的仅是运输，使毒品发生空间上的转移；而贩卖毒品罪中的运输行为或运送行为，并不是以运输为目的，而是以贩卖为目的，是为了进行贩卖才携带毒品，使用交通工具异地进行交易。这种运输行为或运送行为仅仅是贩卖毒品中的一个部分，或是其中的一个阶段，并不能单独成立运输毒品罪。本案中被告人供述自身携带毒品，乘坐火车，从广州运送至天津，使毒品发生空间上的转移，产生了运输行为，但其目的却是为了贩卖赚取高额利润，并且已联系好买主，准备进行交易。可见，被告人的行为不构成运输毒品罪。

3. 三被告人的行为构成贩卖毒品罪（未遂）。理由是所谓"贩卖"，应理解为一种有偿转让。将毒品买入后又转手卖出，从中牟利，即转手倒卖，是贩卖毒品。这种形式比较典型。我们认为，认定贩卖毒品罪的既遂和未遂要以贩卖毒品罪的犯罪构成为依据，完全符合贩卖毒品罪的犯罪构成要件就属于贩卖毒品罪的既遂，反之为贩卖毒品罪的其他犯罪形态。可见，行为人主观上具有贩卖毒品的故意，客观上实施了有偿转让毒品的行为，属于贩卖毒品罪的既遂，如果行为人没有实际交付毒品，而仅与他人达成协议，则属于贩卖毒品未遂。本案中，被告人张某、贺某以牟私利贩卖毒品为目的而携带毒品，主观上有贩卖毒品的故意，客观上亦有贩卖毒品的行为，在运输途中就被起获，也应认定为贩卖毒品罪（未遂）。

四、专家点评

贩卖毒品的犯罪行为往往包含着运输毒品行为。在此种情形下，如果确有证据证明这种运输行为是为贩卖而实施的，则应认定为贩卖毒品罪。运输毒品罪中的运输，从主观上看，单纯具有将毒品从一地运往另一地，使其发生空间转移的意图，或者现有的证据不能证明是为了贩卖。在客观上，仅有运输行为，而无转手卖出，从中牟利的行为。本案中，已查明李某等人具有贩卖毒品的故意，其携带毒品、运输毒品的行为均是贩卖毒品行为的有机组成部分，独立地认定为运输毒品，就模糊了李某等人的行为性质。故我们认为评析意见是正确的。

165

邵某传播淫秽物品牟利案

本案聚焦

> 制作、复制、出版、贩卖、传播淫秽物品牟利罪，是指以牟利为目的，制作、复制、出版、贩卖、传播淫秽物品的行为。其中，传播是指通过播放、出租、出借、运输、传递方式使淫秽物品在社会上散布、流传的行为。

一、案情回放

被告人：邵某，男，27 岁，大学文化，无业。

1999 年 12 月 4 日，邵某携物无票从广州东站乘坐广州开往太原的 332 次旅客列车，12 月 6 日 11 时许，列车到达终点站太原，邵某避开出站口由南向北顺铁路线出站时，被值勤民警拦住带回派出所审查。从邵某携带的三个编织行李袋中查出封面有淫秽图案光碟，后经太原铁路公安处鉴定，查获的 55 种 2800 张 VCD 光碟均为淫秽性色情音像制品。

太原铁路运输检察院以传播淫秽物品牟利罪向太原铁路运输法院提起公诉，经审理，太原铁路运输法院认为，被告人邵某以携带运输形式传播淫秽光碟，其行为侵犯了国家对文化娱乐制品的管理和社会风气，已构成传播淫秽物品牟利罪，判处有期徒刑 10 年，并处罚金人民币 2 万元。

二、争议问题

邵某的行为应如何定性？

第一种意见认为，邵某的行为不构成犯罪。理由是：新刑法的颁布实施和有关的司法解释中没有规定运输、携带淫秽物品的行为为犯罪，根据法无明文规定不为罪的原则，运输、携带淫秽物品的行为不构成犯罪。

第二种意见认为，邵某的行为构成贩卖淫秽物品牟利罪。理由是：邵某从广州黑市购买大量的淫秽光碟，说明其目的是带回内地销售来赚取差价，其行为应以贩卖淫秽物品牟利罪定罪处罚。

第三种意见认为，邵某的行为构成传播淫秽物品牟利罪（未遂）。理由是：邵某将大量的、品种繁多的淫秽光碟，从广州携带运往目的地实行空间转移，其行为的结果必然造成淫秽物品在异地的广泛扩散，邵某之所以要将这些淫秽物品进行运输，目的就是牟取非法利益。但是由于邵某用于传播的淫秽物品还在运输途中即被查获，使得其无法利用这些淫秽物品直接向他人传播，因而对其行为应认定为传播淫秽物品牟利罪（未遂）。

第四种意见认为，邵某的行为构成传播淫秽物品牟利罪。理由是：刑法第363条第1款规定的以牟利为目的，并实施了制作、复制、出版、贩卖、传播淫秽物品的行为之一，就具备了犯罪的构成要件。这说明传播淫秽物品牟利罪是行为犯，它并不要求行为人的行为给社会造成实际的危害结果或行为人真正实现其牟利的目的。因此，邵某利用旅客列车这一铁路运输工具，采用携带的方式运输淫秽光碟的行为，完全符合传播淫秽物品牟利罪的构成要件，应当以该罪定罪处罚。

167

三、评析意见

我们同意第四种以传播淫秽物品牟利罪定罪处罚的意见。理由是：

1. 犯罪的本质特征是行为的社会危害性。众所周知，淫秽物品均属于低级下流之物，它与健康、高尚的社会主义风气、习俗及社会主义精神文明建设是格格不入的。淫秽物品无论是通过出售、租赁、出借、播放还是以其他方式流向社会，都会腐蚀人们的灵魂，败坏社会道德，污染社会风气，扰乱国家对文学、文化艺术市场的管理秩序。更为严重的是它极易诱发其他犯罪，给社会治安造成极大的破坏，可见，它的社会危害性是严重的。

修订后的刑法和最高人民法院于 1998 年 12 月 23 日实行的《关于审理非法出版物刑事案件具体应用法律若干问题的解释》中，只是对"制作、复制、出版、贩卖、传播"淫秽物品的行为，在法律条文上作了概括性规定，没有对上述用语的具体含义作出解释。司法实践工作中要正确运用好法律条款，真正认识和领会每一个罪名的具体概念所包含的内容，认定什么行为才是法律规定的犯罪行为，是要结合案件的具体情况，综合分析后而加以认定的。1990 年 7 月 6 日"两高"《关于办理淫秽物品刑事案件具体应用法律规定》中，对"制作、贩卖、传播"用语的含义作出具体明确的解释，其中"传播"是指播放、出租、出借、运输、携带等行为。该规定在长期的司法实践中得到应用，对办理有关此类案件提供了相关规范、统一的解释。"传播"的定义已成为一种司法惯例，在实践中广为应用。此外，运输、携带淫秽物品是一种具有严重社会危害性的行为，立法者不可能对这一行为置若罔闻，一意姑息。从立法本意来看，也应对传播行为作一广义解释，应将运输、携带行为作为传播的一种方式予以惩罚，才能符合立法目的，体现立法精神。作为执法工作人员要掌握立法的含义，不能片面认为法条概括用语中，没有直接规定："运输、携带"淫秽物品行为是传播行为，就认定该行为不构成犯罪。因此，第一种意见不能成立。

2. 刑法第 363 条第 1 款规定的罪名是选择性罪名，也就是说，在办理此类案件定罪时，应当以行为人实施的具体行为方式来确定具体罪名。而运输淫秽物品的案件大多发生于列车上，行为人主要采用携带或夹带的方式，将淫秽物品由沿海城镇运往内地。查获此类案件中的嫌疑人，一般只供述淫秽物品是从沿海城镇的游商商贩或地摊摊主处，秘密进行购买的，对卖主的真实身份、住址、摊档的固定地点都提供不出具体内容。即使提供了卖主的姓名、性别、相貌特征或摊档的方位，由于缺乏真实性、可靠性使得侦查工作难以取证。此外，由于查获的淫秽物品正处于运输状态，行为人根本不可能实施销售行为，也根本不会供述要将淫秽物品销往何处。因此，对淫秽物品的真实来源和去向难以查证，在没有其他证据佐证的情况下，不能仅靠行为人供述是从黑市购买就认定其是贩卖，这也是不符合法律规定的。若到日后行为人再供述淫秽物品是自己制作或复制时，又该如何定罪呢？因此，在办理案件时应当以行为人实施的具体行为来确定具体罪名。故第二种意见不能成立。

3. 刑法第 363 条第 1 款规定以牟利为目的，并实施制作、复制、出版、贩卖、传播淫秽物品行为之一，就具备了犯罪的主、客观要件。而所谓"传播"其实质就是扩大了淫秽物品的知名空间。而以牟利为目的，利用铁路交通工具运输、携带、夹带淫秽物品的行为，其实质就是将淫秽物品进行空间转移，使其从甲地向乙地扩散。行为人运输淫秽物品只是为了实现其非法利益的中间环节，在非法利益尚未实现前被查获，虽然很难取得行为人购买、销售、出租、出借、播放等证据，但行为人不论是采取什么方式实现其牟利的目的，对社会而言都将起到使淫秽物品广为散布的作用。如果确有证据证明行为人在运输、邮寄、携带淫秽物品之前或之后,行为人还进行了贩卖的行为,就可以认定其构成贩卖淫秽物品牟利罪。但如果在运输、邮寄、携带淫秽物品的前或后,没有事实和证据证明行为人就是为了贩卖,则应依刑法第363条第1款之规定,认定其行为构成传播淫秽物品牟利罪;若不以牟利为目的,则依刑法第 364 条之规定,认定其构成传播淫秽物品罪。因第 363 条第 1 款规定的 5 种犯罪是行为犯,只要行为人实施了上述行为之一,即达到既遂,故第三种意见不能成立。

4. 1998 年 12 月最高人民法院颁布实施的"解释",对向他人传播的人次、场次和获得额等定罪量刑条件作了明确的规定,但对"制作、贩卖、传播"的具体含义未作出明确的解释。1998 年"解释"并不否定 1990 年两高"解释"对上述用语含义所作的解释,且 1990 年的司法解释经长期司法实践的应用,已成为一种司法惯例,成为法律工作者的一种"司法成见"。1990年两高司法解释中对"制作、贩卖、传播"用语含义的解释,与 1998 年高法的"解释"并不冲突,而是一种修正与补充的关系。新司法解释只是随着社会经济发展变化,适应新时期对犯罪社会危害性的要求,对具体定罪量刑的数量进行了新的规定,并不是否认 1990 年司法解释中对具体行为含义的解释。因此,在司法实践中对具体行为含义所作的解释,仍以司法惯例的形式在实践中适用。1998 年"解释"并不完全排斥运输、邮寄、携带的行为具有扩散性的基本特征,也不否定运输、邮寄、携带淫秽物品的行为绝对构不成传播淫秽物品牟利罪或传播淫秽物品罪。因为运输、邮寄、携带淫秽物品对行为人而言,虽然不是其追求的最终目的,是实现其目的的一个中间环节,但淫秽物品运到目的地后,行为人既可以进行买卖,又可能进行传播,还可能进行转运;且在查获此类案件时,由于淫秽物品正处于运输状态中,行为人无法对这些淫秽物品进行分散或藏匿,一旦被查就如数缴

170

获，少则几百盘，多则近万盘，其牟利的目的是不言而喻的。但因其牟利数额难以确定，所以应以运输、邮寄、携带淫秽物品的数量多少为准，参照贩卖淫秽物品的数量标准量刑。

5. 证实本案中邵某牟利的理由是：（1）从行为人职业、收入来看，邵某是无业人员且无固定收入，其家庭、经济状况并不丰厚，其花钱购买如此数量之多的淫秽光碟，与他的利益相悖，不符合其主观意愿。（2）从其携带运输淫秽光碟的数量来看，如果邵某只是为了供个人观赏，无须单品种多数量进行购买，就从其携带运输 55 种多达 2800 张的淫秽光碟来看，足以证明其具有牟利的目的。

综上所述，本案中邵某以非法牟利为目的，以携带运输形式传播淫秽光碟，侵犯了国家对文化娱乐制品的管理和社会风气，其行为已构成传播淫秽物品牟利罪。

四、专家点评

本案中对邵某行为的认定，关键是把握司法实践中对于行为人运输、携带淫秽物品行为的定性。

要确认行为人运输和携带淫秽物品行为是否构成犯罪，必须查明行为人的主观目的。如果行为人携带淫秽物品是出于贩卖的目的，则应认定为贩卖淫秽物品牟利罪；如果行为人是出于传播且牟利的目的，则应认定为传播淫秽物品牟利罪；如果不能查明行为人有牟利的目的，但其持有大量淫秽物品，且通过各种事实证明并非为自己使用，则可以认为其有传播目的，以传播淫秽物品罪论。如不能查明行为人具有上述目的，则不能以犯罪论处。

在本案的评析中，对邵某主观上具有通过淫秽物品牟利的目的论证是恰当的，但邵某究竟属于贩卖的目的还是传播的目的？依据司法实践中的具体适用，对邵某无法查明具有买进和卖出环节，认定属于传播目的是可行的。

六/铁路运输合同诈骗案件

费某利用铁路运输进行合同诈骗案

本案聚焦

> 行为人主观上是否具有"非法占有的目的",是认定合同诈骗罪的关键。

一、案情回放

被告人：费某，男，36 岁，无业。

2000 年 3 月下旬，太原铁路分局地铁公司副经理冯某等人前往浙江省余杭市，与博大织造公司费某、沈某（在逃）洽谈煤炭购销事宜。而后于 4 月 1 日，两公司签订了每吨价格 240 元，每月运往博大织造有限公司 6000 吨原煤的煤炭购销合作协议。协议签订后，被告人费某受博大织造公司法人代表沈某委托，联系销售原煤及收销煤款等事宜。在地铁公司尚未履约的情况下，费某分别于 4 月 24 日、25 日，以每吨 194 元的价格，通过杭州深大贸易公司与余杭市塘栖燃料公司签订了购销合同，又通过余杭市塘栖燃料公司与杭州市燃料公司签订了煤炭购销合同。4月25日晚，被告人费某与沈某到太原联系发煤事宜，于4月30日，监装地铁公司从皇后园车站装车发煤48车，计3000吨，每吨240元，共计价值72万元，到站临平车站。按协议，费某将34万元预付款交与地铁公司。原煤到达临平车站后，费某变更到艮山门车站的20车原煤，以每吨194元的价格，卖给杭州市燃料总公司，将临平车站28车原煤中的240吨卖给余杭市和兴经贸有限公司，获利40279.2元；又将其中的180吨原煤冲抵汽车运费16014.6元。剩余原煤又卖给杭州市燃料总公司。共计卖给杭州燃料总公司原煤2553吨，获利495282元，总共获利535561.2元。尚欠地铁公司38万元至今未还。

太原铁路运输检察院认为费某的行为构成合同诈骗罪，将此案诉至太原铁路运输法院。太原铁路运输法院以合同诈骗罪，判处其有期徒刑10年，并处罚金人民币5万元。

二、争议问题

费某的行为构成合同诈骗罪还是民事欺诈？

第一种意见认为，费某的行为是正当的民事经济行为，其不能归还款项属正常的经济风险。

第二种意见认为，费某的行为只是民事欺诈行为，尚不构成犯罪。

第三种意见认为，费某的行为构成合同诈骗罪。

三、评析意见

我们同意第三种意见。

合同诈骗罪是新刑法确立的一个罪名，对其准确把握是本案定罪的关键。下面就该罪的构成特征和其与民事欺诈行为的区别作一分析。

合同诈骗罪是指以非法占有为目的，在签订、履行合同过程中采取各种虚构事实的方法，骗取对方当事人财物，数额较大的行为。合同诈骗罪的特征是：

1. 犯罪的主体是一般主体，个人和单位都可以成为本罪的主体。

2. 犯罪主观方面必须出于故意，并且具有非法占有对方当事人财物的目的。亦即行为人明知自己无资格订立经济合同、无担保能力、无履行合同能力等而故意虚构事实或者隐瞒真相，诱骗对方当事人与之签订或履行经济合同，以达到骗取对方当事人财物的目的。根据刑法第 224 条的规定，这种犯罪故意既可以产生于经济合同订立之前，也可以产生于经济合同履行过程中。实践中应当注意的是不可片面地以行为人签订合同时无履约能力、签订合同后无履约的实际行动或者没有返还对方当事人的款物等某一个孤立的客观因素为依据，轻率地推定非法占有目的。

是否以非法占有为目的是合同诈骗罪区别正当民事行为的重要标志。民事行为是一种平等互利、等价有偿的行为（在绝大多数情况下如此），行为人获取利益是以付出对价为前提的。

本案中，费某在与地铁公司签订合同、监装原煤之前即已通过余杭市塘栖燃料公司与杭州市燃料公司签订了煤炭购销合同，且其销售价格低于其进货价格，费某在这一活动中，不但不能获利，反而要亏本，丧失掉等价支付能力。尤其值得注意的是，销售合同签订于进货合同之前，所以，其行为不符合正常经济行为的特征。

3. 犯罪客观方面表现为在签订、履行经济合同过程中，实施下列行为之一，骗取对方当事人财物，数额较大的行为：（1）以虚构的单位或者冒用他人的名义签订合同。这种行为是指行为人自己编造根本就不存在的单位名称，或者未经委托许可，擅自冒用其他单位或个人和名义与他人签订合同，骗取对方当事人的信任，使对方当事人依照合同的规定履行义务，使自己获取不法利益的行为。（2）以伪造、变造、作废的票据或者其他虚假的产权证明做担保的。合同担保，是按照当事人协议的规定或由法律规定的具体财产性质的专门措施，目的是使合同能够得到适当履行合同或不适当履行合同而产生的损失。（3）没有实际履行能力，以先履行小额合同或者部分履行合同的方法，诱骗对方当事人继续签订和履行合同的。（4）收受对方当事人给付的货物、货款、预付款或者担保财产后逃匿的。这是指行为人与对方当事人签订合同后，收受对方当事人给付的货物、货款、预付款或担保财产后，不履行或不完全履行自己的义务，卷款卷物逃跑、隐藏，而使对方当事人无法追还的行为。（5）以其他方法骗取对方当事人财物的。以上述任何一种方法实施合同诈骗行为，并且骗取对方当事人数额较大的财物的，即构成本罪。

本案中费某先向地铁公司支付了 34 万元预付款，骗取地铁公司向其发送大量原煤后，将原煤以非正常价格卖出，非法占有其货款。其行为完全符合第三种行为方式。

合同诈骗罪与合同欺诈行为在行为方式上没有区别。合同欺诈行为，是指签订经济合同的一方当事人用虚构事实或者隐瞒真相的方法，诱使对方当事人在违背其真实意思表示的情况下，签订经济合同的行为。因欺诈而签订的经济合同是无效经济合同。合同诈骗罪也是一种合同欺诈行为，两者具有相同的法律后果，即所签订的经济合同应当依法被宣布为无效。两者的根本区别在于是否骗取了对方当事人数额较大的财物。如果采用刑法规定的欺骗方法骗取了对方当事人数额较大的财物，则应当以合同诈骗罪论处。

本案中，费某最终拖欠地铁公司 38 万元货款，其数额完全达到了合同诈骗罪规定的数额标准。

4. 本罪侵犯的客体是国家对经济合同的管理制度和诚实信用的社会主义市场经济秩序，同时也侵犯了对方当事人的公私财产所有权。本案中的费某显然侵犯了地铁公司的财产所有权。

综上所述，费某的行为完全符合合同诈骗罪的构成要件，应当承担刑事责任。根据刑法典第 224 条、第 231 条的规定，犯合同诈骗罪的，处 3 年以下有期徒刑或者拘役，并处或者单处罚金；数额巨大或者有其他严重情节的，处 3 年以上 10 年以下有期徒刑，并处罚金；数额特别巨大或者有其他特别严重情节的，处 10 年以上有期徒刑或者无期徒刑，并处罚金或者没收财产。单位犯本罪的，对单位判处罚金，并对其直接负责的主管人员和其他直接责任人员，依照上述规定处罚。本案中的费某非法占有地铁公司的财产达 38 万元之巨，所以判处其 10 年有期徒刑是完全适当的。

四、专家点评

区分合同诈骗与民事欺诈或合同纠纷的界限是司法实践中认定合同诈骗犯罪时遇到的一个难点。之所以"难"，主要在于行为人在其中一般都从事了一定的经营或交易性活动，在"貌似"正当的交易行为之下，掩盖着诈骗他人财物的罪恶；又因为市场经济交易行为的频繁，交易方式的复杂、多样，相关法律的模糊，使得我们判断该交易行为的性质较为困难。一定程度上讲，合同诈骗和民事欺诈是一种竞合关系，本质上都是对合同相对人的利益的侵害。仅从客观上的损害并不能对二者进行性质上的界分。因此，主观上是否具有"非法占有目的"的判断，就成为认定合同诈骗罪的关键。本案中，费某在支付太原铁路分局地铁公司的预付款后，本该按约定价格（240 元/吨）或者较高价格向其他合同相对人售出，才属于正常的经济活动。但是，费某都以低于进价售出这种不盈利反亏损的方式从事交易，其获利后企图逃避向太原铁路分局地铁公司支付合同对价的意图（即非法占有目的）十分明显。依此犯罪意图，结合客观上实际已占有38万元货款，根据刑法主客观相统一的认定犯罪的基本原则，费某的行为已构成了合同诈骗罪。该案的评析者依据客观事实与刑法第224条规定的合同诈骗罪的构成要件进行了一一对照，剖析深刻，表述准确，所得结论正确。

吴某等人合同诈骗案

> 合同诈骗罪的认定。我国刑法第 224 条规定，合同诈骗罪指以非法占有为目的，在签订、履行合同过程中采用各种虚构事实的方法，骗取对方当事人的财物，数额较大的行为。

一、案情回放

被告人：吴某，男，南星桥托运处工作人员。*
被告人：周某，男，南星桥托运处工作人员。
被告人：王某，男，南星桥托运处工作人员。
被告人：施某，男，南星桥托运处工作人员。

被告人吴某、周某与于某（另案处理）、赵某（另案处理）经事先预谋，伙同被告人王某、施某等人于 2000 年 1 月至 2001 年 8 月期间，在义乌组织货源，从杭州南星桥火车站托运至哈尔滨、沈阳、佳木斯、酒泉、德惠、库北等站的过程中，采用"少报多运"、"重复使用货票"等方法，骗取铁路运费共计人民

---

* 南星桥托运处名义上是义乌市联托运开发总公司的分支机构，实际是个人按比例出资设立的，其与南星桥站经济开发总公司有为期三年的货物代办运输协议。

币 569849.23 元。

被告人于某、赵某与吴某、周某经事先预谋，伙同王某、施某于 2000 年 1 月至 2001 年 8 月期间，在通过杭州南星桥火车站托运货物时，采用在货票上少填吨位，实际装车时收买装运工多装货物的方法偷逃运费。经司法会计鉴定确认，装载清单填记的重量大于货票计费重量的有 278 车，计 690 批（票），共少计重量 2269.08 吨，骗取铁路运费计人民币 517827.73 元。2000 年 3 月至 2001 年 8 月期间，由被告人于某在哈尔滨滨江站货运车间偷拿尚未交付的货运货票、用特快专递寄给在义乌托运处的赵某、吴某，然后赵、吴将于所偷拿的货票带到南星桥火车站交给周某，让其再次托运货物时重复使用。同时，被告人周某等人也在南星桥火车站托运货物时，采用将应随货物同行的货票抽出的方法偷拿货票，以便再次运货时重复使用，以上偷拿的货票已由周某、王某、施某等人采用"重复使用货票"的方法予以使用，从而骗取铁路运费。上述犯罪事实，经司法会计鉴定确认，重复使用货票有 129 车，计 400 批（票），共计重量 1055.09 吨，骗取铁路运费人民币 227227.21 元。

被告人吴某、周某、王某、施某等人采用少报多送、重复使用货票的方法骗取铁路运费的情况曾多次被铁路相关部门发现，令其补交运费共计人民币 175205.11 元。被告人吴某、周某、王某、施某实际骗取铁路运费共计人民币 569849.23 元。

2002 年 8 月 16 日，杭州铁路运输检察院以合同诈骗罪提起公诉。2002 年 11 月 28 日，杭州铁路运输法院对本案"重复使用货票"部分作出了构成合同诈骗罪的有罪判决，但对"少报多运偷逃铁路运费"部分，认为应作为平等主体合同关系中故意不履行合同义务的欺诈行为，未认定合同诈骗。检察机关接到判决后，以认定犯罪事实有误，适用法律不当导致量刑偏轻、畸轻向法院提出抗诉。上海铁路运输中级法院终审裁定，维持原判。

二、争议问题

吴某等人的行为是否构成合同诈骗罪？是属于自然人犯罪，还是单位犯罪？

三、评析意见

在本案的定性上出现罪与非罪两种意见是正常的，因为铁路骗逃运费案件在适用合同诈骗罪的过程中并不具有典型性。首先，合同诈骗中所列举的表现形式均针对市场经济环境中的一些利用合同进行诈骗的惯用手段，而铁路骗逃运费一方面可能限于运输领域，另一方面，其骗逃手段大量被采用也是近期出现的，因此，很难用以往的惯例去现套这类新情况。其次，司法实践中，由于利用运输合同骗逃铁路运费犯罪是新出现的一种犯罪手段，我国现行刑法对该类行为没有具体规定，针对这种新情况的司法解释又未能同步跟上。再次，由于诈骗主体多是以单位或法人出现的公司、企业，所以是单位犯罪还是自然人犯罪较难分辨，特别是在所有制体系多样的情况下，犯罪主体较难确定。同时，法人、自然人犯罪在处罚上又有较大差异，而工商管理局注册登记内容相差甚远。又次，该种犯罪行为又与民事欺诈行为混杂在一起，很容易与民事经济行为相混淆，被经济合同的假象所迷惑，很大程度上影响了对利用经济合同进行诈骗的犯罪分子的打击，在某种程度上导致了这类犯罪行为的产生和泛滥。最后，为了达到骗逃铁路运费的犯罪目的，犯罪分子采用行贿手段，拉拢腐蚀国家工作人员，使其严重失职，从而成为犯罪分子的帮手，使该类案件在是否具有"诈骗"这一行为特征的认定上分歧较大。

1. 从犯罪构成分析吴某等人的行为构成合同诈骗罪

　　我国刑法第 224 条规定，合同诈骗罪指以非法占有为目的，在签订、履行合同过程中采用各种虚构事实的方法，骗取对方当事人的财物，数额较大的行为。其特征如下：

　　（1）犯罪的主体是一般主体，个人和单位都可以成为本罪的主体。这点属于常规性的主体资格要件。

　　（2）犯罪主观方面必须出于故意，并且具有非法占有对方当事人财物的目的，这点本身是判别罪与非罪的关键性的依据。从本案看，采用多种手段偷逃铁路运费本身已具有非常明显的犯罪意图：①重复使用货票。由于该行为本身已属"无本经营"，即毫无任何对价地以非法手段无偿取得为目的，采用的是偷窃已使用但尚未交付的货票从而使铁路系统收不到相应的价款这种方式。这样的行为无论从主观或客观上均十分明显地符合了合同诈骗罪的构成要件。②少报多运。我们认为，犯意本身是不可猜测的，但可以从各种客观表现予以判断。第一，可以观察其是否具备履约的能力。本案客观上有证据证明的情况是，由于铁路运输行为本身的竞争压力导致其生存空间被挤压，而作为挂靠的托运点，实际上，如果不采用非法手段，根本就是无利可图甚至是亏损。这是导致其产生并具有犯意的直接因素。第二，从行为的交替性看。本案中，两种行为是交替使用，甚至是齐头并用的。由于重复使用货票的非法性更明显，犯罪分子也意识到它不能成为主要的获取非法利益的手段，因此也必然需要另一种更加隐蔽的手段予以替代，而实际上，正是少报多运完成了这种更替，其所骗逃的价值远超过重复使用货票所带来的利益。因此，我们难以想象，为什么同一种犯意所派生出的不同行为却因为其行为表现不同而被人为地割裂成其中一部分是有犯意的，另一部分只是一种普通的民事欺诈？这可能是证据还不够充分的原因，但更可能是由于人为的思维僵化，导致了以客观行为的不同分类强行割裂主观的一致恶性。

（3）犯罪客观方面表现为在签订、履行经济合同过程中，实施了骗取对方当事人财物，数额较大的行为。包括：以虚构的单位或者冒用他人名义签订合同的；以伪造、变造、作废的票据或者其他虚假的产权证明作担保的；没有实际履行能力，以先履行小额合同或者部分履行合同的方法，诱骗对方当事人继续签订和履行合同的；收受对方当事人给付的货物、货款、预付款或者担保财产后逃匿的；以其他方法骗取对方财物的。本案中行为人客观上采用了虚构事实并实施了偷逃铁路运费的各种行为，包括采用少报多运、重复使用货票等方法。我们认为，合同诈骗罪的法律原意已经告诉我们只要是"利用合同进行诈骗"，从广义上讲都可以符合合同诈骗罪的构成。铁路货物运输合同是指承运方与托运方之间为了完成特定的货物运输任务而明确相互权利义务而签订的合同，它通常以货票这种格式票来体现双方的权利义务。至于什么是诈骗，我们认为只要以虚假事实掩盖真实的非法意图骗取财物即可。当然有人指出骗取的是服务而非财物，我们认为，从这些骗逃行为而言，骗的目的不是获得服务，因为实际上上述案例，甚至是在其他案例中，并没有相应的服务行为被拒绝履行。骗的目的不是针对服务，而是针对无偿的获得这种服务，也就是相应的价款。对于铁路部门，损失的是账面的价款而非服务，同样对于犯罪分子真正获取的不是服务，而是不必付钱或少付钱的非法利益，当然我们不排除有双重含义的存在，但起码不能因此而忽略财物这个主要犯罪对象。

（4）本罪侵犯的客体是国家对经济合同的管理制度和诚实信用的社会主义市场经济秩序，同时也侵犯了对方当事人的公私财产所有权。这点强调的是法律的规定性。侵犯对方当事人财产所有权构成犯罪的重要标准就是偷逃运费已达到法定数额标准，并依法应处刑罚。

综合本案，我们认为，行为人与铁路签订货物运输合同及通过铁路托运货物的过程中，以非法占有为目的，采用少报多运、重复使用货票等虚假方法、骗取铁路运费的行为，完全符合刑法所规定的构成合同诈骗罪的全部构罪要件，应认定为合同诈骗罪。

由于本案案情复杂，行为人的犯罪手段更具有隐蔽性，且检察机关与法院在认定"少报多运偷逃铁路运费"这一点存在分歧，所以我们有必要探讨一下合同诈骗与民事欺诈的区别。

合同诈骗与民事欺诈虽都有欺诈的情况，但在构成要件、特征上都存在着本质的差别。理论界流行的观点是：（1）主观目的不同。合同诈骗的行为人主观上以签订合同为名，实际上为达到非法占有当事人的财物的目的；而民事欺诈则虽有欺诈的故意，但不具有非法占有的目的。（2）客观方面不同。民事欺诈虽然在客观上表现为虚构事实或隐瞒真相，但仍有民事内容的存在，且其欺诈仍在一定程度内，故仍应由民事法律、政策来调整；而合同诈骗中的虚构事实或隐瞒真相则在程度上已发生了质的变化，且行为人根本没有履行合同的能力与实际行动，因此应由刑法来调整。（3）侵犯的客体和权利属性不同。合同诈骗侵犯的是财产所有权；而民事欺诈侵犯的是债权。对于上述民事合同欺诈与刑事合同诈骗的区分，我们认为，只有第（1）点是关系到罪与非罪的主要判别依据。现实中往往有人本末倒置，拼命强调是债权还是所有权（铁路部门对托运人尚未给付的运费仅享有债权，而无所有权），恐怕在分出罪与非罪前，这会成为一个永远没有结果的争论。合同诈骗罪当事人具有犯罪故意和占有当事人财物的目的，这一本质特征是区别合同诈骗罪与民事欺诈、经济合同纠纷的关键。本案中托运部与铁路签订承运合同时，本应该如实填写承运合同的主要内容，包括品名、数量、吨位等，但他们出于非法占有的故意，弄虚作假，采用虚报品名、少报多运，重复使用货票等各种手法骗逃铁路运费，且作案时间

183

长、次数多、数额特别巨大，与民事欺诈有着本质上的区别，符合我国刑法所规定的构成合同诈骗罪的本质特征，应以合同诈骗罪予以认定。

2. 界定本案属于自然人犯罪

本案中，由于行为人打着单位的名义犯罪，所以有必要界定其是单位犯罪，还是自然人犯罪。

根据司法实践，公司（单位）在形式上虽然经过工商部门审批登记注册，如果确有证据证实其实际上为特定一人出资、一人从事经营管理活动，主要利益归属个人的，应当根据查证属实的情况，以刑法上的个人论。具体情况有两种：第一，对于发包单位没有资金投入的，其实际表现是发包单位仅提供营业执照，届时按约收取固定的承包费，在该种情况下，因被承包企业的经营资本实际上由承包者个人投入，且独立自主经营，主要收益归承包者个人所有，对该种个人承包企业所实施的犯罪行为，以个人犯罪论处。第二，在注册登记为个人独资企业或者个体工商户、却挂靠国有、集体企业或者其他单位从事生产经营活动的单位，实际由个人投资，利益也主要归属于个人，对其实施的犯罪行为，应以个人犯罪论处。在如何界定合同诈骗罪的主体上，利益归属尤为重要。

偷逃铁路运费符合上述情况的，其主体也应认定为自然人所为的合同诈骗罪：（1）本案行为人（义乌杭州南星桥托运部）现任负责人以其个人出资方式向他人购买而获得。（2）属家庭成员合股经营的个体经营户。（3）当事人是托运部负责人。（4）其营业执照系非企业法人执照，不具有独立法人资格。（5）属个人向义乌市联货物托运公司承包经营，并按规定缴纳管理费。（6）收益归个人所有。综上所述，本案应认定自然人所为的合同诈骗罪。

四、专家点评

在本案中，吴某等人的行为涉及两个问题：其一，吴某等人的行为属于合同诈骗还是民事欺诈？是否构成犯罪？其二，吴某等人如若犯罪，是自然人犯罪还是单位犯罪？

在司法实践中，对于属于合同诈骗罪中的罪与非罪、合同诈骗与合同纠纷、民事欺诈的界限认定上存在一定的难度，对于吴某等人所采用的"少报多运"、"重复使用货票"方式究竟属于哪一种形式？在评析意见中采纳属于合同诈骗的观点是恰当的。另外，在理论上，一般也赞成劳务也可以成为合同诈骗罪的犯罪对象，本案中的骗取对象就是既具有劳务性又具有财物性的双重含义下的犯罪对象。

对于犯罪主体的认定，关键在于分析行为人是以单位名义还是个人名义？其单位是否属于刑法中的单位主体？在评析意见中，通过对这几方面内容的分析，最后认定吴某等人属于自然人所为的合同诈骗罪，这个结论是正确的。

韩某合同诈骗案

本案聚焦

合同诈骗罪与民事欺诈、合同纠纷的关键区别在于，行为人主观上有无非法占有对方当事人财物的目的。

一、案情回放

被告人：韩某，男，47 岁，原系山西鑫运物资贸易有限公司职员。

2002 年 1 月初，被害人林某通过刘某等人的介绍与被告人韩某相识。2002 年 1 月 15 日，双方分别以浙江省绍兴县煤用助燃剂厂（需方）和山西鑫运物资贸易有限公司（供方）名义签订发运原煤 5600 吨，每吨 285 元，每列预付 5 万元定金等内容的合同。当日，韩某收取被害人林某定金 10 万元交与单位财务，后又从财务提出该款。为能履行合同，被告人韩某曾联系此业务，但未能如愿，遂产生诈骗犯意，多次编造谎言和伪造假货票，并伪造盖有北京铁路局太原铁路分局印章的通知，通知古交市煤运公司煤已运走的证明来骗取钱财。在 2002 年 3 月至 4 月间分四次骗得被害人林某人民币 43.1 万元，用骗得的钱款购买了两辆轿车及部分家具、电器，挥霍部分赃款。

太原铁路运输检察院以涉嫌合同诈骗罪，诉至太原铁路运输法院。太原铁路运输法院以合同诈骗罪判处韩某有期徒刑 10 年，并处罚金人民币 8 万元。

二、争议问题

合同诈骗与民事欺诈、合同纠纷的区别。

三、评析意见

1. 合同诈骗与民事欺诈的区别

（1）合同诈骗罪与民事欺诈的概念。合同诈骗罪，是指以非法占有为目的，在签订、履行合同过程中，骗取对方当事人财物，数额较大的行为；或者仅履行合同小部分，而对合同义务的绝大部分无履行诚意以骗取财物的行为。

民事欺诈行为，是指在民事活动中，一方当事人故意以不真实情况为真实的意思表示，使对方陷于认识错误，从而达到发生、变更和消灭一定民事法律关系的不法行为。

（2）民事欺诈行为与合同诈骗罪的相同点是：两者都发生在经济交往活动中，都有明确当事人权利义务关系的合同存在，根据法律规定，都属于无效合同；两者在客观上都采用欺骗方法，包括捏造事实、歪曲事实和隐瞒事实真相等，意图使对方陷入错误；两者都是在故意的心理状态下行"骗"，不存在过失问题；行为人都可能对特定的财物处于不法占有状态，即非法占有对方按合同规定能交付的"标的物"。

（3）两者的区别是：首先主观目的不同。这两种行为故意内容不同，民事欺诈行为的当事人采取欺骗方法，旨在使相对人产生错误认识，做出有利于自己的法律行为，然后通过双方履行该法律行为谋取一定的"非法利益"，其实质是牟利；而合同诈骗罪虽然客观上可引起他人一定民事法律行为的"意思表示"，但行为人并没有承担约定民事义务的诚意，而是只想使对方履行那个根本不存在的民事法律关系的"单方义务",直接非法占有对方财物。因此,可以得出结论:合同诈骗罪是以直接非法占有公私财物为故意内容,而民事欺诈则是通过双方履约来间接获取非法财产利益。其次是客观方面不同。具体表现在四个方面:①在行为方式上,合同诈骗罪都是作为;而民事欺诈行为则不仅表现为作为,还有相当一部分表现为不作为。②从欺诈的程度看,合同诈骗罪中的虚构事实或隐瞒事实真相,非法占有他人财物的行为已达到了一定程度,需要由刑法来调整;而民事欺诈行为虽然在客观上也表现为虚构事实或隐瞒事实真相,但其欺诈行为仍在一定的限度内,而仍应由民事法律来调整。③从欺诈内容看,合同诈骗罪的行为人根本没有履行合同的能力和实际行动;而民事欺诈行为中仍有民事内容的存在。④从欺骗的手段看,合同诈骗罪的行为人意图利用经济合同达到骗取钱财的目的,总是千方百计地冒充合法身份,如利用虚假的姓名、身份、空白合同书,虚假的介绍信和授权委托书等,以骗取对方的信任使行骗得逞;而民事欺诈行为人一般无须假冒合法身份。此外,受侵犯权利的属性不同。合同诈骗罪侵犯的是财物所有权,作为犯罪对象的公私财物,并未充当经济合同设定的权利、义务的体现者,始终是物权的体现者;而民事欺诈行为侵犯的则是债权,即作为侵犯对象的公私财物,是已经进入经济合同设定的生产、流通领域的权利义务的体现者。

2. 合同诈骗与合同纠纷的区别

合同纠纷,是指行为人有履行或基本履行合同的诚意,只是由于客观原因而未能完全履行合同。由于诈骗分子近年来常常利用签订合同进行诈骗,可以从以下几个方面对两者进行区分:第一,主观方面。行为人在主观上是明知自己没有履行能力而虚构、隐瞒事实真相,以达到非法占有他人财物的目的,还是有部分履行合同能力,用夸大履行能力的方法,使对方产生错觉,通过履行约定的民事法律行为，以达到谋取一定利益的目的。第二，履约能力。行为人不具备履行合同的实际能力和担保，还是有部分履行合同的能力和担保。第三，欺骗手段的程度。行为人是隐瞒真相、虚构履约能力，还是只在数量、质量等方面有某些不实之处。第四，履行合同的行为。订立合同后，行为人没有履行合同的意愿和行为，没有履行合同的诚意，坐等对方履约上当，在获得非法利益后，推托、搪塞甚至逃跑，还是对履行合同有较积极的态度，既取得一定的利益，同时又承担了一定的义务。

上述区分两者界限的关键是行为人的主观目的，行为人是以骗取财物为目的，还是通过履行约定的民事法律行为而获得经济利益。而要判断行为人的主观目的，必须从是否具有履行合同的能力、是否采用欺骗手段以及履行合同的行为，违约后的表现等几方面进行判断。

（1）行为人有无履行合同的实际能力。①行为人在签订经济合同时即已具备履行合同所需要的资金、物资或技术力量。②行为人在签订合同时虽不具备履约能力，但在合同履行期限内能够合法地筹集到履行合同所需的资金和物品。③即使行为人不能按照合同规定实际履行义务时，自己或他人能够提供足够担保（包括代为履行和赔偿损失）。行为人明知自己没有履行合同的实际能力，而且也根本不去创造条件履行合同，非法将他人财物占为己有的，应以合同诈骗罪论处。但是仅仅以此为根据去下判断，也会有失偏颇。因为履行合同能力的有无和大小是受主客观各种因素制约的，并且处于一种可变状态。因此，正确区分合同诈骗罪与合同纠纷还必须考察其他因素。

（2）行为人是否采取了欺骗手段。利用合同进行诈骗的人，其手段一般是：①无中生有，编造虚伪的事实。如根本没有对方所需的货物、货源，却谎称有货，价格优惠，能及时供应；根本没有经营资格或条件，却设置集资合营的圈套，制造能提供技术和设备的假象。②有意隐瞒真相，以假充真。如假冒厂长、经理、采购员、促销员等身份，甚至打着名人、"高干家属"等招牌欺骗对方，伪造工作证、介绍信、银行凭证等证件和印章使对方上当。③规避法律，利用对方的疏忽或不熟悉合同法，伙同对方代理人、代表人在合同条款中大做手脚，通过这些手法，以合同的合法形式掩盖骗取对方财物的实质。

（3）行为人是否有履行合同的实际行为。一般来说，凡是有履行合同诚意的，在合同签订以后，总会积极创造条件去履行合同。即使不能履行，也会承担违约责任。而利用合同进行诈骗的人，在合同签订后，根本不去履行合同，即使有履行合同的行为，也只是象征性的。签订合同后得到的财物一到手，即逃之夭夭，或大肆挥霍，或做与合同毫不相干的其他用途，根本无力偿还。对于这种情况，不论其有无履行合同的实际条件，均应以合同诈骗罪论处。

（4）标的物的处置情况。在行为人已经履行了合同义务的情况下，行为人已经合法取得了依法转移的财物所有权，当事人对其处分固然无实际意义。但若当事人没有履行合同义务或者只履行一部分合同，则当事人对其占有他人财物的处置情况，一定程度上反映了他当时的主观心理态度。不同的心理态度，对合同标的的处置也必然不同。合同诈骗犯由于具备非法占有他人财物的故意，因此，行为人一旦非法取得了他人财物的控制权，则通常将其全部或大部分任意挥霍，或从事非法活动，偿还他人债务，有的则携款潜逃，根本不打算归还。

（5）行为人在违约后有无承担责任的表现。一般来说，具有履行合同诚意的人，在发现自己违约或经对方提出自己违约时，虽然从其自身利益出发，可能进行辩解，以减轻自己的责任，但却不会逃避承担责任。在自己违约确凿无疑之后，会有承担责任的表现，并有一定的承担责任行为。而利用合同进行欺骗的人，由于明知自己根本不可能履行合同或全部履行合同，也根本没有履行合同或全部履行合同的诚意，在纠纷发生后，行为人往往会想方设法逃避承担责任，使对方无法挽回已遭受的损失。

3. 在本案当中我们之所以认为韩某的行为构成合同诈骗罪，而不构成民事欺诈或者是合同纠纷，主要理由如下

从韩某的主观认识方面来看，其在与被害人签订原煤发运合同之后，曾为履行合同联系过此项业务，但客观原因致使业务联系未果。也就是说韩曾为履行合同做过积极的准备，有履行合同的意思表示和作为。但是由于客观原因合同根本不能履行的情况发生后，韩本应当与合同另一方当事人协商变更合同条款或者解除合同，以寻求解决问题的途径。实际上，韩却故意隐瞒了合同不能履行的真实原因，制造各种假象，骗取被害人相信原煤已经发运，继续从被害人处骗取钱财。在主观上已经丧失了履行合同、承担合同规定的义务的意思表示，违背了诚实信用原则。其明知自己没有履行能力而虚构、隐瞒事实真相，以达到非法占有他人财物的目的。

在客观方面，韩以单位山西鑫运物资贸易有限公司的名义与被害人林某签订了发运原煤 100 吨的合同，收受了被害人的定金 10 万元交到单位财务后，又将定金转至个人账户供自己使用。在明知合同履行不能的前提下，编造谎言、伪造假货票并伪造盖有北京铁路局太原铁路分局印章的通知，通知古交市煤运公司煤已发运。符合合同诈骗罪中，利用合同进行诈骗的手段。在合同履行不能的情况下，编造虚假的事实，获取被害人的信任，在 2002 年 3 月至 4 月间骗得现金 43.1 万元。韩在非法占有被害人大量现金后，用此款购买了两辆轿车和部分家具、电器。除了案发前将 10 万元定金返还被害人，其余赃款大部分已被挥霍。

在客体方面，韩某在履行合同中，以非法占有为目的，骗取

对方当事人财物的行为，不仅侵犯了国家对经济合同管理秩序也侵犯了被害人财产所有权。

综合以上方面，韩某在履行合同过程中，隐瞒真相，编造谎言，伪造票据及使用假证明等手段骗取他人财物，数额特别巨大，其行为构成合同诈骗罪。

四、专家点评

在合同诈骗罪的司法认定中，区分合同诈骗与合同纠纷、民事欺诈是认定成立合同诈骗罪与非罪的主要问题。而立法上对于该罪的规定并不能够解决司法实践中存在的纷繁复杂的问题，因为要证明行为人是否存在非法占有的目的难度较大，而这又成为区分三者无法回避的问题。区分三者的关键，首先，要考察行为人是否采取了刑法所规定的欺诈手段。凡是适用刑法所规定的欺诈手段，原则上均应认定为具有非法占有目的。其次，要综合考虑其他情节，包括行为前、行为过程中以及行为后的各种情节。需要注意的是，刑法规定合同诈骗的行为是"在签订履行合同过程中"实施的，但在履行过程中产生了非法占有目的，进而实施诈骗行为，骗取对方当事人的财物的，应认定为合同诈骗罪。从被告人韩某的伪造文件骗得被害人钱款之后并挥霍的行为来看，韩某主观上具有非法占有的目的，不能认定韩某的行为属于欺诈或是合同纠纷。评析意见的分析是正确的，对韩某应以合同诈骗罪处罚。

七/倒卖车票案件

李某倒卖车票案

　　铁路法院管辖权的认定。我国刑事诉讼法规定了以犯罪地管辖为主的审判管辖原则。所谓犯罪地从理论上讲包括犯罪预备地、犯罪实行地、犯罪结果地等。本案李某在火车站买进车票的行为，属于犯罪实行行为，火车站应属于犯罪地。故该火车站所属地的铁路运输法院享有对本案的管辖权。

一、案情回放

　　被告人：李某，男，30岁，北京市人。

　　2003年1月10日6时许，被告人李某在北京西站售票厅内购买184张火车票，价值人民币33691元，在回清华大学其非法设立的订票点加价出售时，被民警当场抓获。后在被告人李某非法设立的订票点"顺通航空运输服务中心"内，又查获火车票25张，价值人民币3524.5元。

北京铁路运输检察院以倒卖车票罪提起公诉，北京铁路运输法院以倒卖车票罪判处李某拘役 5 个月，缓刑 8 个月，罚金 4 万元。

二、争议问题

此案事实清楚，证据确实充分，定性正确。但对此案的管辖有不同意见。

第一种意见认为，李某在火车站买票是合法的行为，其在非法售票点中加价出售是非法的，其犯罪行为发生在清华大学和"顺通航空运输服务中心"，因此，此案应由犯罪行为所在地的法院管辖，铁路运输法院对此案没有管辖权。

第二种意见认为，案件由犯罪行为发生地法院管辖。这是刑事诉讼管辖的一项基本原则。但问题是对"犯罪地"应如何理解？犯罪从预备开始到结果发生，是一个过程，这个过程又包括犯罪预备地、犯罪行为地和犯罪结果发生地，上述任何一地的人民法院都对案件有管辖权。被告人李某以营利为目的，欲大量囤积车票非法倒卖，从其在火车站购票开始就已经着手实施犯罪行为，铁路公、检、法对此案应当有管辖权。至于以后被告人李某在其他地方出售火车票，都不影响铁路法院对此案的管辖权。

三、评析意见

我们同意第二种意见。

关于地域管辖，我国划分的一般原则是刑事案件由犯罪地的人民法院管辖，这样规定有利于及时收集证据，查明案情，有利于诉讼参与人就近参与诉讼，并便于群众旁听案件。同时，我国刑事诉讼法第 27 条规定："专门人民法院案件的管辖另行规定。"关于铁路运输法院的管辖，"两高三部"对铁路公、检、法三机关已作出明确规定，对铁路运输系统发生的各类刑事案件专属管辖由铁路法院承办。铁路法院的专属管辖是对地方法院管辖的重要补充和完善。不难看出，关于铁路法院专属管辖的规定仍然遵循"刑事案件由犯罪地的人民法院管辖"的原则，即犯罪行为发生在铁路运输领域的案件，由铁路运输法院管辖。

何为"犯罪地"？最高人民法院《关于执行〈中华人民共和国刑事诉讼法〉若干问题的解释》第2条规定："犯罪地是指犯罪行为发生地。以非法占有为目的的财产犯罪，犯罪地包括犯罪行为发生地和犯罪分子实际取得财产的犯罪结果发生地。"本案中，李某实施的倒卖车票行为由两部分组成，即"买入"和"卖出"，其买入行为是在北京西站铁路运输法院管辖范围内实施的，而卖出行为又是在地方法院管辖范围清华大学进行的。对于倒卖车票犯罪买和卖都是其实施行为不可或缺的组成部分，即其犯罪行为发生地是在两个法院管辖范围内。两个法院都有管辖权。

铁路公、检、法是按照铁路业务机构的组织体系建立起来的，它所管辖的案件是和铁路专业部门的业务有联系的刑事案件。发售火车票是铁路部门的专有业务，以火车票为犯罪手段的案件，由铁路公、检、法办理，有利于发挥铁路专业知识，也有利于及时收集证据，查明案情，有利于诉讼参与人就近参与诉讼，节约诉讼成本，也能起到预防犯罪，威慑犯罪的作用。其次，刑诉法第24条和第27条之间是一般规定与特殊规定的关系，按照法理特殊规定优于一般规定，应由铁路法院管辖为宜。

第一种意见认为李某在火车站购买火车票是合法行为，是将李某行为分割开来看的做法。李某的买票行为是其倒卖行为的组成部分，其买票行为看似合法，实则是在牟利目的支配下，完成倒卖达到犯罪目的的必经阶段，是合法形式掩盖下的犯罪行为，是倒卖车票的实行行为。

四、专家点评

倒卖车票罪，是指以牟取非法利益为目的，倒卖车票，情节严重的行为。倒卖，指买进卖出的行为。买进或卖出均是倒卖车票罪的实行行为。买进是为了卖出，而卖出一般须以买进为前提。本案中李某大量买进车票，显然不是为了自己乘坐火车使用，而具有牟取非法利益之目的，其买进行为和后来的卖出行为是有机联系的，结合起来构成倒卖行为。故李某之行为构成倒卖车票罪。

我国刑事诉讼法规定了以犯罪地管辖为主的审判管辖原则。所谓犯罪地从理论上讲包括犯罪预备地、犯罪实行地、犯罪结果地等。最高人民法院相关司法解释进一步明确了犯罪地的含义和范围。本案李某在火车站买进车票的行为，属于犯罪实行行为，火车站应属于犯罪地。故该火车站所属地的铁路运输法院享有对本案的管辖权。同时，其卖出行为发生地的人民法院也有管辖权。本案由铁路运输法院管辖为宜。本案的关键在于对李某买进车票行为性质的认定，既然明白了其行为性质，则本案的管辖权问题也就迎刃而解了。评析意见是正确的。

田某、刘某倒卖车票案

本案聚焦

　　本案定性的关键在于对"倒卖"行为的确定。"倒卖"指以原价买进，再以高价卖出的行为。

一、案情回放

　　1995年10月24日，田某与另一投资人博某注册设立私营性质的上海立晟商务有限公司，田某任经理。1997年10月，田某聘用刘某为其公司职员，1998年10月，博某因故脱离该公司，公司由田某一人经管。田、刘两人在经营活动中按要票人指定的日期、座别、车次、去向、张数要求设法（通过行贿等非法手段从铁路人员处获取）购得火车票，并按市场紧俏程度每张加收10元至50元不等的费用，加价部分使用非税务监制的收据和印有"上海铁路分局客运服务公司火车票订票费"字样的假订票收据充填。1993年11月至1999年3月期间，田、刘两人共购得火车票3000余张，票额71万余元，加价收取费用获利7.8万余元。另外，刘某在为本市某厂张某购得3张长途卧铺车票（总票价1109元）过程中，以假的"上海铁路分局客运服务公司代购飞机票、船票、火车票手续费"、"上海铁路分局客运服务公司火车票订票费"单据，向张收取费用，获利150元。

案发后，经工商查证，上海立晟商务有限公司无代售火车票的资格。

1999 年 6 月 17 日，上海铁路运输检察院以倒卖车票罪向上海铁路运输法院提起公诉。10 月 13 日，上海铁路运输法院对田某、刘某作出无罪判决。10 月 28 日上海铁路运输检察院向上海铁路运输中级法院提出抗诉，2000 年 2 月上海铁路运输中级法院裁定维持原判。

二、争议问题

田某、刘某二人的行为是否构成倒卖车票罪？

第一种意见认为，田某、刘某二人的行为不构成犯罪。理由是：要正确界定田某、刘某的共同行为是代售火车票，还是代购火车票的行为，这是区分本案罪与非罪的关键。田、刘二人的行为是代购火车票而非代售火车票行为，而我国现行法律法规对代购车票并未作禁止性规定，两人的行为不具有"刑事违法性"，不构成倒卖车票罪。刘某的单独行为属诈骗行为，但仅牟利 150元，尚未达到刑事处罚的标准，不构成犯罪。

第二种意见认为，田某、刘某二人的行为构成倒卖火车票罪。理由是：要正确界定田、刘二人共同行为是否构成倒卖车票罪关键在于其是否具有经营车票业务的资格。我国对国家铁路经营业务实行价格垄断制，非铁路运输主业的任何单位、部门、个人均不得以国家铁路承运人的资格承办铁路客运业务。具体的说，国家铁路客票的主业经营部门，在车下是铁路车站的售票厅及便民设置的售票点，在车上是旅客列车的售票处。任何单位、部门、个人要取得经营火车票的资格，必须经铁路主管部门授权许可及工商管理机关核准，否则即为非法经营。目前，在上海地区取得代办火车票业务资格的企业仅几十家，其取得的程序是先与铁路上海站签订协议，取得授权资格，然后到所在地的工商管理部门登记科登记经营范围，再到物价局核定价格，最后到税务部门进行税务登记，取得税务部门专门印制且盖有税务专用章的定额发票。而本案中田某在向铁路部门提出申请未批准的情况下，仍伙同被告人刘某非法经营车票业务，属最高人民法院相关解释中规定的变相加价倒卖车票的行为，理应认定为非法经营变相加价倒卖火车票。

三、评析意见

我们同意第二种意见。根据刑法学理论，犯罪的基本特征之一是"行为的违法性"，将犯罪行为的违法性理解和界定为"刑事违法性"，即行为人不遵守刑事规范的要求，实施刑法禁止的行为，或者拒不实施刑法命令实施的行为，严重违反刑事法律义务。这揭示了犯罪行为与其他违法行为在法律特征方面的差异，具有一定的合理性。但是，任何一个法律体系，其法律秩序整体的立法价值取向都是一致的，刑法中认为应当禁止的行为，不可能在民法、经济法、行政法中得到首肯。本案中田某、刘某这种未经铁路部门授权和有关工商机关核准的非法经营行为，违反我国有关铁路工商法规，扰乱了市场秩序，其行为的违法性是不容怀疑的，那种以田、刘二人行为不具有所谓的"刑事违法性"来认定其无罪是缺乏刑法理论依据的。

第一种意见认定田、刘二人按照客户的要求，代为购买车票后又提供了送票上门的快递劳务，按约收取服务费，该行为与大量套购紧俏车票，囤积居奇，伺机兜售，加价倒卖或以各种名义变相加价倒卖的行为有本质区别。我们认为，从倒卖车票罪本身理解，大量套购紧俏车票，囤积居奇，伺机兜售等行为只是其众多犯罪客观行为中的一种，而加价是视车票市场紧俏程度计算的，根本不存在所谓的按约加价的事实。从主观故意上看，田、刘的目的在于加价倒卖牟利，提供劳务只是二人辩解其变相加价

199

的代名词。另外，相关证据反映，田、刘二人非法经营的车票中，有大量的车票属紧俏车票，是通过行贿等手段从铁路有关人员处获取的，这种采用不正当手段取得紧俏车票并加价倒卖给要票人的行为，是倒卖车票的主要形式之一。

倒卖车票罪是从修订前刑法中的投机倒把罪中分解出来而由修订后刑法增设的新罪名，被纳入刑法分则第三章"破坏社会主义市场经济秩序罪"中第八节"扰乱市场秩序罪"内。其侵犯的直接客体是社会主义市场经济条件下国家有关部门车票的专卖权及对车票销售的管理权，换句话说，立法者在我国社会主义市场经济不断发展的情况下增设了该罪，充分说明国家对铁路部门火车票的专卖权是予以保护的，其他非经授权、未经登记的单位、个人无权从事火车票经营业务。另外，国家既然上升到刑法的高度来调整倒卖车票的行为，也说明了此种犯罪具有严重的社会危害性，是刑法打击的犯罪之一。

认为田某、刘某二人提供了送票上门的快递劳务，收取服务费，与倒卖车票行为有本质区别，这一观点无异于认为这是一种社会主义市场经济条件下正常的交易行为。也有人认为，旅客车票的流通转让，有利于促进铁路运行企业的票房收入，如果对倒卖车票犯罪控制过严，似乎不利于铁路运行的收入和发展。我们认为，以上观点在法律理论上是错误的，在司法实践中也是有害的。社会危害性是对行为社会意义的否定评价，但不是凭空进行的，而是以一定的行为准则为依据的。这个依据，就是国家以一定形式建立起来的法律规范。因此，一种行为具有违法性，就意味着该行为具有社会危害性是不现实的，同样是不正确的。

从本案的事实证据看，田、刘二人是在他人预先订票后，通过各种途径得来车票，加价发售给要票人，实质上是一种预售的行为，也是代售火车票的一种形式。

第一种意见认定刘某的单独行为系诈骗行为，因数额较小尚未达到刑事处罚标准，故不能认定为犯罪。我们认为，刘某在他人向其购票时，加价倒卖车票，主观上有加价倒卖的故意且具有明显的牟利目的，客观上也实施了加价收费的行为，不能因其使用假票据充填加价数额，否定其加价倒卖的行为而认定为诈骗行为。从目前的现状看，票贩子使用假票据充填加价数额的情况大量存在，这是当前倒卖车票行为的一种典型加价行为方式。从本案的事实证据情况来看，刘某是在他人个人托其购票时，加价倒卖车票。前后两种行为性质相同，应定为倒卖车票罪。

四、专家点评

本案中，对于田某、刘某的行为是否属于"倒卖"是对该案定性的关键所在。倒卖车票罪客观方面的"倒卖"，是指以较低价格买进，再加价卖出的行为。依照 1999 年最高人民法院《关于审理倒卖车票刑事案件有关问题的解释》：高价、变相加价倒卖车票或者倒卖坐席、卧铺签字号及订购车票凭证，票面数额在 5 千元以上，或者非法获利数额在 2 千元以上的，属于刑法第 227 条第 2 款规定的"倒卖车票情节严重"的行为。

结合本案的案情，对于田某、刘某的行为的分析和定性，第二种意见更为妥当一些，即田某、刘某二人的行为构成倒卖车票罪。

八／破坏铁路交通设施案件

张某等人拆盗闸瓦，破坏交通设施案

对于被告人行为的准确定性牵涉到一个共同犯罪是否应以一个犯罪构成为前提的问题。我国当前法学界主张"部分犯罪共同说"的观点，即只两人以上就部分犯罪具有共同的行为与共同的故意便成立共同犯罪。

一、案情回放

2003 年 10 月 19 日晚，张某、孙某与卢某、时某一起打麻将时商定，张、孙到石家庄车站编组五场偷铁，然后卖给卢某和时某。凌晨一时许，四人来到石家庄站编组五场东侧的菜地，张某和孙某进入编组场内，发现场内除了一列停留的客车外，并无拉铁的车辆停留。张就对该停留的客车一通乱敲，听到嘶嘶的放气声后，二人发现原来抱紧车轮的闸瓦松开了，于是二人开始拆卸客车上的闸瓦，搬到场外后卖给在外面等候的卢某和时某。张某和孙某两次共计拆卸闸瓦 98 块，价值 3064 元。经车辆部门证实：编组五场停留的客车是待用车；闸瓦是列车制动的关键部件，丢失闸瓦将使运行中的列车制动力降低，使停留的列车溜逸，可能发生列车倾覆、毁损的后果。石家庄铁路运输检察院以破坏交通设施罪将四人诉至法院，石家庄铁路运输法院认定四被告犯破坏交通设施罪，判处张某有期徒刑 5 年，孙某有期徒刑 3 年零 6 个月，卢某有期徒刑 2 年，时某有期徒刑 2 年。

二、争议问题

本案中，张某和孙某实施拆盗闸瓦的行为，因同时具备盗窃罪和破坏交通工具罪的构成要件，属于刑法理论上的想象竞合犯，根据择一重罪处罚的原则，对张某和孙某以破坏交通工具罪定罪处罚。对于这一点均没有歧义，但对于卢某和时某如何定罪，则存在三种分歧意见：

第一种意见认为，应对卢某和时某以收购赃物罪定罪处罚。理由是：卢某和时某明知是盗窃来的赃物仍予以收购，其行为完全符合刑法第 312 条之规定，构成收购赃物罪。尽管 1992 年 12 月 11 日最高人民法院和最高人民检察院发布的《关于办理盗窃案件具体应用法律的若干问题的解释》第 8 条第 3 项规定，"与盗窃犯罪分子事前通谋，事后对赃物予以窝藏或代为销售或购买的，应以盗窃共犯论处"，但是在 1998 年 3 月 10 日最高人民法院发布的《关于审理盗窃案件具体应用法律若干问题的解释》中取消了此类规定。因此，尽管卢某和时某在事前曾与张某和孙某通谋，但不能以盗窃罪的共犯论处，只能以收购赃物罪定罪处罚。

第二种意见认为，应对卢某和时某以盗窃罪定罪处罚。理由是：虽然在法释（1998）4 号的司法解释中取消了"事先通谋以共同犯罪论处"的规定，但是根据共同犯罪的理论，事前通谋表明犯罪分子和本犯之间形成了共同犯意联系，实际上也对本犯起到了撑腰打气的促进和鼓励作用，促使本犯决意去实施犯罪，可以视为犯罪分子在共同犯罪中承诺了一定的分工，事后的赃物犯罪行为是对其事前分工和承诺的实施，表明其具有共同的犯罪行为，完全符合共同犯罪的特征，应以共同犯罪论处。本案中，卢某和时某在事前曾与张某和孙某就到编组场偷铁一事进行协商，承诺对张某和孙某偷的铁予以收购，说明卢某、时某与张某、孙某形成了盗窃的共同故意，其事后的收购行为是张某和孙某盗窃行为的延续。因此，应对卢某和时某以盗窃罪共犯追究其刑事责任。

第三种意见认为，应以破坏交通工具罪对卢某和时某定罪处罚。理由是：既然卢某、时某与张某、孙某系共同犯罪，那么当对作为实行犯的张某和孙某按破坏交通工具罪追究刑事责任时，对作为帮助犯的卢某、时某也应当以破坏交通工具罪定罪处罚。

三、评析意见

我们同意第二种意见，应当以盗窃罪追究卢某、时某的刑事责任，而不应简单地以实行犯的犯罪罪名定罪处罚。卢某、时某和张某、孙某协商，由张、孙到编组五场偷铁，然后由在外面等候的卢、时予以收购，也就是说他们四人形成的是盗窃的共同故意。至于张、孙具体采取何种方法、盗窃何种铁，四人并没有商议。事实上，张某和孙某在去五场时，也没想到要偷闸瓦，只是因没有其他铁可偷，才临时决定拆卸闸瓦卖钱的。卢某和时某也只知道张、孙卖给他们的是"铁皮"，不知道那就是火车上刹车用的闸瓦。这就充分说明，在张、孙形成破坏交通工具罪的间接故意时，卢某和时某不可能具有追求或放任使列车倾覆、毁损危害结果发生的直接或间接故意。因为卢某和时某仅有盗窃罪的共同故意，没有破坏交通工具罪的故意，根据主、客观要件有机统一的犯罪构成理论，卢某和时某的行为只构成盗窃罪，没有构成破坏交通工具罪。之所以最后对张某和孙某以破坏交通工具罪处罚，是因为此二人的行为同时构成盗窃罪和破坏交通工具罪，按照想象竞合犯的处罚原则，择一重罪处罚。就卢某和时某而言，因他们二人的行为仅符合盗窃罪一罪的特征，不是想象竞合犯，不能简单地按照实行犯已经转化了的罪名定罪处罚。

综上所述，我们认为，应当按照主观要件和客观要件相统一的原则，对卢某和时某以盗窃罪定罪处罚。

四、专家点评

本案对于卢某、时某行为的准确定性牵涉到一个共同犯罪应否以符合同一个犯罪构成为前提的问题。国外的刑法理论有犯罪共同说与行为共同说之争，但都存在缺陷，如果依照我国当前学界所主张的"部分犯罪共同说的观点"，则对本案的认定就比较明确了。根据"部分犯罪共同说"，只要两人以上就部分犯罪具有共同的行为与共同的故意（具有重合性质）便成立共同犯罪；在成立共同犯罪的前提下，又存在分别定罪的可能性。本案中，卢某、时某的行为就属于侵犯的客体与实行犯张某、孙某行为侵犯的客体不完全相同，但是后者所侵犯的客体包含着卢某、时某所侵犯的客体，对此，理论上一般在能够重合的范围内成立共同犯罪。因此评析意见的观点是正确的。

郝某、詹某盗窃、破坏交通设施案

本案聚焦

　　想象竞合犯的认定。想象竞合犯，是指行为人基于数个不同的具体罪过，实施一个危害行为，而触犯两个以上异种罪名的犯罪形态。本案中被告人的第二次盗窃行为符合想象竞合犯的特征。

一、案情回放

　　被告人：郝某，男，17岁，无业。

　　被告人：詹某，男，16岁，无业。

　　2001年12月7日夜，郝某和詹某来到京广铁路262km+200m处，从35号、68号供电接触网杆上拆盗铁坠砣16块，将价值2112元的铁坠砣按废铁卖得赃款200元。尝到甜头的郝某和詹某决定加大盗窃力度，于10日夜分别从63号、57号接触网杆上拆盗铁坠砣31块。由于这一次盗窃的铁坠砣的数量超过了铁路供电网的承受力，造成供电接触网接触导线严重下垂，通过的列车刮断了接触网吊弦，当晚，四趟列车被迫晚点。如果不被及时修复，将造成后续列车倾覆或撞毁的危险。

　　石家庄铁路运输检察院审查后认为：被告人郝某和詹某第一次拆盗铁路供电接触网锚杆上铁坠砣的行为已构成盗窃罪。第二次拆盗铁坠砣的行为造成了铁路供电接触网的严重下垂，列车不能正常运行，足以产生使火车发生倾覆、毁坏危险，其行为已构成破坏交通设施罪。石家庄铁路运输检察院以盗窃罪和破坏交通设施罪将此案诉至石家庄铁路运输法院。石家庄铁路运输法院以盗窃罪和破坏交通设施罪对二人进行了数罪并罚。

二、争议问题

同样的行为能否认定为不同的罪名？

三、评析意见

在本案中，为什么同样都是拆盗铁路供电接触网锚杆上铁坠砣的行为，第一次按盗窃罪处罚，第二次则按破坏交通设施罪处罚呢？

首先，应从两次同样的盗窃行为中找出不同点来进行分析。具有刑事责任能力的郝某、詹某第一次盗拆铁坠砣的行为，从客体上看，犯罪对象是铁路供电接触网锚杆上的铁坠砣故而侵犯了公共财产的所有权；客观方面，二人采用秘密的手段，盗拆铁坠砣，并非法据为己有且数额较大；主观上，明知是公共财物，却出于贪利，实施盗拆的行为，符合盗窃罪的构成要件，构成盗窃罪。

其次，为什么同样都是盗拆铁路坠砣的行为，而将郝某、詹某的第二次盗窃行为认定为破坏交通设施罪呢？根据刑法的犯罪理论，破坏交通设施罪的方法有多种多样，归结起来有四种：一是拆毁、挖毁、破坏交通设施的部件或基础；二是在交通设施上放置障碍物；三是改变交通设施的正常位置或状态；四是采取其他破坏方法。

本案中的第二次盗窃行为，从行为人的客观方面来看，郝某、詹某以秘密的手段盗拆铁坠砣，虽然在表面上符合盗窃罪的客观方面，但从其本质上来看却实施了破坏轨道足以使火车颠覆的行为。破坏交通设施罪的犯罪对象是正在使用的轨道、桥梁、隧道、公路、机场、航道、灯塔、标志等，而本案中郝某、詹某盗拆的对象是正在使用中的京广铁路 262km＋200m 处 57 号、63 号接触网杆。由于郝某、詹某拆盗铁坠砣 31 块的数量超过了铁路供电网的承受力，造成供电接触网接触导线严重下垂，通过的列车刮断了接触网吊弦，其二人的手段是符合破坏交通设施罪的方法的。

破坏交通设施罪要求行为人的破坏行为必须使火车、汽车、电车、船只、航空器发生倾覆、毁坏的危险。本案中郝某、詹某正是采用由于这一次盗窃的铁坠砣的数量超过了铁路供电网的承受力，造成供电接触网接触导线严重下垂，通过的列车刮断了接触网吊弦，当晚，四趟列车被迫晚点。如果不被及时修复，将造成后续列车倾覆或撞毁的危险。

从犯罪的主观方面来看，破坏交通设施罪在主观上出于故意。由于犯罪动机不影响本罪的成立，因此，行为人出于贪利的动机盗取交通设施或其关键部位，足以使交通工具发生倾覆或者毁坏危险的，也成立本罪。本案中，郝某、詹某以盗窃为目的拆盗铁坠砣，却破坏铁轨的重要基础部件，致使四趟列车被迫晚点。如未及时修复，将造成后续列车倾覆或撞毁的危险。其行为不仅侵犯了公共财物的所有权，更为重要的是侵犯了公共交通运输安全。从破坏交通设施罪的构成要件上分析，郝某、詹某的行为构成破坏交通设施罪。

最后，在本案中，行为人郝某、詹某以非法占有为目的，盗拆正在使用中的铁路轨道扣件的行为属于一个行为触犯两种罪名的情况，构成刑法罪数形态中的想象竞合犯。想象竞合犯亦称想象数罪，是指行为人在一个犯罪目的的支配下，基于数个不同的具体罪过，实施了一个危害行为，而这个危害行为侵犯了数个直接客体，同时触犯了刑法分则规定的不同种罪名。想象竞合犯的要件：（1）行为人实施了一个行为。这是构成想象竞合犯的前提条件，从实践情况来看，想象竞合犯可能处于一个故意行为。（2）一个行为触犯了数个罪名。想象竞合犯只能是一个行为触犯数个罪名，如果是数个行为触犯数个罪名，则是实际的数罪；如果是作为犯罪手段的行为或结果的行为分别触犯不同的罪名，则构成牵连犯，均非想象竞合犯。所谓一个行为触犯两个罪名，就是一个行为在形式上或外观上同时符合行为规定的数个犯罪构成。

本案中，郝某和詹某第二次盗窃铁坠砣的行为，目的只有一个——非法占有他人财物；实施了一个行为——盗窃铁坠砣的行为；这个行为具有两个罪过——盗窃他人财物的直接故意和破坏铁路设施的间接故意；该行为触犯了两个罪名。由于第二次盗窃铁坠砣数量增多，造成了接触网导线的下垂和定位器的偏移，如果不被及时修复，则可能造成接触网倒杆，致使列车颠覆，严重危及人民生命和财产安全，不仅仅侵犯了铁路的财产所有权，同时也侵犯了公共安全这一犯罪客体，既构成了盗窃罪又构成了破坏交通设施罪，这在刑法上称为想象竞合犯，想象竞合犯是实质上的一罪。根据想象竞合犯定罪处罚原则，不实施数罪并罚，而应按照犯罪行为所触犯的数罪中最重的犯罪论处。我国刑法第264条规定，犯盗窃罪处3年以下有期徒刑、拘役或管制；刑法第117条规定，犯破坏交通设施罪处3年以上10年以下有期徒刑。可见，破坏交通设施罪重于盗窃罪，那么对于郝某和詹某的第二次盗窃铁坠砣的行为，只能按破坏交通设施罪定罪处罚。

综上所述，虽然郝某和詹某第一次和第二次都是盗窃铁坠砣，但由于第二次盗窃铁坠砣的数量多，超过了供电网的承受力，不仅使供电接触网下垂，网杆被列车挂倒，造成了当晚四趟列车被迫晚点，还产生了后续列车倾覆或撞毁的危险隐患。故而

209

不再以盗窃罪追究其刑事责任，而以处罚较重的破坏交通设施罪处罚。

四、专家点评

司法实践中，一些盗窃行为与个别危害公共安全犯罪有着交叉关系，其中一种情形就是某些盗窃的犯罪对象是特定的，正如本案中盗窃行为的对象是涉及铁路运营安全的交通设施。而实施对特殊对象破坏性的盗窃，侵犯的不再是一个财物所有权的关系，同时会对某些社会公共安全造成危害，即不特定多数人的生命、健康、重大公私财产的安全。因此，司法实践中一般对此类依想象竞合犯的处断原则来处罚。本案中被告人的第二次盗窃行为正符合想象竞合犯的特征，依"从一重罪处"的原则，对郝某、詹某按破坏交通设施罪定罪，再与第一次盗窃的行为结合，依盗窃罪和破坏交通设施罪实行数罪并罚。因此，法院的判决是正确的。

吕某破坏交通设施、敲诈勒索（未遂）案

本案聚焦

　　破坏交通设施罪的认定。本案涉及对吕某的行为是否构成破坏交通设施罪的认定，即吕某设置路障的行为究竟是属于牵连犯的手段行为，还是独立成罪、成立数罪的问题。

一、案情回放

　　2002 年 6 月 8 日 19 时左右，被告人吕某将事先自制的障碍装置三角形钢板和固定钢板安装在南昆线乐善村——永丰营间 K740 + 562 M 处下行右侧 22 号与 23 号钢轨连接处，形成"路障"。19 时 15 分，20219 次货物列车通过时将"路障"撞飞，被告人吕某逃离现场。2002 年 6 月 17 日和 19 日，被告人吕某以颠覆列车为由，先后打电话给昆明铁路公安处索要 30 万元人民币，向昆明铁路局索要 20 万元人民币。6 月 24 日凌晨 2 时 10 分左右，公安机关在昆明市官渡区金马镇大树营后村 434 号后圆旅社 3 - 2 房间内将被告人吕某抓获。

　　昆明铁路运输检察院认为被告人吕某的行为构成破坏交通设施罪、敲诈勒索罪（未遂），将此案诉至昆明铁路运输法院。昆明铁路运输法院以破坏交通设施罪，判处吕某有期徒刑 8 年，以敲诈勒索罪（未遂）判处有期徒刑 5 年，数罪并罚，决定执行有期徒刑 12 年。一审判决后，被告人吕某以一审判决认定事实不清、定罪不准、量刑过重为由提起上诉。昆明铁路运输中级法院认为一审法院的判决事实清楚、定罪准确、量刑适当、审判程序合法，依法作出驳回上诉，维持原判的裁定。

二、争议问题

本案中，对于吕某的行为是否构成破坏交通设施罪存在分歧意见：

第一种意见认为，被告人吕某准备了三角铁路障，并将其放在正在使用中的铁轨上，足以使列车颠覆，危及公共安全，其行为构成破坏交通设施罪。同时，其又以颠覆列车为由，打电话向铁路部门进行敲诈勒索，构成敲诈勒索罪。应对其实行数罪并罚。

第二种意见认为，吕某的行为不构成破坏交通设施罪，仅构成敲诈勒索罪。其理由是：被告人吕某虽然设置路障，但制作路障的钢板未经过热处理，硬度、强度较差，不足以颠覆列车，而实际上路障也确实被正常运行的列车撞飞；在设置路障前曾打电话给铁路公安机关说明昆明地区有一列货车即将颠覆，意在努力避免火车颠覆。因此，主观上没有破坏交通设施的故意，缺乏犯罪构成四个要件，不构成破坏交通设施罪。

三、评析意见

我们同意第一种观点，被告人吕某的行为构成破坏交通设施罪、敲诈勒索罪，应当实行数罪并罚。

从以上两种观点中，我们不难看出，对于认定吕某构成敲诈勒索罪没有异议，关键的分歧在于吕某是否构成破坏交通设施罪。因此，我们仅就吕某是否构成破坏交通设施罪进行分析。

破坏交通设施罪，是指故意破坏轨道、桥梁、隧道、公路、机场、航道、灯塔、标志或者进行其他破坏活动，足以使火车、汽车、电车、船只、航空器发生颠覆、毁坏危险，或已经造成严重后果的行为。其客体是交通运输安全，对象是轨道、桥梁、隧道、公路、机场、航道、灯塔、标志以及与交通运输有关的、正在使用中的交通设施。客观方面表现为实施了破坏交通设施的行为。无论采取何种破坏行为，只要足以使交通工具发生颠覆、毁坏危险，就构成本罪既遂。主体为一般主体。主观方面是故意，即明知破坏交通设施会造成交通工具颠覆、毁坏，并希望或放任这种结果发生。

　　本案的争议首先涉及刑法总则中的罪数问题。被告人的行为是一罪还是数罪？是牵连犯还是非牵连犯？如果是牵连犯，那么被告人吕某仅构成敲诈勒索罪（未遂）；如果不是牵连犯，那么被告人吕某就应当数罪并罚。牵连犯，是指实施某一犯罪而其手段或结果的行为又触犯了其他罪名的情况。牵连犯的目的行为与成为其方法或结果的犯罪行为之间在客观上需有内在的、必然的联系；而主观上犯意的继续也是必不可少的。对于那些形似具有手段和目的的关系，但两种行为之间实际上并无内在的、必然的和直接的联系的，就不能构成牵连犯。从第二种观点看，破坏交通设施的行为与敲诈勒索的行为似乎就是手段和目的的关系，但实际上并非如此。首先，被告人吕某在实施破坏交通设施的时候并不具有敲诈勒索的故意，其目的是报复社会，并根据铁路线路长防范较松，时值昆交会闭幕第二天的客户比较多，容易造成重大、恶劣影响等情况，选择了铁路部门进行恐吓、恐怖活动。这一点从吕某打给铁路部门的电话录音、被告人自身的供述及破坏交通设施之前并没有说明敲诈勒索的意图和目的，而是破坏行为实施完毕才萌生敲诈勒索的故意，九天后再次以颠覆列车为威胁打出了敲诈勒索的电话。其次，吕某是在破坏交通设施行为完成之后才产生敲诈的目的和犯罪故意，是出于两个犯罪目的、两个犯罪故意、故意实施了两个犯罪行为。如果仅仅是出于敲诈勒索，没有破坏交通设施故意的话，那么他完全可以采用其他方法来威胁、要挟铁路部门，没有必要煞费苦心地设计、制造出这么一个特殊的装置来。且在整个设计、制造、安装路障的过程中，他是抱着一种报复、仇视社会，想要制造恐怖活动的心态来进行的，虽然在这之前他打了电话给公安部门，但用意却很明显：一是表明自己的目的是颠覆列车，进行恐怖活动；二是在电话中没有说明放置路障的具体位置；三是挂断电话后就义无反顾地将路障安装在轨缝内。其完全是在一种幸灾乐祸的心理状态下实施的。因此，本案不属于手段与目的的牵连，因为手段与目的的牵连的前提要求具有一个犯罪目的，本案具有两个犯罪目的，显然不符合此要求。再次，本案从表面上看第二种观点有一定的道理，前行为与后行为都是围绕着一个目的而进行，并且在后行为实施过程中，吕某的确以再次颠覆列车为由进行敲诈，但实际上两个行为之间并无内在的、必然的、直接的联系。最后，从我国刑法总则对牵连犯罪的认定来看，并没有原则性的对牵连犯罪如何认定作出明确的规定；分则当中，对牵连犯罪既有规定为从一重罪处罚的，又有从一重罪再从重处罚的，还有按照数罪处罚的，因此，在没有明确规定的情况下，我们应该以犯罪构成为依据认定罪数。本案符合两个犯罪构成，从这个角度，也应认定为数罪。

　　本案中的另一个焦点，是在吕某没有破坏交通设施的故意及列车并没有颠覆的情况下，是否构成破坏交通设施罪？我们都知道，客观行为反映主观认识，从吕某制作铁板，并固定在现场的钢缝内等行为，就能够完全反映出其不仅认识到了此行为的严重后果，而且是抱着一种蓄意、恶意的想法来实施该种行为的，并且积极追求这种结果的发生，希望列车发生危险，因此，主观上具有破坏的直接故意。至于列车是否发生颠覆，造成危害后果，并不影响对吕某的定罪量刑。从我国的刑法规定来看，破坏交通设施犯罪只要行为的实施足以造成某种严重危害结果的危险（但尚未造成严重危害结果）即构成既遂。行为人只要破坏了交通设施，足以使交通工具发生颠覆、毁坏的危险，但尚未发生颠覆、毁坏的危害后果，就是完成了该条规定的全部构成要件。它不要求造成物质性的有形的犯罪结果，而是以法定的客观危险状态的具备为标志，即刑法理论上称为的危险犯。本案中吕某实施完毕放置路障，其破坏交通设施的犯罪行为即宣告完成。吕某主观上具有希望列车颠覆的故意，列车未颠覆是其对客观事实的认识错误，不影响定罪。同时，也不能以列车未发生颠覆来认定其行为不足以使列车颠覆，而因此否定该行为的危害性。

　　综上所述，吕某的行为完全符合破坏交通设施罪的犯罪构成要件，构成破坏交通设施罪，应当与敲诈勒索罪数罪并罚。

四、专家点评

　　本案涉及对吕某的行为是否构成破坏交通设施罪的认定，即吕某设置路障的行为究竟是属于牵连犯的手段行为，还是独立成罪，或成立数罪的问题。在本案的评析中，对于吕某设置路障的行为不构成牵连犯的论证是正确的，有必要对前次行为与后次的敲诈勒索行为作出区分，因为吕某属于分别起意，在两个主观故意的支配下独立实施的两个行为，这不符合牵连犯的特征，应当认定成立数罪并以破坏交通设施罪与敲诈勒索罪实行数罪并罚。

王某破坏交通设施案

本案中，行为人王某以非法占有为目的，盗拆正在使用中的铁路轨道扣件的行为属于一个行为触犯两种罪名的情况，构成刑法罪数形态中的想象竞合犯。

本案聚焦

一、案情回放

被告人：王某，男，47 岁，农民。

2002 年 5 月 8 日 21 时许，被告人王某携带扳手等作案工具，在忻州支线 4KM＋300M 处 13 号轨（50KG/M）左股内侧 12 至 22 枕、26 至 29 枕、30 至 36 枕间连续拆盗 19 根轨枕扣件、左股外侧 11 至 14 枕、16 至 17 枕、20 至 25 枕间连续拆盗 12 根轨枕扣件、右股内侧 12 至 21 枕间连续拆盗 10 根轨枕扣件，共计拆盗扣件 41 套。2002 年 5 月 9 日 21 时许，以相同的作案手段，分别在忻州支线 5KM＋30M 处 2 号轨（50KG/M）左股内侧 7 至 19 枕间连续拆盗 13 根轨枕扣件，并将赃物藏匿。22 时许，王某再次返回 2 号轨，在右股内侧 6 至 29 枕间连续拆盗 24 根轨枕扣件，由股外侧 11 至 20 枕、23 至 24 枕、26 至 28 枕间连续拆盗 15 根轨枕扣件，共计拆盗扣件 51 套。2002 年 5 月 10 日 21 时许，王某在忻州支线 4KM＋651M 处 27 号轨（50KG/M）左股内侧 13 至 29 枕间连续拆盗 12 根轨枕扣件，右股外侧 14 至 25 枕间连续拆盗 9 根轨枕扣件，共计拆盗扣件 38 套。王某一共拆盗价值 5 千元铁路扣件共计 131 套，之后将拆盗铁路扣件销赃，并将赃款挥霍。经太原铁路分局工务分处鉴定，王某拆盗铁路扣件的行为足以造成列车颠覆。

太原铁路运输检察院以王某涉嫌破坏交通设施罪诉至太原铁路运输法院，太原铁路运输法院以破坏交通设施罪判处王某有期徒刑 6 年。

二、争议问题

对于被告人王某以非法占有为目的，拆盗铁路扣件的行为应当如何认定？

第一种意见认为，王某盗拆铁路扣件的行为构成盗窃罪。盗窃罪是指以非法占有为目的，窃取公私财物数额较大，或者多次窃取公私财物的行为。本案中，王某以不法占有为目的，采用秘密的方式多次盗拆铁路扣件价值数千元，符合盗窃罪的犯罪特征。

第二种意见认为，王某盗拆铁路扣件的行为构成破坏交通设施罪。主要理由：破坏交通设施罪是指故意破坏轨道、桥梁、隧道、公路、机场、航道、灯塔、标志或者其他破坏活动，足以使火车、汽车、电车、船只、航空器发生颠覆、毁坏危险或者造成严重后果的行为。本案当中，王某出于贪利动机窃取铁路扣件，且每次的盗取行为都足以使火车颠覆，符合破坏交通设施罪的基本特征。

三、评析意见

我们同意第二种观点，主要理由在于：

首先，从行为人的客观方面来看，王某数次以秘密的手段盗

217

拆铁路扣件，虽然在表面上符合盗窃罪的客观方面，但从其本质上来看却实施了破坏轨道足以使火车颠覆的行为。破坏交通设施罪的犯罪对象是正在使用的轨道、桥梁、隧道、公路、机场、航道、灯塔、标志等，而本案中王某盗拆犯罪对象是正在使用的铁路轨道忻州支线。破坏交通设施罪的方法有多种多样，归结起来有四种：一是拆毁、挖毁、破坏交通设施的部件或基础；二是在交通设施上放置障碍物；三是改变交通设施的正常位置或状态；四是采取其他破坏方法。王某正是采用了拆卸的方法破坏了铁路轨道的基础部件，盗拆扣件的行为不仅使铁轨本身受到毁损，而且使得铁轨也丧失了应有的性能。另外，本罪要求行为人的破坏行为必须使火车、汽车、电车、船只、航空器发生倾覆、毁坏的危险。本案中王某每次盗拆铁路扣件的行为，破坏了铁轨的重要基础部件，铁路扣件的完整与否事关铁路运输安全，经过有关部门的鉴定认为王的每一次盗拆行为均有使火车发生颠覆的危险。

其次，从犯罪的主观方面来看，破坏交通设施罪在主观上出于故意。由于犯罪动机不影响本罪的成立，因此，行为人出于贪利的动机盗取交通设施或其关键部位，足以使交通工具发生倾覆或者毁坏危险的，也成立本罪。本案中，王某以盗窃为目的拆盗铁路扣件，破坏铁轨的重要基础部件，造成足以使火车颠覆的危险。其行为不仅侵犯了公共财物的所有权，更为重要的是侵犯了公共交通运输安全。

本案中，行为人王某以非法占有为目的，盗拆正在使用中的铁路轨道扣件的行为属于一个行为触犯两种罪名的情况，构成刑法罪数形态中的想象竞合犯。王某以非法占有为目的，用秘密的手段盗拆正在使用的价值数千元的铁路扣件的行为在形式上是符合盗窃罪的犯罪构成的。从另一个角度来看，王某出于贪利，盗拆正在使用的铁路轨道扣件，破坏了铁路轨道的重要基础部件，造成了足以使火车颠覆的危险发生，在外观上又构成了破坏交通设施罪的犯罪构成。其盗拆铁路扣件的这一行为同时触犯了两个罪名，符合想象竞合犯的构成要件。

根据刑法学理论，对于想象竞合犯，应当按照行为所触犯的罪名中一个重罪论处，而不以数罪论处。就本案中王某的行为所触犯的两个罪名来看，破坏交通设施罪属于《中华人民共和国刑法》危害公共安全罪这一章；盗窃罪属于刑法第五章侵犯财产罪。刑法第117条规定，犯破坏交通设施罪，尚未造成严重危害后果的，处3年以上有期徒刑；造成严重后果的，处10年以上有期徒刑、无期徒刑或者死刑。根据刑法第264条的规定，犯盗窃罪的，处3年以下有期徒刑、拘役或者管制，并处或者单处罚金；数额巨大或者有其他严重情节的，处3年以上10年以下有期徒刑，并处罚金；数额特别巨大或者有特别严重情节的，处10年以上有期徒刑或者无期徒刑，并处罚金或者没收财产；盗窃金融机构数额特别巨大，或者盗窃珍贵文物情节严重的，处无期徒刑或者死刑，并处没收财产。比较两罪的罪名，破坏交通设施罪危害的是公共交通安全，在我国刑法中为重罪；就量刑而言，两罪虽然都将死刑作为最高刑，但较难区分轻重。在本案中，根据1999年2月4日最高人民法院、最高人民检察院、公安部联合发布的《关于铁路运输过程中盗窃数额标准问题的规定》，铁路运输中盗窃数额标准为：个人盗窃公私财物"数额较大"以1千元为起点，"数额巨大"以1万元为起点，"数额特别巨大"以6万元为起点。王某盗拆价值5千元的铁路扣件，为盗窃数额较大的行为，根据刑法第264条应当在有期徒刑3年以下量刑；而依据刑法第117条之规定，王某盗拆铁路扣件的行为足以造成火车颠覆危险，但未发生严重后果，应当在有期徒刑3年以上10年以下量刑。不论从行为人王某犯罪的主观方面、客观方面以及侵犯的客体，还是依照想象竞合犯的构成要件和处理原则对比二者的罪名和法定刑，都不难得出王某出于贪利，盗拆正在使用中的铁路轨道重要基础部件，足以使火车发生颠覆的危险，其行为构成破坏交通设施罪。

四、专家点评

本案中，王某拆盗铁路扣件的行为同时构成盗窃罪与破坏交通设施罪，依何罪定罪量刑是本案的关键所在。

正如评析意见所阐述的一样，王某的行为属于想象竞合犯的形态，即一行为同时触犯数个罪名。依照想象竞合犯的"从一重罪处断"的原则，关键在于比较两罪的轻重。破坏交通设施罪的，尚未造成严重后果的，处3年以上10年以下有期徒刑，而盗窃罪中数额较大的处3年以下有期徒刑。比较法定刑的轻重，对王某以破坏交通设施罪定罪处罚是恰当的。

九／扰乱铁路正常工作
秩序案件

朱某携带危险物品危及公共安全案

共同犯罪行为不仅仅是指共同实行行为，也包括共同预备行为。

一、案情回放

被告人满某、朱某在涉县一煤矿打工期间，各自偷拿矿上雷管90枚和80枚，准备回家用其炸石盖房。春节前夕，二人准备回湖南老家过年，朱对满讲，我害怕被雷管炸着，你替我带着我的80枚雷管，回家后你再给我。次日，二人一同乘坐汽车到邯郸火车站后，准备进站上车时，被公安人员查获，当场从满的裤兜内搜出170枚雷管。

二、争议问题

关于朱某委托他人携带危险物品的行为，是否构成携带危险物品危及公共安全罪的问题有两种不同的意见：

第一种意见认为，朱某的行为已经构成携带危险物品危及公共安全罪。主要理由是：朱某主观上明知是法定危险物品而故意携带进入公共场所，客观上朱某与他人有共同携带危险物品的行为，且主客观要件统一。

第二种意见认为，朱某的行为不构成犯罪，主要理由是：非法携带危险物品危及公共安全罪是行为犯，所谓行为犯是指以实行法定的犯罪行为作为犯罪构成要件的犯罪。非法携带危险物品危及公共安全罪的构成必须有携带行为。本案中，朱某没有携带雷管的行为，其主客观要件不统一。

三、评析意见

我们同意第一种意见，主要理由是：

第一，朱某的行为是犯罪行为且系情节严重的行为。（最高人民法院《关于审理非法制造、买卖、运输枪支、弹药、爆炸物等刑事案件具体应用法律若干问题的解释》：携带雷管 20 枚以上的即构成非法携带危险物品危及公共安全罪。）本案中，首先朱某知道雷管是违反规定的危险品，自称害怕被炸而委托他人携带，表面看是害怕心理，实际上是规避检查的行为。朱某在偷雷管时不害怕被炸，在携带时却说害怕，而且让满某携带，自己又同满某同行，这并不能避免雷管给其带来爆炸的潜在危险性，这只能说明其主观上具有故意，违反国家有关规定，明知是法定危险物品而故意携带进入公共场所。其次，由于朱某的这种委托携带行为客观上造成一人一次性携带大量的危险品，危险性更大，破坏性更强。

第二，二人的携带行为是统一的行为，形成一个相互配合的有机整体，即每个人的行为不管其各自的表现形式如何，都不是相互孤立的，而是围绕一个共同的犯罪目标进行的，这个共同的犯罪目标把他们的行为有机地联系在一起，成为一个统一的犯罪活动整体，其中每一个人的行为都是共同犯罪有机体的一部分。本案中朱某没有携带属于自己的 80 枚雷管，而是委托他人携带，仅仅是行为方式的不同，但都是指向同一犯罪，且有共同乘坐汽车的行为，有共同进入车站候车室的行为。这是一个有机的犯罪整体，所以仍然是共同犯罪行为。那种认为朱某没有实施携带行为的说法是不正确的，是把朱某实施的系列行为分裂化的一种做法。

第三，共同犯罪行为不仅仅是指共同实行行为，也包括共同预备行为。参与共同谋划本身就是共同预备行为。因此，参与共谋而未参与犯罪实行的，不仅具有共同犯罪的故意，而且具有共同犯罪行为，应当成立共同犯罪。在考察共同犯罪行为时，绝不能把各共同犯罪人的行为割裂开来而孤立地看，否则就会发生判断上的错误，导致放纵共同犯罪人的结果。本案中，满某、朱某为逃避检查和防止爆炸，他们共同商量将雷管统一由满某携带。朱某讲"我害怕被雷管炸着，你替我带着我的 80 枚雷管，回家后你再给我"之话，表明其具有共同犯罪故意和共同预备行为，然后二人一同乘车。也就是说，朱某不仅参与了犯罪预备行为，而且也实行了携带行为。

四、专家点评

本案朱某、满某具有共同携带危险物品的犯罪故意和犯罪行为，从二人的合谋、分工以及具体实施的过程来看，已表现得非常明显，二人构成共同犯罪。在本案中，朱某有合谋交付危险品给他人的预备行为，但正如评析意见指出的那样，朱某亦有携带

223

的实行行为，这一点是值得注意的。因此，对于共同实行行为的认定，应当透过现象看本质，不能被表象所迷惑。如甲、乙二人共同预谋杀害丙，一同来到丙的住处，甲开枪打死了丙，乙未动手仍应认定为实行犯。

张某等人抢劫案

本案聚焦

本案中，行为人寻衅滋事后抢劫行为属于想象竞合犯，应从一重罪处断。

一、案情回放

被告人：张某，男，34 岁，河北省河间县人，个体商贩，住天津市河北区轧钢三厂宿舍。曾因流氓罪被少管 3 年。

被告人：王某，男，35 岁，河北省河间县人，个体商贩，住天津市红桥区赵家场大街 78 号。曾因斗殴被劳教 2 年。

被告人：李甲，男，31 岁，天津市人，个体商贩，住天津市河北区四马路晨润里 9 门 716 室。

被告人：李乙，男，28 岁，天津市人，天津轧钢三厂工人，住天津市红桥区红旗路连原里 5 门 203 室。

张某等四人于 1998 年 9 月 21 日 22 时许，来到天津北站大富豪歌舞厅。其间张某因故借用王某的红色大发汽车，在北站站前停车场内开车时将存放的一辆夏利汽车右侧轮胎上方撞瘪，车主陈某闻讯赶到现场，要求赔偿，双方发生争执。之后，王某、李甲、李乙相继来到现场，王某将其大发汽车开出北站广场外等候，张某、李甲、李乙带陈某来到王某的大发汽车旁，以共同去取钱为由，夺过陈某手中的手机并强行将陈某推上大发汽车。王某关上车门并驾车向外环线方向驶去。途中张某、李甲、李乙用衣服蒙住陈某的头部,坐在陈某的身上对其进行殴打,并声称:"让你要钱,今天要你的命"。陈某求饶,张某等人仍不罢休,王某继续驾车远离市区,当行至北辰区温家房子附近一河边时停车。张某、李甲、李乙将陈某拽下汽车,拉到河边继续对其殴打,并将其推至河中继续把其头摁入水中用水呛,后又将其拉上岸边,张某用砖头击打陈的头部、肩部,其他人拳打脚踢。之后,张某、李甲、李乙强行扒光陈的衣服,抢走其钱包并再次将陈赶下河中。张某、李甲、李乙三人抢走陈某的衣服回到王某等候的大发汽车上,由王某驾车向市内方向行驶。张某、李甲、李乙先后共抢得被害人陈某爱立信 337 型手机 1 部、人民币 1100元、传呼机 1 台和衣服数件。在返回市区途中,张某对车上人说王某抢了钱包一个,还让王某停车将陈某的衣服、手机磁卡抛弃。后仍由王某驾车来到天津北站附近另一歌舞厅内将部分赃款挥霍。

天津铁路运输检察院认定张某等人的行为构成抢劫罪,特将此案诉至天津铁路运输法院。天津铁路运输法院以抢劫罪,分别判处张某有期徒刑 9 年,罚金人民币 3000 元;王某有期徒刑 5年,罚金人民币 2000 元;李甲有期徒刑 5 年 6 个月,罚金人民币 1500 元;李乙有期徒刑 7 年,罚金人民币 1200 元。

二、争议问题

1. 寻衅滋事后又抢走财物的行为应如何处理

第一种意见认为:此类案件应定为寻衅滋事罪,其理由是刑法第 293 条中对寻衅滋事罪的罪状规定是列举式的,随意殴打他人和强拿硬要公私财物都是寻衅滋事罪中的一种客观表现,行为人具备其中之一的,构成寻衅滋事罪。行为人具备两种情形的,不管是无故殴打他人在先还是强拿硬要在先,都不必另立罪名,只要以寻衅滋事罪从重处罚即可。

第二种意见认为：四名被告人的行为构成抢劫罪，其理由是四名被告在主观上具有非法占有他人财物的故意，客观上实施了恐吓和殴打他人的行为，同时侵犯了他人的财产所有权和生命健康权，符合抢劫罪构成要件的规定，应以抢劫罪定性。

第三种意见认为：此案件应以寻衅滋事罪和抢劫罪并罚，其理由是行为人既基于寻衅滋事的故意无故殴打了他人，又在暴力的前提下，强行拿走他人财物，即行为人的行为已经同时具备了寻衅滋事罪和抢劫罪的犯罪构成要件，符合我国刑法分则中的寻衅滋事罪和抢劫罪的犯罪构成，依据刑法第69条关于数罪并罚的规定，应予以处罚。

2. 王某与其他三被告是否构成共同犯罪，存在以下几种分歧意见

第一种意见认为：张某、李甲、李乙的行为不仅构成寻衅滋事罪而且构成抢劫罪，王某的行为触犯了刑法第310条规定，构成窝藏罪。理由如下：第一，没有参与对被害人的殴打活动，没有暴力或者威胁等行为；第二，张某等人在对被害人进行殴打和抢劫其财物时，王某没在跟前，也没有看见（王不供认）。只是事后听张某讲他们抢了一部手机，不能认定王某涉嫌共同抢劫。但是，张某等人挟持、殴打他人的行为是违法犯罪，这一点王某是明知故意的，这种情况下为他们提供交通工具帮助他们逃匿的行为，属于窝藏犯罪。

第二种意见认为：张某等四人均构成共同犯罪。理由如下：共同犯罪的特点在于其共同性。各共同犯罪人在共同故意的支配下，张某等三人直接实施暴力或威胁行为，而王某驾车行驶为他们犯罪提供了便利条件，只是分工不同，互相合作，互相配合，为完成同一犯罪而活动，他们的行为构成一个统一的行为整体，属于共同犯罪。

三、评析意见

1. 关于第 1 个问题，我们同意第三种意见

我们认为，前两种意见对案情的分析与定性有失浅显。从上述案例来看，在整个事件的发展过程中，行为人在主观方面首先表现为寻衅滋事的故意，无故殴打他人，已构成危及他人人身安全的暴力行为，侵犯了他人的人身权利。后来又见财起意，临时产生了非法占有他人财物的故意，并且此故意是独立于诸被告人随意殴打他人的寻衅滋事故意的。虽然两种故意内容在时间和空间方面紧密相连，但不属于一个基本独立的故意范围，也就是说这时行为人的主观方面已经具备了寻衅滋事罪和抢劫罪的故意内容。在客观方面，又先后实施了两个行为：殴打他人的行为和强拿硬要他人财物的行为。这两个行为中一个是对他人实施暴力，另一个是剥夺他人的合法财物所有权，并且行为人侵犯他人财产权的行为是在殴打他人即实施了暴力的前提下实施的；再从被害人的角度考虑，由于行为人的暴力行为在先，被害人产生恐惧，在不敢反抗、被逼无奈的情况下丧失了自己的财物，所有这些正是寻衅滋事罪和抢劫罪在客观方面的构成特征。依据主客观相统一原则，对四名被告人的行为应认定为寻衅滋事罪和抢劫罪。

可能会有人讲如果定性被告人张某等人为寻衅滋事罪和抢劫罪，打人情节既是前罪的构成要件，又是后罪的暴力手段要件，是不是有重复评价一个行为的嫌疑。实践中也存在许多案例，如强奸后又拿被害人钱财的；故意伤害后又拿被害人钱财的；故意杀人后又拿被害人钱财的；等等。关于此类案件的定性存在分歧，其中一种意见认为上述案件后一种行为应定为抢夺或盗窃，其理由就是担心重复评价的问题。但在另一种案件中人们就无争议，就是抢劫财物后又强奸的，难道这里就不存在暴力行为重复评价的问题吗？由此看来，关键不在重复评价的问题，其原因在

于一些人对于重复评价理解比较狭隘。我们认为，暴力犯罪中暴力行为实施后，其基于暴力行为的实施所形成的使被害人不能抗拒的状态是延续的，被告人只要在此环境中实施其他行为，都应是在被害人不能抗拒的状态下实施的，故也应定性为相应的暴力犯罪。在这里，根本没有重复评价单纯的暴力行为，但后一行为必须与暴力行为所形成的状态统一起来分析，如果割裂开来，不仅对被告人罚不当其罪，而且在具体案件上会自相矛盾。

基于以上分析，我们认为被告人张某等人随意殴打他人且致人轻微伤，其行为均已触犯刑法第293条第1项、第25条之规定，构成寻衅滋事罪。被告人张某等人以非法占有为目的，以暴力手段抢劫他人财物，其行为又触犯刑法第263条之规定，构成抢劫罪。被告人张某等人犯有数罪，根据刑法第69条之规定，应当数罪并罚。

2. 关于争议中的第2个问题我们同意第二种意见

我们认为，王某的行为构成寻衅滋事罪和抢劫罪，其主要理由是：第一，具有共同犯罪的故意。张某等人事先虽然没有预谋，但当把被害人强行推上汽车并在车内对其进行殴打的时候，王某主动配合驾车向市外方向开去，此时四人共同犯罪的故意已经不谋而合；第二，具有共同犯罪的行为。王某虽然没有直接对被害人进行殴打，但他将车开往市外偏僻处，客观上为张某等人提供了作案条件，其行为本身即是直接参与犯罪，已成为犯罪团伙的一名成员；第三，张某等人对被害人进行殴打、抢劫的行为均在王的视线之内，将被害人衣服扔到车上，上车后张某述说抢劫被害人钱包，以及途中停车将衣物等抛弃等言行王某明知（王不供认，同案人证实）。在前述情况下，王某驾车携赃逃离现场，已具备了共同抢劫的主客观要件；第四，事后王某还与张某等人共同挥霍赃款。

张某等四人驾车在北站停车场将他人车辆撞损，不仅不赔礼道歉赔偿损失，反而纠集他人无理取闹挟持对方并凶残殴打是对社会秩序的公然蔑视，其行为符合刑法第 293 条第 1 项规定，在实施随意殴打他人的行为过程中抢劫了他人财物，进而又涉嫌抢劫犯罪。寻衅滋事罪与抢劫罪，分属两个不同的犯罪构成，所以应数罪并罚。

四、专家点评

本案从实质上讲是以寻衅滋事为表现形式而实施的抢劫犯罪。行为人客观上实施了随意殴打他人之行为且情节恶劣，反映了主观上有以惹是生非、殴打他人等来获得精神刺激的动机，但应指出的是，行为人以实施暴力，劫取他人财物，非法占有他人财产的目的也是很明显的。这正是本案与一般寻衅滋事犯罪相比的特殊之处。可以认为本案属于想象竞合犯的罪数形态，应从一重处断，即按抢劫罪处断。被告人王某与其他被告具有共同犯罪的故意和行为，构成共犯。

高甲、高乙妨害公务案

本案聚焦

　　行为人的行为同时触犯数个罪名，属于想象竞合犯，应从一重罪处断。

一、案情回放

　　被告人：高甲，男，35岁，农民。

　　被告人：高乙，男，30岁，农民。

　　2001年1月8日晚21时许，被告人高甲在五台山火车站站内盗窃生铁时，被车站派出所巡线民警发现，遂对其口头传唤，但遭到其无理拒绝。此时，该高的胞弟高乙也来到现场，见民警要抓其兄去派出所，便不顾民警的再三警告，为帮助其兄逃跑，向民警孟某脸部打了一拳，致孟面部划伤，高甲见状也对阻止他逃跑的民警王某进行殴打，将王的面部踢伤，后二被告被闻讯赶来的民警抓获。

　　太原铁路运输检察院认为高甲等的行为构成妨害公务罪，将此案诉至太原铁路运输法院。太原铁路运输法院以妨害公务罪，判处其拘役5个月。

二、争议问题

　　高甲的行为构成妨害公务罪还是盗窃转化型抢劫罪？

第一种意见认为，高甲的行为应定性为妨害公务罪。

第二种意见认为，高甲因有盗窃行为在先，所以成立转化型抢劫罪。

三、评析意见

本案实践中，高甲的行为最终被定性为妨害公务罪，所以，我们先对该罪进行界定。

根据刑法第 277 条之规定，妨害公务罪，是指以暴力、威胁方法阻碍国家机关工作人员依法执行职务；阻碍全国人民代表大会和地方各级人民代表大会代表依法执行代表职务；在自然灾害和突发事件中阻碍红十字会工作人员依法履行职责的行为；或者故意阻碍红十字会工作人员依法履行职责的行为；或者故意阻碍国家安全机关、公安机关依法执行国家安全工作任务，造成严重后果的行为。

本罪的特征如下：

1. 本罪的主体为一般主体，凡已满 16 周岁具有刑事责任能力的人均能成为本罪的主体。

2. 本罪的主观方面只能是故意。亦即成立本罪，必须行为人明知侵犯的对象是正在依法执行公务的国家机关工作人员、人民代表大会代表或者红十字会工作人员而有意识地阻碍其履行职务。如果不知道对象是上述人员，或者虽然知道对象是上述人员但不知其正在依法执行职务或误认依法执行的公务为不合法而予以阻碍的，则不构成本罪。

3. 本罪的客观方面表现为以暴力、威胁的方法阻碍国家机关工作人员依法执行职务；以暴力、威胁方法阻碍全国人民代表大会和地方各级人民代表大会代表依法执行代表职务；以及在自然灾害和突发事件中以暴力、威胁方法阻碍红十字会工作人员依法履行职责的行为；或者虽未使用暴力、威胁方法，但故意阻碍国家安全机关、公安机关依法执行国家安全工作的任务，造成严重后果的行为。

首先，行为所侵犯的对象必须是国家机关工作人员、全国人民代表大会和地方各级人民代表大会代表，以及红十字会工作人员。其次，行为发生的时间场合必须是上述人员依法执行职务、工作任务或者履行职责的期间。这里的依法执行职务、工作任务期间，是指国家机关工作人员、人民代表大会代表从事其职务权限范围内公务活动的任何期间，而不受工作时间或工作单位地点场所的限制；这里的依法履行职责期间主要是指红十字会工作人员于自然灾害和突发事件中履行对伤病人员和其他受害者救助职责的期间。若侵犯行为发生在上述场合之外，比如发生在国家机关工作人员着手执行职务以前或结束公务以后，或者于平时妨害红十字会工作人员活动的，也不构成本罪。再次，行为的手段除故意阻碍国家安全机关、公安机关依法执行国家安全工作任务的以外，必须表现为暴力或威胁。这里的暴力，一般是指对侵犯对象的身体实行打击或强制，如捆绑、殴打、强行拘禁等，但并非以此为限。这里的威胁，主要是指以侵犯人身、毁坏财产、破坏名誉等相威胁，即以将要实施加害的扬言而对本罪对象实行精神强制，意图使其心理上产生一种恐惧感，从而达到阻碍其依法执行职务、履行职责的目的。而且，这种威胁可以是口头进行的，也可以是书面发出的；可以是直接对本罪对象本人发出，也可以是对国家机关工作人员、人民代表大会代表或红十字会工作人员的家属实施，或者是经第三者向本罪对象转告等方法间接进行。至于故意阻碍国家安全机关、公安机关依法执行国家安全工作任务的行为，虽不以特定的暴力、威胁手段为构成犯罪的必备条件，但必须是这种行为造成严重后果。最后，行为对依法执行职务、工作任务、履行职责的阻碍，既可以表现为迫使本罪对象不能或被迫放弃实施其职务权限范围内的公务活动，也可以表现为

233

强迫其违背职责和意愿，实施依法不应当实施的行为。

高甲等与正在执勤的民警扭打，也符合以暴力阻碍国家机关工作人员执行公务的要件。

4. 本罪的客体是公共秩序。这种秩序是通过国家机关工作人员、人民代表大会代表、红十字会工作人员依法执行职务、工作任务、履行职责的活动而形成并得以维持的，所以，妨害上述人员依法从事其职务权限范围内的公务活动，必然会侵犯公共秩序。

综合本案，民警孟某、王某在发现高甲偷窃生铁时，对其进行口头传唤，完全是一种依法执行公务的行为，而高乙为使其哥高甲逃脱，对民警进行殴打，致使民警孟某、王某受伤，则明显是阻碍民警执行公务的行为，可以说完全符合妨害公务罪的构成要件，构成该罪。

但是高乙的兄弟高甲是否与高乙实施了相同的行为就定相同的罪名呢？分析案情，高甲与高乙的行为有不一致的地方，即高甲先实施了盗窃生铁的活动，在民警对其进行抓捕时，与民警扭打。根据刑法第 269 条之规定，犯盗窃、诈骗、抢夺罪，为窝藏赃物、抗拒抓捕或者毁灭罪证而当场使用暴力或者以暴力相威胁的以抢劫罪论。那么究竟应定何罪呢？

与妨害公务罪相比，抢劫罪显然是重罪，而且本案中高甲的行为是不能被妨害公务罪所完全涵盖的（其先行盗窃的行为）。当然，高甲偷窃生铁，数额较小，不足以构成盗窃罪，这种情况能不能转化呢？根据 1988 年 3 月 16 日最高人民法院、最高人民检察院《关于如何适用刑法第 153 条的批复》指出："在司法实践中，有的被告人实施盗窃、诈骗、抢夺行为，虽未达到'数额较大'，但为窝藏赃物、抗拒抓捕或毁灭罪证而当场使用暴力或者以暴力相威胁，情节严重的，可按照刑法第 153 条的规定，依照刑法第 150 条抢劫罪处罚；如果使用暴力相威胁情节不严重、危害不大的，不认为是犯罪。"本案中高甲的行为完全符合此批复的精神，应适用刑法第 269 条之规定，以抢劫罪定罪。

四、专家点评

本案中高甲实施盗窃行为，为抗拒抓捕，进而对执法民警进行扭打，其行为一方面妨害了国家机关工作人员执行公务，另一方面，盗窃行为因当场实施暴力而转化为抢劫，故属一行为同时触犯数罪名的情形，属于想象竞合犯，应从一重处断，故应按抢劫罪定性。而高乙虽然与高甲共同实施了对民警进行扭打这一暴力行为，但从客观上看，高乙未实施盗窃行为，其行为阻碍了民警执法，从主观上看，高乙单纯为了帮助高甲尽快脱逃而产生妨害公务的故意，其行为性质和故意内容与高甲有所不同。故应定为妨害公务罪。

张某聚众扰乱交通秩序案

本案聚焦

聚众扰乱交通秩序罪的认定。本罪与聚众
扰乱社会秩序罪有许多相似之处，区别的关键
在于：两罪发生的场所不同。

一、案情回放

被告人：张某，原系山西省大同市煤气化总公司灶具厂书记
兼副厂长。

2003 年 7 月 28 日 8 时左右，被告人张某与大同市部分企业
人员在中共大同市委员会门前上访未果后来到大同火车站。上午
12 时左右，被告人张某同 40 余人强行从车窗爬入 K714 次列车
车厢。经有关人员劝说拒不下车，后经大同市委领导劝说后下
车，造成 K714 次列车晚点 50 分钟。

2003 年 10 月 14 日 11 时 50 分许，被告人张某组织、指挥当
日上午到中共山西省委员会上访未果的近千名企业人员来到太原
火车站，欲乘车进京上访，在未购买到火车票的情况下，组织、
指挥上访人员从太原市五龙口铁路立交桥处推倒线路防护网，强
行进入站内的 2、3 站台。14 时 10 分许，在张某的鼓动下，相
继有 300 余人进入太原站 2、3 站台间 4、5、6 股道，以此向中
共山西省委员会施加压力。虽经劝阻，张某等人仍然坐在轨道

内。15 时 20 分许，在公安机关通过广播宣传中华人民共和国公安部、中华人民共和国铁道部《关于严禁冲击铁路拦截列车，确保铁路运输安全畅通的通告》并限令时间离开股道后，张某开始指挥坐轨人员陆续撤离了股道。16 时 20 分许，坐轨人员全部离开车站。被告人张某的行为造成站内接发列车、调车作业中断，致使 6 列旅客列车、11 列货物列车无法正常通行，影响了正常行车 2 小时 20 余分。

太原铁路运输检察院以聚众扰乱交通秩序罪将张某起诉至太原铁路运输法院，太原铁路运输法院以同罪名判处其有期徒刑 2 年。张某提出上诉，北京铁路运输中级法院作出终审裁定，驳回上诉，维持原判。

二、争议问题

张某是否为首要分子？其行为是否达到情节严重，构成聚众扰乱交通秩序罪？

三、评析意见

关于聚众扰乱交通秩序罪首要分子的问题。《中华人民共和国刑法》第 291 条规定："聚众扰乱交通秩序罪是指聚众扰乱车站、码头、民用航空站、商场、公园、影剧院、展览会、运动场或者其他公共场所秩序，聚众堵塞交通或者破坏交通秩序，抗拒、阻碍国家治安管理工作人员依法执行职务，情节严重的，对首要分子，处 5 年以下有期徒刑、拘役或者管制。"根据这一规定，聚众扰乱交通秩序罪的犯罪构成包括以下三个方面：第一，在主观方面出于犯罪的故意。即参与实施聚众活动的人特别是首要分子，明知自己的行为会造成堵塞交通、严重破坏交通秩序的危害后果，并且希望这种危害结果发生的主观心理态度。第二，在首要分子的组织、策划、指挥下实施了聚众扰乱交通秩序，抗拒、阻碍国家治安管理工作人员依法执行职务的行为，具体表现为纠集多人堵塞交通使车辆、行人不能通行的行为；抗拒、阻碍治安民警、交通民警和其他依法执行治安管理职务的工作人员依法维护交通秩序的行为。第三，行为人的行为造成了严重的社会危害后果，情节严重。

具体到本案，张某是否是聚众扰乱交通秩序罪的首要分子，是否应承担聚众扰乱交通秩序罪的刑事责任问题，我们认为可以从以下两个方面来通过案件事实进行分析：

1. 从客观方面来看。（1）张某组织众多的上访人员聚集来到太原火车站的，且又不听工作人员的劝告，强行进入候车室的。（2）在购买站台票、火车票的无理要求被拒绝后，张某对上访人员高喊"我们买票，车站不给卖，是不是违法"，借此煽动上访人员齐呼"违法，违法"，造成候车大厅的秩序严重混乱。（3）在探明进站路线后，张某组织、指挥上访人员从太原市五龙口铁路立交桥处强行推倒线路防护网进入2、3站台。（4）在进入站台后，众多的上访人员是在张某的指挥和煽动下跳入轨道内坐轨的。（5）在公安机关宣传公安部、铁道部《关于严禁冲击铁路拦截列车，确保铁路运输安全畅通的通告》和限期撤出的情况下，张某被迫指挥、招呼坐轨人员撤离轨道。（6）2003年7月28日，张某煽动上访人员从车窗强行进入K714次列车，经劝告拒不下车，后在市委主要领导来到车站才指挥车上人员下车。

可见，张某的上述行为符合我国刑法关于此罪在客观方面的规定，是其承担刑事责任的客观基础。

2. 除了具有上述行为之外，张某在主观方面具有犯罪故意。（1）从聚集上访的目的上看，上访人员的要求是合情合理的，而张某的要求则明显超出了中央政策规定的范围，是不正当的。当有人对张的要求提出异议时，张煽动说"你们学过毛泽东

《湖南农民运动考察报告》没有，矫枉必须过正，不过激哪能办成事"，充分暴露出企图制造事端的犯罪动机。（2）从聚集上访的组织策划上看，张某对上访代表说"要动就是大部队，加大力度，争取去一千人"。还称"地形我已经看过，到时候跟我走就行了。这事就得虚虚实实，说不定到时候就不去北京了"。为此，张某在组织上访前亲自前往火车站查看进京列车的车次及发车时间，后又查看非正常进站路线。尤其是在"10·14"事件前召开的上访会议上，张某专门介绍了大同"7·28"事件组织人员爬火车的"成功经验"，给到会的骨干鼓气。这些言论和活动表明张某对聚众冲击火车站是蓄谋已久的。（3）从进入轨道后，张某指挥上访人员"全部卧轨，不获全胜，绝不收兵"。鼓动坐轨人员要"以血还血，以牙还牙"，其言论反映了张某借上访之名聚众扰乱交通秩序的主观心态。由此我们不难看出，被告人张某的上述言论及活动证明其在主观方面具有聚众扰乱交通秩序的故意，是其承担刑事责任的主观基础。

通过上述对张某的客观方面和主观方面的分析可见，被告人张某在本案中起到了组织、指挥和策划的作用，是聚众扰乱交通秩序的首要分子，其行为完全符合我国刑法关于聚众扰乱交通秩序罪的构成要件，对其追究刑事责任正是体现了罪责刑相适应的原则。

关于此次事件是否属于情节严重的行为，我们从以下事实就可以得出结论：

大同"7·28"事件40余人强行从车窗爬入车内，造成列车晚点50余分钟。太原"10·14"事件中，被告人张某又组织、指挥近千人聚众扰乱车站，冲击铁路，断路拦截列车，造成站内接发列车、调车作业中断2小时20余分钟，致使6列旅客列车、11列货物列车无法正常通行。铁路是我国国民经济的大动脉，在社会分配、流通、消费过程中具有举足轻重的作用。铁路任务完成的好坏，直接影响国民经济的发展，影响社会生产和人民生活以及国防建设和国际交往等各个方面的需要。铁路是覆盖面积极其广泛的庞大企业，需要绝对的服从和统一的调度指挥。这两次事件的发生不仅直接影响客货车的正常行车，而且影响到全局铁路的统一调度指挥，这个损失是无法用数字来计算的，这种行为的结果足以构成情节严重，应依法处罚。因此，两次事件均已达到刑法规定的"情节严重"。张某系首要分子，应以聚众扰乱交通秩序罪处罚。

四、专家点评

本罪与聚众扰乱社会秩序罪有许多相似之处，关键的区别在于：两罪发生的场所不同。此外，所侵犯的客体也存在一定的差别。聚众扰乱交通秩序罪多发生于车站、码头、民用航空站等地。该罪所侵犯的是公共场所秩序或者交通秩序；而聚众扰乱社会秩序罪的犯罪对象是公司、企业、事业单位、社会团体等，其侵犯的生产、经营、教学、工作、科研秩序。

该罪的客观表现一般是聚众堵塞交通或破坏交通秩序，抗拒、妨碍国家治安管理人员维护交通秩序等。

基于本案的案情，张某的行为符合聚众扰乱交通秩序罪的构成要件，其属于首要分子，应以该罪定罪处罚，法院判决和评析意见是正确的。

邱某等人寻衅滋事案

本案聚焦

邱某等人的行为是构成寻衅滋事罪还是故意伤害罪？是一罪还是数罪？

一、案情回放

被告人：邱某，男，24 岁，无业。

被告人：萧某，男，17 岁，无业。

被告人：王某，男，21 岁，无业。

邱某于 2000 年 5 月 14 日晚喝酒后用摩托车带朋友崔某兜风，与被害人张某驾驶的大发出租车相撞，后三人到天津市第四中心医院就诊。邱某在就诊期间用电话纠集萧某、王某、张某（另案处理）、马某（在逃）等人到医院无故对被害人张某进行殴打。邱某用木板殴打并威胁被害人、围观的群众和医护人员，"谁也不许动，我有枪，谁动我崩了谁"，致使被害人左耳外伤性骨膜穿孔，构成轻伤，并造成医院秩序混乱达 30 分钟，严重影响了医院的正常工作。

天津铁路运输检察院以寻衅滋事罪对邱某等人提起公诉，天津铁路运输法院以该罪判处邱某等人有期徒刑 2 年。邱某等人不服，上诉至北京铁路运输中级法院，二审法院裁定驳回起诉，维持原判。

二、争议问题

邱某的行为构成寻衅滋事罪还是故意伤害罪？是一罪还是数罪？

第一种意见认为：邱某等人的行为构成寻衅滋事罪。理由是：邱某酒后驾车将正常驾驶出租车的司机张某撞伤，其责任完全在邱某一方。双方到医院就诊后，该事也就完结了，而被告人邱某却不甘心了结此事，又纠集其他人到医院闹事，殴打张某致轻伤，将本已平息的事情又重新挑起事端，完全是无事生非，无端生事，随意殴打他人发泄情绪，以显示自己的威风。其结果不仅造成了无辜的张某轻伤，而且造成了医院不能正常工作达30分钟之久，严重扰乱了公共场所秩序，无论从主观方面还是从客观方面看，都符合刑法关于寻衅滋事罪的规定。

第二种意见认为：邱某等人的行为构成了故意伤害罪。理由是：邱某酒后驾车将被害人张某撞伤后，又纠集他人在医院故意殴打被害人，致使被害人张某的身体受到轻伤害，其主观上有伤害他人的故意，客观上实施了殴打他人的行为并造成了被害人轻伤，符合刑法关于故意伤害罪的规定。

第三种意见认为：邱某等人的行为构成故意伤害罪和寻衅滋事罪，应数罪并罚。理由是：（1）邱某等人故意殴打与之发生交通事故的被害人张某，致使张某轻伤，侵害了张某的身体健康权。此行为已构成刑法规定的故意伤害罪。（2）邱某酒后驾车将无辜的张某撞伤后，三人到医院就诊，这起轻微的交通事故过去后，邱某无端起事，纠集他人到医院闹事，还威胁医院工作人员，致使医院公共秩序混乱，不能正常工作达30分钟之久，该行为已构成寻衅滋事罪。（3）从邱某等人的行为看，既构成故意伤害罪，又构成寻衅滋事罪，应数罪并罚。

第四种意见认为：邱某等人的行为构成故意伤害罪和寻衅滋

事罪的想象竞合，应择一重罪处罚，即按寻衅滋事罪定罪处罚。理由是：邱某故意打人的行为和扰乱医院秩序的行为是一个连续整体行为的两个组成部分，因为邱某等人是在殴打张某的过程中威胁医院工作人员的，但这两部分行为又分别侵害了两个不同的客体。行为人基于一个故意，实施了一个行为，侵害了数个刑法所保护的客体，是想象竞合犯。

三、评析意见

我们同意第一种意见。

从犯罪主观方面分析，邱某酒后开车将被害人张某撞伤后，双方到医院就诊，这起交通事故也就平息了，邱、张二人之间并不存在个人恩怨。而后邱某却纠集其他人到医院无故殴打张某，造成张某轻伤并使医院工作秩序严重混乱。邱某纠集他人殴打张某从主观上只是想教训张某，发泄自己的情绪，显示自己的威风，并无故意伤害他人的目的。从始至终，邱某等人都是出于一种逞威，显示威风的目的而行为的，如向被害人、医院工作人员声称自己有枪。从主观方面看，邱某等人不具有伤害他人的故意，其主观目的是为了寻求刺激，发泄情绪，显示威风。

从犯罪客观方面分析，邱某等人随意殴打张某的行为和其在医院闹事的行为是两个部分，从时间上看，殴打行为与闹事扰乱医院秩序的行为是同步进行的，即在殴打的过程中，对医院有关人员发出威胁信息，这两个行为是一个整体行为中的两个部分，同归于寻衅滋事这一行为之中，所以，在定性时，不能将这个整体行为肢解为两个单独成立的行为。

从犯罪客体上分析，邱某等人的行为客观上造成了两种后果，一是造成张某轻伤，二是致使医院（公共场所）秩序混乱，这两种后果是又一个行为即寻衅滋事行为造成的。实际上随意殴打他人是寻衅滋事的一种十分典型的表现形式，行为人并无伤害他人健康的故意，只是借殴打他人来显示威风，因而其犯罪的客体不是他人身体健康，而是社会的管理秩序，也可以说是行为人以侵害他人身体的方式来蔑视法律，挑战正常的社会秩序，其侵害的真正客体是社会的管理秩序。

从法律对寻衅滋事罪的规定看，也不宜将邱某等人的行为视为故意伤害罪和寻衅滋事罪的竞合。我国刑法第293条规定，有下列行为之一的，构成寻衅滋事罪：（1）随意殴打他人，情节恶劣的；（2）追逐、拦截、辱骂他人，情节恶劣的；（3）强拿硬要或者任意损毁、占有公私财产，情节严重的；（4）在公共场所起哄闹事，造成公共场所秩序混乱的。从法条上看，我国刑法已将"随意殴打他人"和"在公共场所起哄闹事"这两种情况归于寻衅滋事之中，因此我们在司法实践中没有必要将邱某等人殴打他人的情况与扰乱医院秩序的情况看做是故意伤害与寻衅滋事的竞合，直接按法条认定为寻衅滋事即可。

综上所述，邱某等人出于显示威风、发泄情绪、蔑视法律的目的，无事生非，随意殴打张某，造成张某轻伤和医院秩序混乱的行为构成寻衅滋事罪。

四、专家点评

本案的关键在于对寻衅滋事罪构成特征的准确理解和把握。寻衅滋事罪的直接客体是公共秩序，他人的人身权利、公私财产权利则是随意客体；本罪的主观方面为故意，犯罪目的是通过惹是生非来获得精神刺激，滋事生事来开心取乐，填补内心的精神空虚。这两点是本罪区别于单纯、直接伤害他人身体的故意伤害罪。从客观方面讲，属"随意殴打他人，情节恶劣的"。所谓情节恶劣，应包含致人轻伤在内。此外，本案也符合"在公共场所起哄闹事，造成公共秩序严重混乱的"的情形。如果将基于寻衅滋事的主观故意而造成他人轻伤或公共秩序严重混乱等，以寻衅滋事罪与他罪认定构成数罪，实施数罪并罚的话，那就是"一事两头沾"，将寻衅滋事的客观方面的犯罪行为抽空了。这就不能正确理解刑法设专条规定此种犯罪的意义。寻衅滋事同时构成其他犯罪的，应理解为除寻衅滋事的客观方面行为外，行为人实施了其他的独立犯罪行为，其他犯罪行为不能包含在寻衅滋事罪的客观行为之内。因此，就本案而言，法院的裁判和评析意见是正确的。

十/铁路国家工作人员 职务犯罪案件

曹某贪污案

本案聚焦

"利用职务之便"是认定职务犯罪的关键要素。"利用职务之便"是指行为人利用其职务范围内的权力和地位所形成的主管、管理、经手、经营财物的有利条件，而不是利用与其职务无关的、只因工作关系对作案环境比较熟悉、易于接近作案目标等方便条件。

一、案情回放

被告人：曹某，男，原系某机务段装卸主任。

被告人曹某在任太原铁路分局太原车务段古东车站装卸主任时，为达到花钱方便的目的，从 1999 年 3 月至 2000 年 3 月间，将用户从古东站发往异地的精煤、焦炭、生铁、煤矸石、炭黑、黑沙石、钢坯应交站货运室的装车费，利用与其职务、职责相关权力的便利，多次违规、越权，亲自和指使他人向用户收取装车费、人工作业费共计人民币 195363 元。同时，将该款的大部分又陆续支出用于给站职工发奖金、搞纪念活动、支付招待费、加班就餐、购置办公装饰用品、修理装饰机械、雇佣装卸机械等公务性支出 165324.7 元，剩余的款项 30038.3 元据为己有。在太原铁路分局纪委查案时，曹让人将其放在保险柜内的 4.1 万元公款转移。随案移交曹的退赔款 77868.8 元。

2001 年 3 月 9 日，太原铁路运输检察院以贪污罪提起公诉，2001 年 4 月 20 日，太原铁路运输法院以贪污罪判处曹某有期徒刑 2 年。

二、争议问题

曹某的行为是否系"利用职务上的便利"？

三、评析意见

"利用职务上的便利"，理论界曾长期存在争论，主要有两种观点：一种观点认为，"利用职务上的便利，既是指事务上的职权、职责，也指工作上的便利"。这种观点的弊端是明显的，它有可能扩大贪污罪的范围，混淆贪污与其他罪的界限，而且"工作上的便利"在界定上存在困难。一种观点认为，利用职务上的便利，是指利用其职权范围内的合法条件，而不是指一般利用国家工作人员的身份，对作案环境熟悉等方便条件。这种观点目前普遍得到了认可。此观点认为："'利用职务上的便利'，表明其所具有的职权与非法占有公共财物之间具有职务上的特定的权利、义务关系，即因其具有一定的职务身份而享有支配公共财物的职权。如果某种便利条件不是直接产生于职务范围内的权力和地位，而是基于职务范围以外的情况，即使与职务有间接联系，也不能认为是'职务上的便利'"。很明显，通说对于贪污罪中的"利用职务上的便利"作的是一种相当严格的界定，它不仅要求行为人具有合法的权力来源，而且要求这种权力具有能够支配公共财物的权能。

通说的解释是否恰当地体现了立法意图，是否准确地涵盖现实生活中的一切"贪污"行为（我们之所以将贪污加引号，是因为一切罪行必须经过司法程序的确认，也正因为如此，才有可能因为司法人员理解上的差异导致一些严重恶行不能作为犯罪处理，这也正说明了正确解释的重要性），是否能够指导实践工作做到不枉不纵呢？

按照通说，本案中曹某作为装卸主任的职权必须与非法截留装车费、人工作业费之间具有职务上的特定的权利、义务关系。即曹必须享有收受装车费和其他款项的合法权力，否则其行为不能认定为"利用职务上的便利"。事实上，通说的逻辑是，行为人享有 A 职权，就只能行使 A 职权的权能进行犯罪活动。如果犯罪人利用 A 职权实际上获得了 B 职权的权能，而利用 B 职权进行了非法活动，则属于间接联系，排除于犯罪之外。通说的解释是否合理呢？

结合曹案，假设曹的身份不是装卸主任，而是财会人员，其行为当然构成贪污罪。如前所述，利用非法手段获得这一权能的装卸主任却可能无罪释放。犯罪的根本特征是其严重的社会危害性，反过来，具有严重社会危害性的行为亦应当规定为犯罪。而曹长期利用手中权力进行截留，甚至据此形成一股势力，其行为不仅侵犯了公共财产所有权，职务行为廉洁性，而且严重扰乱了运输秩序，其社会危害性比普通财务人员贪污更为严重。所以，无罪处理势必影响法律的公正性（此案亦不符合侵占罪和职务侵占罪的犯罪构成，因为侵占需要有代为保管他人财物的事实，职务侵占罪主体是非国有企业人员）。

我国刑法第 2 条明确规定："中华人民共和国刑法的任务

是……保护国有财产和劳动群众集体所有的财产……"从刑法的任务可明确推出刑法的目的就是保护合法权益。所以，对于严重侵占国有财产，扰乱生产秩序的曹案进行无罪处理与刑法的目的和任务亦不相符。

为正本清源，我们有必要重新对"利用职务上的便利"进行审视，"利用职务上的便利"其关键在于"职务"一词。"按照通常的理解，职务是指工作中所规定担任的事情。"刑法意义上的职务，比一般意义上的职务的含义略窄，作为国家工作人员的职务，具有一定的特殊性，即这种职务行为是由国家工作人员的性质派生出来的。职务的特性在于不论职务的高低，无不具有制约性，要求人们服从。任何一个社会的成员，无一不受到一定权力的制约，这也正是有组织的社会的特征。国家工作人员之所以能够利用职务进行犯罪，也正是利用了其职务的制约性。

从我国的社会生活，尤其是经济生活来考虑，当前，我国的经济生活仍是一种不规范的或者说转型期的市场经济，仍然存在相当多的强力部门和垄断部门，这些部门握有经济生活所需的稀缺性资源。所以，在与适用市场竞争行为的企事业单位相比，它们对于其他企事业单位具有着制约关系。这种制约关系不是普通意义的纵向的制约关系，而是横向的制约关系。这种横向制约关系足以使被制约者作出服从行为。拥有这种横向制约权者利用这种制约权去拥有自己职权所不拥有的权能，从经济角度讲，具有逻辑上的必然性。显然，这种状况是存在于持通说者的视野之外的。所以，通说具有不完整性，通说的观点是超越了我国目前经济发展阶段的观点。

那么，合理的观点应当是什么呢？结合我国目前的贪污犯罪形势，根据立法的基本精神，我们认为，"利用职务上的便利"除通说所说情形外，如行为人合法地享有某项职权，但利用此项职权及其他条件，又使自己获得了另一职权的权能，从而利用另一职权的权能实施"贪污"行为，仍属其范畴。我们的观点着眼于职务犯罪的渎职性，以渎职作为基点，同时也符合我国刑法将贪污罪的客体认为是职务廉洁性的精神，而且可以与"工作上的便利"相区分，因为"工作上的便利"所指的因为工作关系熟悉作案环境，容易接近作案目标等方便条件与职务行为无关。

以上观点有无其法律依据和法理依据呢？我们认为，刑法第382条第1款的规定就是其法律依据。该条规定："国家工作人员利用职务上的便利，侵吞、窃取、骗取或者以其他手段非法占有公共财物的，是贪污罪。"此条规定是非常原则的，涵盖性极大，其并没有排斥我们所说的情形。相比之下，通说所作的是一种脱离实际的限制解释。最高人民检察院的《关于人民检察院直接受理立案侦查案件立案标准的规定（试行）》所作的解释是"利用职务上的便利"是指利用职务上主管、管理、经手公共财物的权力及方便条件。虽然高检院的司法解释采纳了通说的观点，但却留下了"及方便条件"的尾巴，可见司法解释者也没有完全采纳通说的僵硬、死板的解释。

四、专家点评

"利用职务之便"是认定职务犯罪的关键要件，但如何理解和认定该要件却并非易事。学界的观点纷呈，司法解释也较模糊，而案件却具体又多样。这使"利用职务便利"的认定及认识具有复杂性，本案评析者结合刑法立法和刑法理论，大胆论证，提出了独到的见解。

刁某贪污案

贪污罪与职务侵占罪的区别，关键在于两罪主体及其所侵犯的客体不同。

一、案情回放

被告人：刁某，男，26 岁，原系临汾铁路分局介休车务段灵石车站内勤货运员，1998 年 12 月 16 日被逮捕。

1998 年 4 月 10 日，被告人刁某利用工作之便，在收取灵石县南王中煤矿从灵石站发往偏店站 56 吨精煤的漏收运费时，采用开具假收据的手段，将漏收运费 1949.47 元转入其岳母张某个人账户。除上缴灵石站取送车费 12.5 元外，将其余 1936.97 元据为己有。

1998 年 4 月 28 日，被告人刁某利用工作之便，在收取山西省福达实业有限责任公司从灵石站发往石家庄站精煤 45 车自备车回空费时，采用开具假收据的手段，将回空费 6322 元转入其岳母张某账户。除上缴灵石站取送车费 12.5 元外，将 6309.5 元据为己有。

1998 年 5 月 8 日，被告人刁某利用当班之机，在收取山西省福达实业有限责任公司 42 车自备车租车费、榆次站至灵石站间回空费时，采用开具假收据的手段，将租车费 24453 元、回空

费 5619.6 元转入其岳母张某账户。除上缴灵石站自备车管理费
175 元、咨询费 15 元、取送车费 12.5 元外，将其余 29870.1 元
据为己有。

1998 年 8 月 10 日，被告人刁某利用当班之机，在收取山西
省灵石洗煤厂从灵石站发往大毕庄站 40 车精煤自备车租车费时，
采用开具假收据的手段，将租车费 36704 元转入其岳母张某账
户。除上缴灵石站租车费 312.48 元外，其余 36391.52 元被据为
己有。

1998 年 8 月 30 日，被告人刁某利用当班之机，在收取灵石
县南王中煤矿从灵石站发往偏店站 39 车精煤自备车租车费、回
空费时，采用开具假收据的手段，将租车费 23261.2 元、回空费
5478.6 元转入其岳母张某的账户。除上缴灵石站管理费 175 元、
机车作业费 60 元外，其余 28504.8 元被据为己有。

1998 年 9 月 19 日，被告人刁某利用当班之机，在收取山西
省老区经济开发总公司灵石公司从灵石站发往沈阳铁路局朝阳焦
化厂 18 车精煤的补收精煤与矸石的运输差价时，采用开具假收
据的手段，将 5693.95 元转入其岳母张某账户。除上缴灵石站取
送车费 12 元外，其余 5681.95 元被据为己有。

1998 年 10 月 9 日，被告人刁某利用当班之机，在收取灵石
煤矿从灵石站发往侯马电厂 27 车原煤自备车租车费时，采用开
具假收据的手段，将租车费 8396.64 元转入其岳母张某账户，用
现金上缴灵石站租车费 135 元。因灵石煤矿账上无款未得逞。刁
某于 1998 年 11 月 30 日，携带全部赃款向灵石站站长投案自首。

临汾铁路运输法院于 1999 年 4 月 2 日以贪污罪判处被告人
刁某有期徒刑 6 年。

二、争议问题

此案在审理中，对刁某的犯罪事实、证据、情节以及归案后

的认罪态度均无异议，但对其行为是构成贪污罪还是职务侵占罪存在着两种意见：

第一种意见认为，应定职务侵占罪。其理由是：刁某不是国家工作人员，不符合贪污罪主体身份，因此，应以职务侵占罪定罪。

第二种意见认为，刁某的行为应定贪污罪。其理由是：被告人刁某于1996年2月15日由介休车务段任命为灵石车站货运室内勤货运员，其具体工作为核算、制票、收款。而从事公务是指国家、公司企事业单位、人民团体、社会团体中履行组织、领导、监督、管理等职务人员。因此，依据法律规定，刁某是受委托管理、经营国有财产的人员。根据《中华人民共和国刑法》第382条之规定："国家工作人员利用职务上的便利，侵吞、窃取、骗取或者以其他手段非法占有公共财物的，是贪污罪。""受国家机关、国有公司、企业、事业单位、人民团体委托管理、经营国有财产的人员，利用职务上的便利，侵吞、窃取、骗取或者以其他手段非法占有国有财产的以贪污论。"铁路属于国有企业，刁某利用工作之便，采用骗取的手段，将国有财产占为己有，应认定为贪污罪。

贪污罪与职务侵占罪都是利用职务之便实施的侵犯财产的犯罪，而且后罪中有一部分是从原刑法上贪污罪中分离出来的，因此，它们有一定的共同性。但是，刑法把二者作了不同的归类，法定型也相差很大，因此，在界定贪污罪与职务侵占罪时容易产生分歧意见。

三、评析意见

在本案中，对于刁某的行为应该如何定性，我们赞同第一种意见。

贪污罪，是指国家工作人员和受国家机关、国有公司、企业、事业单位、人民团体委托管理、经营国有财产的人员，利用职务上的便利，侵吞、窃取、骗取或者以其他手段非法占有公共财物的行为。职务侵占罪，是指公司、企业或者其他单位的人员，利用职务上的便利，将本单位的财物非法占为己有，数额较大的行为。二者的区别是：

其一，犯罪的主体不同。前者的主体，是国家工作人员和受国有单位委托管理、经营国有财产的人员，后者的主体是非国家工作人员。

其二，犯罪客体和对象不完全相同。前者的客体主要是侵犯公共财产权利和职务的廉洁性，后者侵犯的是公司财产权利，即不仅可以侵犯公共财产，而且可以侵犯单纯的私有财产。

其三，利用职务上的便利不同。虽然刑法规定贪污罪和职务侵占罪，都是利用职务上的便利实施，但是，国家工作人员贪污是利用其在职务上拥有的国家公共权力，而职务侵占罪利用的只是主管、经管、经手本公司、企业或其他单位的财物的便利条件，而非国家公共权力。

在一般情况下，贪污罪和职务侵占罪的界定是比较清楚的，二罪的区分关键还是在主体身份的认定上。本案的定性，之所以会出现分歧意见，就是由于对刁某的身份认定出现了不同的认识。

我们认为，刁某系介休车务段任命的货运员，其主要职责是负责核算、制票、收款、交款，负有保管现金和运输票据、正确核收运杂费、按时结算进款、填写有关报表，做到账款相符的职责。其身份应为国有公司、企业以及其他国有单位的"人员"，而不一定是国家"工作人员"。刑法规定，职务侵占罪的主体只能是公司、企业或者其他单位的人员。但是，不能由此得出结论，国有单位中非国家工作人员（即非从事公务的人员）都不能成为职务侵占罪的主体。本案中，货运员刁某所从事的负责核算、制票、收款、交款、保管现金和运输票据、正确核收运杂费、按时结算进款、填写有关报表等行为，不是带有管理性的公务，不属于国家工作人员，其利用工作上的便利侵占自己经手的单位财务，不符合贪污罪的主体条件，因此，不构成贪污罪。在1979年刑法修订以前，因为刑法上没有关于侵占罪的规定，实践中一直把国有或集体单位中的非国家工作人员纳入贪污罪主体的范围，作为权宜之计是可以的。但现行刑法已有职务侵占罪的规定，在刑法修订以后，纳入职务侵占罪主体范围，是比较适当的。因此，我们认为，刁某的行为应认定为职务侵占罪，而非贪污罪。

四、专家点评

贪污罪与职务侵占罪的区别，关键在于犯罪主体及其所侵犯的客体不同。而主体认定在理论、立法和实践中都存在一定的困难。我们认为，贪污罪是国家工作人员犯罪，除了对公共财产所有权的侵犯外，还有对国家职务的廉洁性的侵犯。只有认清了贪污罪的这一本质内涵，才可以得出结论：贪污罪的主体不仅必须是国家工作人员，而且必须具有一定的管理职权。具体到某一个单位，就是其必须有一定的职务、行使一定的职权。如果被告人虽然属于某一国有单位的工作人员，但他并不负责某一管理事务，则只能看做一般公务而不是国家公务，构成犯罪的只能以职务侵占罪论处。本案被告人刁某，虽然在国有铁路上班，其主要职责是负责核算、制单、收款、交款，但他所从事的工作与国有铁路中具有职权的工作人员不同，不能将其视为国有单位中的工作人员。但他又非一般的劳务，其行为带有一定公务性质，所以本案应当以职务侵占罪认定是妥当的。

王某贪污案

　　本案中关于行为人的行为是构成贪污罪还是职务侵占罪，关键是对行为人主体身份的认定。

一、案情回放

　　被告人：王某，原系国有企业上海铁路分局汽车运输队职工。1992年调入上海铁路分局集体经济管理分处另行安排工作，后被告人被该处聘任为下属集体企业上铁岭南托运站（后更名为上铁岭南储运站）经理，聘期三年。期满后继续担任经理至案发。被告人王某在担任该站经理期间，利用管理、经营的职务之便，于1999年6月7日至2000年12月29日，先后13次从本单位财务处用假发票充抵报销或虚构业务，用转账支票到外单位套取现金及多提少付等方法，共提取人民币206093元被其非法占有。案发后退出了全部赃款。

　　2001年9月29日上海铁路运输检察院以王某犯贪污罪向上海铁路运输法院提起公诉，2001年11月17日上海铁路运输法院判决王某犯职务侵占罪，判处有期徒刑1年。2001年11月21日上海铁路运输检察院向上海铁路运输中级法院提出抗诉，2002年3月12日上海铁路运输中级法院判决被告人王某犯贪污罪，判处有期徒刑 2 年。

二、争议问题

王某的行为构成贪污罪还是职务侵占罪？

第一种意见认为，王某的行为构成贪污罪。理由是王某系国有企业委派到非国有企业从事公务的人员，其利用职务之便，将本单位财产据为己有，构成贪污罪。

第二种意见认为，王某于 1992 年 11 月从国有企业上海铁路分局下属汽车运输队调入上海铁路分局综合服务公司另行分配工作，后来集体企业性质的综合服务公司聘任其担任该公司下属集体企业上铁岭南储运站经理，王从国有企业调入集体企业后，与综合服务公司签订了新的劳动合同，其在集体企业中具体从事何种工作的决定权在综合服务公司，该公司聘王某任经理，属上级集体企业委派到下级集体企业从事经营管理工作。综合服务总公司是依法登记注册的集体企业，是上海铁路分局负责集体经济的职能机构，铁路企业内部的管理模式并不能否定该公司的法律地位，王某不属于国家工作人员，在此期间利用职务之便，将本单位财产 48814 元人民币占为己有，其行为构成职务侵占罪。

三、评析意见

我们同意第一种观点。贪污罪与职务侵占罪都是利用职务之便实施的侵犯财产的犯罪，两者有相似之处，其主要区别：一是主体不同。贪污罪的主体是国家工作人员和受委托管理国有财产的人员以及与国家工作人员和受委托管理、经营国有财产的人员相勾结、伙同贪污的人。职务侵占罪的主体是公司、企业或者其他单位的人员，包括公司、企业和其他单位中的主管人员、职工和工人。二是犯罪对象不同。贪污罪的犯罪对象是公共财物，职务侵占罪的犯罪对象不限于国有财物，还包括集体所有和个体所有的财物。三是客观方面不同。贪污罪在客观方面是国家工作人员利用其在职拥有的国家公共权力，而职务侵占罪利用的只是主管、经管、经手本公司、企业或者其他单位的财物的便利条件，而非国家公共权力。

本案中，王某系刑法规定的由国有企业委派到非国有企业从事公务的人员。王某于 1992 年 11 月从上海铁路分局下属汽车运输队调入上海铁路分局集体经济管理分处（以下简称集经分处）党委另行分配工作，后由集经分处聘任其为上铁岭南储运站经理，而并非集体性质的综合服务总公司聘任其为上铁岭南储运站经理。上海铁路分局集经分处是分局对内负责集体经济的管理机构，综合服务总公司只是为了便于集经分处所属各公司开展经营活动而注册成立的上铁综合服务总公司。对内对外各有两块牌子，但同属一套班子。在聘用干部特别是聘用原属铁路全民工作人员方面只能由国有企业上铁分局的内设机构集经分处负责进行。所以无论是形式上（王某与集经分处签订《劳动合同书》）还是实质上王某系集经分处聘任的干部，这些都属于刑法规定的由国有企业委派到非国有企业从事公务的人员。一味强调综合服务总公司的法律地位，即"铁路企业内部的管理模式并不能否定综合服务总公司的法律地位"，是既没有看到铁路企业的实际情况，也没有分清本案真正的法律关系。

王某 1992 年受上海铁路分局集经管理分处委派担任上铁岭南储运站经理，从事的是公共事务的管理，其利用管理、经营公共财物的职务之便，先后 13 次从本单位财务处用假发票充抵报销或虚构业务，用转账支票到外单位套取现金及多提少付等方法，共提取人民币 206093 元被其非法占有，其行为侵犯了公共财物的所有权，构成贪污罪。

四、专家点评

　　王某的行为成立贪污罪还是职务侵占罪，关键是对王某身份的认定。

　　正如评析中提出的那样，贪污罪与职务侵占罪既具有相似之处，但也存在根本上的区别，即主体和犯罪对象的不同。王某究竟具有何种身份？在评析意见中所采纳并论证的观点，认定王某的身份符合贪污罪的主体特征而非职务侵占罪的主体特征。由此，对王某的行为成立贪污罪的定性是正确的。

铁路刑事
疑难案例研究
TIELU XINGSHI YINAN ANLI YANJIU

马某挪用公款案

本案聚焦

刑法第 91 条第 2 款规定："在国家机关、国有公司、企业、集体企业和人民团体管理、使用或者运输中的私人财产，以公共财产论。"即符合该条款规定的私人财产，应以公共财产论。此为定案之关键。

260

一、案情回放

被告人：马某，男，55 岁，汉族，大专文化，原系太原铁路分局某单位退休退职管理办公室（双退办）主任。

马某在担任退管办主任期间，利用职务上的便利，自 1996 年至 2000 年先后累计挪用双退职工福利基金款 10 万余元；双退职工互助储金款 19 万余元，均超过 3 个月未还。马某在归案后退还了全部赃款，且其具有自首情节。根据上述犯罪事实及确实、充分的证据，太原铁路运输检察院依法对其提起公诉。

本案中双退职工福利基金、互助储蓄的来源，是根据太原铁路分局《关于建立双退职工福利基金会兴办双退职工福利》的文件和该基金会章程以及马某所在单位下发的《关于建立双退职工福利基金会及筹集资金的通知》要求成立的，目的是兴办老年福利事业，资金是由单位资助和职工个人捐助，基金会的日常管理工作由马某主管负责。该单位还根据太原铁路分局的有关指示成立了双退职工互助储蓄基金会,资金由双退职工储集,目的是为双退职工进行经济互助,解决生活中的临时困难。上述两项基金均由本案被告人主管负责。

太原铁路运输法院依法进行了公开审理后,认为被告人马某身为国有企业中具有行政管理职权、从事公务的人员,利用其主管双退职工福利基金、双退职工互助储蓄基金职务上的便利,多次挪用本单位管理资金归个人使用,均超过 3 个月未还。被告人所挪用的双退职工福利基金和双退职工互助储蓄基金,从本质上讲是集体所有和个人所有,但是因其均是在国有企业有关人员组织下汇集,并由国有企业相关部门进行有效的控制和管理,该钱款的使用均要取得管理部门的许可,并限定时间和条件。如果上列款项遗失,则单位必须承担相应的责任,故可视为单位财产。所以被告人的行为符合刑法第 272 条第 2 款的规定,即国有企业中从事公务人员挪用本单位资金归个人使用,超过 3 个月未还,应依据刑法第 384 条规定定罪处罚,认定马某的行为构成挪用公款罪。

考虑到该被告人的犯罪情节和悔罪表现,且存在自首的法定量刑情节,对其适用缓刑确实不致再危害社会,对其减轻处罚。判决被告人马某犯挪用公款罪,判处有期徒刑 3 年,缓刑 4 年。

二、争议问题

互助储蓄基金是属于公共财产还是属于单位资金?

第一种意见认为,互助储蓄基金是职工个人的私有财产,是由职工单位进行管理。而刑法第 91 条第 2 款规定的以公共财产论的私人财产是特指运输中、邮寄中、保险业中等特定行业中的私人财产,所以不应视为公共财产,而是单位资金。

第二种意见认为,本案中的互助储蓄基金是职工个人捐款,其财产所有权属于职工个人所有，但其是国有企业行政管理部门依职权进行管理、控制的，应以公共财产论。

三、评析意见

我们同意第二种意见，理由是：刑法第 91 条第 2 款规定："在国家机关、国有公司、企业、集体企业和人民团体管理、使用或者运输中的私人财产，以公共财产论。"刑法第 91 条第 2 款之所以规定这些以公共财产论的私人财物，在所有权上是明确的，即是公民个人所有的私人财物，因为它是在国家机关、国有公司、企业、集体企业或人民团体行使某些职能时依法管理、使用或运输的财产，这些财物交付上述单位后，这些单位对该私人财物只享有管理、使用或运输的权利或义务。财物的损毁、灭失的风险完全转移给了这些单位，一旦风险最后变为现实，上述单位必须承担赔偿责任，尽管在表面上看占有行为是针对这些私人财物而实施的，但是最终的损失要归结为公共财物的损失。正是在这种意义上，该项财产才规定以公共财产论。

此外，刑法第 91 条并未明确规定只有在运输中、邮寄中、保险业中等特定行业中的私人财产才以公共财产论，从立法意图考虑，立法者规定以公共财产论的私人财产其目的是防止国有资产流失。只要在国有公司、企业、集体企业和人民团体管理、使用和运输中的私人财产发生毁损，需要由国有、集体单位负责赔偿，就是国有资产受到损害，这时的私人财产就应以公共财产论。如果行为直接侵犯私人财产，但是无论如何结果都不会归结为公共财产上，法律就没有理由将某种私人财产视为公共财产。

在本案中，对双退职工福利基金款源中职工个人出资部分，因其是捐赠现金，故这部分财产所有权自交付时即已让渡给单位，而被告人所在单位是国有企业，这些财产就成为国有财产而不是集体财产。互助储蓄基金是在单位组织安排下，职工个人缴纳后，由单位统一负责进行管理的，如果发生毁损、灭失应由管理人，即国有企业负责赔偿损失，系在国有企业中进行管理的私人财产，完全符合刑法第 91 条第 2 款之规定，应以公共财产论。因此，我们认为本案的犯罪对象是公共财产和以公共财产论的私人财产，被告人马某的行为符合刑法第 384 条规定的犯罪构成要件，构成挪用公款罪。

四、专家点评

认定处理挪用公款案件，必须弄清行为人所动用的款项是否确实属于公款，即归单位所有的金钱。其中包括归国有单位所有的资金和行为人被国有单位委派到非国有单位从事公务的非国有单位所有的资金。本案中，对于马某挪用的双退职工福利基金款和双退职工互助储金款的权属，在案件评析中已经有了明确的认识，马某所挪用的款项可以被认定为公款。其他方面包括马某的主体身份、主观方面、客观行为也比较符合挪用公款罪的构成特征。因此，对于马某以挪用公款罪定性是正确的。

张某挪用公款案

行为人以表面的合法掩盖非法的实质，即通过合法签订合同，达到获得2%的"业务提成"的非法目的。因此，本案中行为人具有主观故意，非法挪用公款归个人使用的犯罪目的是确定此罪的关键。

一、案情回放

被告人：张某，男，46岁，原系石家庄铁路分局多经分处金轮工贸公司副总经理（副科级）。

张某在任副总经理期间，利用职务之便，与石家庄某娱乐有限公司（个体）经理口头协商："由娱乐公司找关系，以工贸公司的名义从石家庄某农业银行贷款300万元，借给娱乐公司开发金矿，使用期为半年。娱乐公司负责还本付息，并付给工贸公司2%的业务提成。"

张某曾以其公司运销煤炭和自备车运输缺少流动资金为名，通过铁路分局另一公司担保，办妥贷款全部手续后，于次日从农业银行贷款300万元，期限为7个月，利息1.2%，农行预留利息保证金50万元。张某擅自以工贸公司的名义在农行另设账号，将余额250万元转入该账号，在未办任何手续的情况下，将上述款项全部转给娱乐公司。之后多次找娱乐公司催要用款手续未果，张某只好按照贷款前与娱乐公司的口头商定内容起草了一份"协议书"，将落款时间写成贷款当日，与娱乐公司经理分别签名并加盖公司印章。娱乐公司收到此款后既未履行协议，也未付给银行分文，农行久催还款无望，于1998年1月11日向法院起诉了工贸公司，至此案发。

北京铁路中级法院一审认定"张某贷款300万元交给娱乐公司开发金矿的事实证据出现矛盾，部分证据证明张某从农业银行贷款300万元，其上级领导是知道的，并且促成了贷款担保，故起诉书指控该张擅自贷款挪给他人使用证据不足，该项指控不能成立"。北京市人民检察院铁检分院对此提出抗诉，二审法院认定张某挪用公款300万元指控事实清楚，证据确实充分，抗诉理由成立，判处张某有期徒刑15年。

二、争议问题

如何按照新刑法的规定界定张某的主体身份和"协议书"的法律效力，张某的行为是否构成犯罪？

就界定张某的主体身份和"协议书"的法律效力，张某的行为是否构成犯罪，在定性上有两种不同意见。

第一种意见认为，张某的行为应视为"公司行为"，不构成犯罪。其主要理由是：工贸公司是集体所有制企业，张某是由铁路分局实业总公司任命为工贸公司副总经理的，其不属于国有企业委派的人员，不具有挪用公款罪的主体要件。张某是主持公司日常工作的副总经理，在法定代表人不经手公司具体业务的情况下，张某具有对外签约的权力；虽然他有越权行为，但属于公司内部制约管理上的漏洞。另外，"协议书"只要是双方加盖的公章不是伪造的，该协议即有效。张某虽然在贷款前曾经找过石家庄铁路分局的其他公司作担保，未对借款人的资信和用款真实目的做详尽的考察，应按违规违纪处罚，而非以挪用公款罪定罪处罚。

第二种意见认为，张某的行为构成挪用公款罪。其主要理由是：张某是石家庄铁路分局多经分处金轮工贸公司的副总经理，属于国有公司委派到集体企业的人员，其利用主管财务的职务便利，以公司的名义进行贷款，并将此款擅自借给娱乐公司使用，构成了挪用公款数额较大进行营利活动的行为，应当认定其为挪用公款罪。

三、评析意见

我们同意第二种意见，其理由如下：

挪用公款罪，是指国家工作人员利用职务上的便利，挪用公款归个人使用，进行非法活动，或者挪用公款数额较大进行营利活动，或者挪用公款数额较大，超过 3 个月未还的行为。在本案中，究其行为是否构成挪用公款罪，要完整地对其行为本身进行全面的分析。

首先，挪用公款罪的主体是国家工作人员。刑法第 93 条第 2 款规定：国有公司、企业、事业单位、人民团体中从事公务的人员和国家机关、国有公司、企业、事业单位委派到非国有公司、企业、事业单位、社会团体从事公务的人员，以及其他依照法律从事公务的人员，以国家工作人员论。本案中，张某 1986 年 11 月被北京铁路局录用为正式干部，1994 年 3 月 31 日调石家庄铁路分局多种经营分处工作，1994 年 4 月 1 日石家庄铁路分局实业总公司任命张某为工贸公司副总经理，主管公司日常工作，根据刑法第 93 条第 2 款的规定，属于国有公司委派到集体企业的人员，符合挪用公款罪主体要件。

其次，张某通过铁路分局另一公司担保，为其所在的公司办理了 300 万元的银行贷款，期限为 7 个月，利息 1.2%，农行预留利息保证金 50 万元。张某擅自以工贸公司的名义在农行另设账号，将余额 250 万元转入该账号，在未办任何手续的情况下，将上述款项全部转给娱乐公司，目的是收取 2% 的业务提成。娱乐公司收到此款后既未履行协议，也未付给银行分文。张某的行为既侵犯了国家工作人员的职务廉洁性，也侵犯了公共财产的占有、使用、收益权，符合挪用公款罪的客体。

第三，挪用公款罪的客观方面表现为行为人利用职务上的便利，挪用公款归个人使用，进行非法活动，或者挪用公款数额较大进行营利活动，或者挪用公款数额较大超过 3 个月未还的行为。在本案当中，张某利用其作为主持公司日常工作副总经理可以代行法定代表人职权的职务便利，通过找分局其他公司作担保，以公司名义从农业银行贷款 300 万元，并通过违反法律法规进行单位间拆借的方式，擅自将此款借给娱乐公司使用，其主要的目的是收取娱乐公司 2% 的业务提成费用。但结果不仅是没有得到 2% 的业务提成，就连 300 万元的本息也无法归还。然而，挪用公款罪并不要求行为人是用所挪用的公款进行营利活动一定要取得相关的收益，所以张某的行为符合挪用公款数额较大，进行营利性活动的行为构成。此外，张某与娱乐公司签订"协议书"的行为是个人行为，产生过程不合法。此协议产生是在双方先是口头协议，贷款到位并借给娱乐公司使用后，该公司不履行口头协议，经多次催办无果的情况下形成的，它违背了"诚实、信用、平等、自愿"的原则，不是双方共同的意志表现，只是张某为掩盖其罪行而做的"伪装"，"协议书"为无效协议。故而，张某的行为特征与挪用公款罪客观方面的行为特征相一致。

第四，按照规定对外签约应当加盖法定代表人印章，而张某既不是公司法定代表人，也未得到授权。张某从事经营管理工作多年，明知超过 30 万元的项目须报上级主管审批，却擅自将

300 万元的巨款借给他人使用，主观上存在明显的故意。

综上所述，张某作为国有公司委派到集体企业的人员，利用其经手和掌管财务的职务便利，采用通过银行贷款，违反法律法规进行单位间拆借的方式，擅自借给娱乐公司资金的行为，符合挪用公款罪构成要件，构成挪用公款罪，应依照刑法第 384 条处罚。

四、专家点评

随着我国司法机关对挪用公款犯罪打击力度的加大，实际生活中挪用公款的行为也越来越层出不穷。但是认真核查，总是能发现表面合法（如本案中的"协议书"）掩盖着的不合法、不合规的实质。本案被告人的行为表面看来似乎与对方签订了合同，尤其是与银行的贷款手续无任何破绽。但通过现象就会发现，借300 万元给某娱乐公司使用的目的是获得 2% 的"业务提成"。这样，被告人的行为与以营利为目的的挪用公款行为方式就完全吻合了。因此，我认为评析意见对挪用公款罪的立法精神及构成要件的把握是十分到位的，对案件性质的分析也是有说服力的。

郑某等人受贿案

本案聚焦

国有单位的技术人员在业余时间为外界提供技术服务收取费用不构成受贿罪，这是没有异议的，也是充分利用人才的体现。但是国有单位的技术人员不得以权谋私、损公肥私或泄露国有单位的技术秘密，也不得利用职务之便向合作单位索取和收受好处费或额外费用。

一、案情回放

2001 年年初，原生产 6B 型钢轨探伤仪的企业停止生产该仪器。上海皓天超声电子有限公司的姚某向在上海铁路局工务处钢轨探伤技术管理组任职的被告人郑某等三人提出要求，由皓天公司生产该仪器。郑某等三人经商议并得到工务处主管领导同意后，由皓天公司生产钢轨探伤仪样机。5 月份，由探伤组起草了关于 2001 年度探伤仪器实施建议的报告，工务处审核并批准购买 6B 型钢轨探伤仪 50 台。7 月 10 日，6B 型钢轨探伤仪通过了铁道部技术检验。7 月 13 日，郑某等三人瞒着领导，以探伤组名义私下与皓天公司的姚某签订一份所谓"技术协议书"。把早在同年 4 月份已经解决和提高的钢轨探伤仪三项性能问题作为协议约定的内容，并要求皓天公司从 2001 年至 2005 年，将每年销售 6B 型钢轨探伤仪总额 4% 的收入归探伤组所有。以后郑某等三人在以工务处探伤组的名义下组织皓天公司分别与上海铁路局所属的南京、杭州、上海、蚌埠铁路分局工务处等单位签订了购销合同，皓天公司向铁路共销售 6B 型探伤仪 60 台。2002 年 1 月，探伤组私下收取皓天公司姚某的人民币 6.6 万元，三人经商议后各分得人民币 1.6 万元。

二、争议问题

郑某等三人的行为是否构成受贿罪？

第一种意见认为，郑某等人在皓天公司生产、销售 6B 型探伤仪的过程中，的确以探伤组的名义收受了皓天公司 6.6 万元。三名被告人在为皓天公司获得生产权和该仪器在上海铁路局范围内使用起到一定作用。但探伤组收受钱款的主要因素不是皓天公司的生产权、销售量，而是为皓天公司提供技术，开发和提升 6B 型探伤仪性能，这些不是三被告人本身应有的职责，与三名被告人的职务无关。皓天公司按约给予的人民币 6.6 万元是探伤组提供技术、信息应得到的相应对价，并不是贿金。三名被告人既为生产单位皓天公司谋取了利益，也为使用单位谋取了重大利益，无社会危害，故不以犯罪论处。

第二种意见认为，三名被告人身为国家工作人员，利用负责探伤仪设备的购买建议、管理、检修、研制的职务便利，收受皓天公司人民币 6.6 万元，其主观上有受贿的故意，客观上有利用职务便利，收受他人财物，为他人谋利的行为，完全符合我国刑法关于受贿罪的构成要件，依法应当追究刑事责任，构成受贿罪。

三、评析意见

我们同意第二种意见。两种意见对三名被告人取得的 6.6 万元的客观事实不持异议，分歧的焦点在于三名被告人所收取的人民币 6.6 万元究竟是其利用职务之便所收受的贿款，还是皓天公司对其提供技术和劳务的报酬？第一，事实表明，郑某等三名被告人在皓天公司取得 6B 型钢轨探伤仪的生产资格和向铁路工务系统销售钢轨探伤仪的资格上，行使了建议权。第二，深入调查后证实，皓天公司的 JGT‒6B 型钢轨探伤仪是在 JGT‒6B 型的基础上的改进型，之所以对 JGT‒6B 型探伤仪有改进的要求，而且皓天公司生产的 JGT‒6B 型产品所改进的项目方案，早在该公司生产前，已由探伤组在钢轨检测工作中通过职务行为形成；郑某等三名被告人在改进 JGT‒6B 型探伤仪过程中，主要占用了本职工作时间，对改进后的 JGT‒6B 型探伤仪的测试，也利用了三人所在单位的一定物质条件；探伤组之所以派人去皓天公司，是为了更直接、全面地将改进方案实施到皓天公司的该产品上，这也是完成主管领导要求探伤组对皓天公司生产 6B 型探伤仪器把好质量关和技术关的工作内容。同时，根据铁道部《钢轨探伤管理规则》的规定，上述工作内容就是三被告人的工作职责。第三，郑某等三人在履行自己职务的同时，也为皓天公司带来了利益，为此三人才提出并以与皓天公司的姚某签订"协议"的方式收取皓天公司人民币 6.6 万元，其实质就是为了掩盖自己收取皓天公司贿赂这一非法目的，符合我国刑法规定的受贿罪的构成要件。

四、专家点评

本案涉及国有技术单位的技术人员，对外提供服务是否构成受贿罪的问题。按我国法律和政策，国有单位的技术人员在业余时间为外界提供技术服务收取费用不构成受贿罪，这是没有异议的，也是充分利用人才的体现。但是国有单位的技术人员不得以权谋私、损公肥私或泄露国有单位的技术秘密，也不得利用职务之便向合作单位索取和收受好处费或额外费用。本案中，郑某等三人作为 JGT－6B 型钢轨探伤仪的开发成员和探伤组的工作人员，具有双重身份，一是技术人员，二是管理者。当他们对外发生关系时，就代表了国有单位而不仅仅是个人行为。在单位与皓天公司签订合同后，郑某等人又与皓天公司签订所谓"协议"，不仅使皓天公司勉为其难（因为据此就要多向郑某等人付款66000元），更是利用职务之便损害国有单位信誉和职务廉洁性的行为，因此，我们认为评析者针对本案的评析结论是正确的。

刘某受贿案

本案聚焦

对受贿罪中"利用职务上的便利"和行为人受贿行为的表现形式之一——收受回扣、手续费的确认是本案定性的关键。

一、案情回放

被告人：刘某，男，35 岁，汉族，原系河北冀铁实业总公司计划财务部副经理。

1997 年七八月间，刘某担任石家庄铁路分局冀铁实业总公司（以下简称冀铁公司）计划财务部副总经理期间，通过石家庄市公安局巡警支队夏某结识了石家庄市天久实业发展中心（以下简称天久公司）经理姚某。姚某通过刘某了解到阳泉矿务局拖欠冀铁公司所属的自备车辆管理中心（系冀铁公司的一个职能部门，与计划财务部系平行关系）管理费，河北电力燃料公司石家庄分公司（以下简称热电厂）又欠阳泉矿务局煤炭款的三角债务关系后，同夏某找到刘某，称自己有办法帮助冀铁公司收回欠款，但需使用一段时间，刘某称此事需征得冀铁公司领导同意。之后，刘某、姚某、夏某三人一起找到冀铁公司领导，征得领导同意后，由刘某起草，1997 年 8 月 25 日冀铁公司和天久公司签订了"天久公司在 5 个月内为冀铁公司清回欠款 500 万元，冀铁公司向天久公司支付1%劳务费"的协议书。同时姚某私下向刘某、夏某允诺，如果清回此款项能由天久公司使用一段时间，可给二人提15%的"好处费"（款到天久公司账上先付10%，款回到冀铁公司再付5%），以表谢意。后姚某经多方活动，1997年9月24日，刘某携带本公司合同章与姚某、夏某到阳泉矿务局办理清理外欠款事宜。在办理过程中，刘某明知冀铁公司同天久公司没有任何债权债务关系的情况下，未请示领导，擅自签订了"阳泉矿务局同意用热电厂的煤炭款对顶冀铁公司欠天久公司的货款300万元，相互没账"四方互顶货款抵账协议书。1997年9月29日，热电厂将300万元直接转入天久公司账上（姚某用此款归还了石家庄化肥厂的欠款），该款至今未能追回。1997年10月至11月间，姚某分三次付给刘某、夏某"好处费"30万元，刘某分得15万元。1998年6月15日，姚某因另案被拘留后，此事案发，刘某于1998年10月1日被检察机关立案侦查，后以受贿罪向法院提起公诉，石家庄铁路运输法院以受贿罪判处刘某有期徒刑10年6个月。

二、争议问题

对刘某的行为是否构成受贿罪存在较大争议。争辩的焦点在于刘某是否利用了职务之便，对此存在着两种不同的意见。

第一种意见认为，刘某虽为姚某谋取了利益，并收受了姚某给予的15万元的"好处费"，但刘某并未利用自己的职务之便，故不构成受贿罪。理由是：（1）刘某是冀铁公司计划部副经理，并不负责冀铁公司自备车管理中心工作，而此次欠款系阳泉矿务局欠自备车辆管理中心的债务，并非计划财务部的欠款，清理自备车辆管理中心的外欠款不是刘某职责范围内的工作；（2）刘某虽参与了此次清理自备车辆外欠款工作，但系冀铁公司领导指派，只是一些具体工作，如起草协议、签署协议，刘某在这两个环节中并无任何决定权，同时其只是帮忙临时协助领导工作，并非职务工作。

第二种意见认为，刘某利用了职务之便，已构成受贿罪。理由是：（1）刘某作为冀铁公司计划部副经理，其岗位责任制中明确规定，有组织清理本公司债权债务的职责；（2）阳泉矿务局欠冀铁公司自备车管理中心的债务，同时也系欠冀铁公司的债务，理应属于刘某的职责范围；（3）刘某参与此次清理外欠款工作既是刘某的职责范围，同时也是受冀铁公司领导的委派，其起草协议、签署协议系职务行为。

三、评析意见

我们同意第二种意见。受贿罪，是指国家工作人员利用职务上的便利，索取他人财物，或者非法收受他人财物，为他人谋取利益的行为。本案涉及的法律问题主要是对是否"利用职务之便"的理解。也就是说刘某的行为是否利用了职务之便，这是认定受贿罪的根本要件。从理论上讲，我国刑法规定：利用职务之便是指利用职权或与职权相关的便利条件。"职权"是指本人职务范围内的权力，"与职务有关"是指虽然不是直接利用职权，但利用了本人职权或地位形成的便利条件。可见，利用职务之便有两种情况：一是直接利用了本人职务上的便利；二是间接利用本人职务上的便利，即可以左右、制约和影响被利用者的利益，使之就范。本案中：（1）刘某在职务上并不能左右、制约和影响冀铁公司领导，冀铁公司领导同意清理外欠款只是出于工作因素，而并非刘某的职务因素，刘某不属于间接利用职务上的便利；（2）刘某的岗位职责制中有组织清理债权债务的职责，自备车辆管理中心的债务属于冀铁公司的债务，理应是刘某的职责范围。为此，刘某应属于直接利用本人职权。理由如下：

1. 刘某作为冀铁公司计划财务部副经理，其所在部门虽然与冀铁公司自备车辆管理中心属于平行关系，即均隶属于冀铁公司，并且在一般情况下，自备车辆管理中心的债权债务应由该中心负责人负责清偿，但是刘某的岗位责任制中已明确载明其有组织清理本公司债权债务的职责范围，就应该认为刘某对冀铁公司的所有债权债务都有组织清理的职责。为此，刘某直接负责办理此次清偿外欠款工作，就是其职责所在。

2. 刘某也正是因为有组织清理债权债务职责范围，加之其向冀铁公司领导介绍外单位帮助冀铁公司清理外欠款，才征得领导同意，并委托刘某负责此事，办理各项具体工作，刘某也正是由于有这一职责才取得领导信任，而没有再让自备车辆管理中心负责人参与此事。为此，刘某在办理进程中明知冀铁公司和天久公司没有任何债权债务关系，为了达到其为请托人姚某使用清欠款的目的，也为了其能得到好处费，利用其签订合同的职务之便，擅自做主签署了四方互顶货款抵账协议书，将300万元外欠款给姚某使用，并从姚某处收取了15万元的好处费，其行为理应是利用了职务之便利。

四、专家点评

本案对于刘某的行为是否成立受贿罪，关键问题需要分析刘某收受好处费并实施的行为是否符合受贿罪中客观特征，即利用职务上的便利？较长时间以来，在理论上和实践中，对于如何理解受贿罪的"利用职务上的便利"的内涵和外延问题有着不同的争议。而最高人民检察院和最高人民法院《关于执行〈关于惩治贪污贿赂的补充规定〉若干问题的解答》曾明确规定：受贿罪中的"利用职务上的便利"，是指利用职权或者与职务有关的便利条件。"职权"是指本人职务范围的权力。"与职务有关的便利条件"是指虽然不是直接利用职权，但是利用了本人职权或地位形成的便利条件。最高人民检察院《关于人民检察院直接受理立案侦查案件立案标准的规定（试行）》中的规定："利用职务上的便利"是指利用本人职务范围内的权力，即自己主管负责或者承办某项公共事务的职权及其所形成的便利条件。"上述关于"利用职务上的便利"的司法解释中的明确规定，有助于对本案刘某的行为客观特征的认定。结合上述解释，本案评析意见中采纳第二种观点并详细予以论证，得出刘某的行为构成受贿罪的观点是合理和正确的。

敦某受贿案

贪污罪与受贿罪的区别在于：（1）犯罪主体不同。受贿罪的主体只限于国家工作人员；贪污罪的主体除了国家工作人员外，还包括受国家机关、国有公司、企事业单位、人民团体委托管理、经营国有资产的人员。（2）犯罪客观方面不同。受贿罪表现为索取他人财物，或者非法收受他人财物；而贪污罪则表现为侵吞、窃取、骗取或以其他手段非法占有公共财物。

一、案情回放

被告人：敦某，男，58岁，原系石家庄铁路分局运输分处助理工程师（副科级），负责分局管内各直属站行车设备的购置和管理。

1997年12月8日，敦某代表石家庄铁路分局，组织石家庄、邯郸、阳泉等车站技术部门的负责人赴南京新东方铁路通讯设备有限公司（简称新东方公司，下同），与该公司洽谈并签订了石家庄铁路分局购置平调设备的购销合同，价值人民币272万元。合同签订过程中，新东方公司的副总经理李某对敦某提出，在平调设备的总价值之外，另追加总货款的 10%，以此款作为设备开通、安装及技术服务费。敦某经请示领导同意后，将此条款写入了合同。敦某和李某还私下口头协商，待货款到了新东方公司的账上后，由供货方返还给需方设备款总数 5%（10% 中的一部分）款额，但此事敦某并没有给领导请示汇报。1997 年 12 月至 1999 年 2 月，石家庄铁路分局将设备款汇入新东方公司的账上后，李某在石家庄分三次将设备返还款 10400 元（10% 中的一部分）给了敦某。事后，敦某将此款又给了其妻和儿子。

石家庄铁路运输检察院以敦某涉嫌受贿罪诉至石家庄铁路运输法院。石家庄铁路运输法院以受贿罪判处敦某有期徒刑 7 年。

二、争议问题

就敦某收取李某的 10400 元现金的行为是构成贪污罪还是受贿罪，存在两种不同的意见。

第一种意见认为，应认定为贪污罪。主要理由是：敦某在与新东方公司洽谈购置设备的同时，其公司的副总经理李某提出，在设备总款之外另加 10%，以此款作为设备开通、安装及技术服务费，敦某经请示领导同意后，将此条款写入了合同。货款到了新东方公司的账上后，李某用 10% 中的一部分送给了敦某。此款为石家庄铁路分局所有，敦某是通过李某之手将此款占为已有的，因此敦某的行为应认定为贪污罪。

第二种意见认为，应认定为受贿罪。主要理由是，敦某收取李某的 10400 元现金是 10% 中的一部分。但是这笔款项是供需双方签订的生效合同当中的款项。石家庄铁路分局按合同付款，新东方公司按合同收取了自己应得的款项。李某拿出自己公司应得这笔货款的 10% 当中的一部分送给敦某。敦某的行为应当认定为受贿罪。

三、评析意见

我们之所以同意第二种观点，其理由如下：

首先，在司法实践中，贪污罪与受贿罪在主体、客体、客观方面有许多相同和相似之处，但二者的最主要的区别在于：

一是犯罪目的不同。贪污罪在主观上以非法占有公共财物为目的；受贿罪在主观上则表现为以非法占有他人或单位的财物为目的。二是行为对象不同。贪污罪的行为对象是公共财物；受贿罪的犯罪对象既包括公共财物，也包括公民私有的财物。三是行为方式不同。贪污罪使用侵吞、窃取、骗取等方法，非法占有自己主管、管理、经手的公共财物；受贿罪则是利用职务便利向他人索取财物，或者非法收受他人财物，为他人谋取利益。

从本案来看关键是要对敦某收取的 10400 元现金如何定性。这 10400 元现金是对方给予的回扣款，还是侵吞的来自于石家庄铁路分局的公款。

我们认为，敦某收到的 10400 元现金应该是新东方公司给予的回扣。按照我国反不正当竞争法的规定，单位或个人在账外暗中收受的对方钱物都属于回扣。本案中 10400 元在财务账目上没有如实记载，不可能成为单位支配的公款，而只能是"回扣"。敦某在与李某洽谈购置平面调车设备的同时，李某提出在设备总款之外另加 10%，以此款作为设备开通、安装及技术服务费。此后敦某与李某又私下谈妥返还一定数额的设备款，从领导到有关车站的人员均不知此事。当石家庄铁路分局按购销合同将设备款汇入新东方公司后，随着合同的履行，该款的所有权也就发生了转移。李某用本公司款中的一部分，即 10400 元按照事先私下约定分三次给了敦某。敦某实际收受占有的是对方给予的钱，而不是石家庄铁路分局的财物。

从敦某的行为方式上来看，我们认为敦某采用不向所在单位领导汇报请示的方式，在石家庄铁路分局按购销合同将设备款汇入新东方公司后，在返还货款的过程中，不仅未将该笔返还的货款做入账处理，还分三次收受了事先与李某私下约定的10400元，属于《中华人民共和国刑法》第385条第2款规定的国家工作人员在经济往来中，违反国家规定，在账外私自收受各种名义的回扣、手续费，归个人所有的行为。

其次，从受贿罪的构成要件上分析：第一，敦某符合受贿罪的主体要件。《中华人民共和国刑法》第93条第2款规定："国有公司、企业、事业单位、人民团体中从事公务的人员和国家机关，国有公司、企业、事业单位委派到非国有公司、企业、事业单位，社会团体从事公务的人员，以及其他依照法律从事公务的人员以国家工作人员论。"敦某系石家庄铁路分局运输分处的助理工程师，负责分局管内各直属站设备管理和管内平面调车设备的购置和管理。其主体身份完全符合上述刑法规定的要件。第二，敦某作为石家庄铁路分局运输分处的助理工程师，负责分局管内各直属站设备管理和管内平面调车设备的购置和管理，其与提供平面调车设备的新东方公司的李某约定以不入账、收取回扣的行为，不仅侵犯了国家工作人员的廉洁性，同时还侵犯了新东方公司的财产权利。第三，敦某正是利用自己负责分局管内平面调车设备管理和购置的职务之便，在采购平面调车设备时，在账外暗中与对方协商，实际上就是以索要的形式收取回扣，归自己所有的行为。第四，在主观方面，敦某具有明知其使用了自身负责管理和购置平面调车设备的职务便利，索取他人财物的故意。

综合上述分析，我们认为，不论是从贪污罪与受贿罪的区别上，还是就敦某在代表石家庄铁路分局与其他单位在经济往来中，私自账外暗中收受对方现金行为的构成要件上来看，完全符合刑法第385条第2款的规定，构成受贿罪。

281

四、专家点评

本案认定是贪污还是受贿,关键在于确定李某与敦某的约定是否是购销合同的一部分,是约定给敦某所在单位的回扣,还是给敦某自己的回扣。如果约定是给敦某所在单位的回扣,敦某利用职务便利侵吞是贪污,否则就只是受贿罪。评析紧紧结合我国刑法第385条第1款规定,层层分析了敦某的行为与回扣型受贿之间的关系,分析合理、正确,说服力强。

王某受贿案

本案聚焦

　　间接受贿在我国刑法中是作为受贿罪的一种特殊形式存在的，其没有独立的罪名。其犯罪构成符合一般的受贿罪的特征。它与介绍贿赂罪最重要的区别在于犯罪主体的不同。前者是国家工作人员，后者是一般主体。

283

一、案情回放

　　被告人：王某，男，39 岁，汉族，中专文化，中共党员，原系天津铁路公安处预审科预审员。

　　1997 年六七月份，在天津铁路公安处预审科办理天津铁路分局南仓站货场团伙盗窃案时，犯罪嫌疑人王甲的哥哥王乙通过熟人找到天津铁路公安处预审科预审员王某，让其帮他弟弟疏通。因王某不是王甲一案的承办人，于是王某邀了承办王甲案件的预审员陈某和王乙等一起在"百乐门"酒家见面，将王乙引见给陈某，并将王乙所托之事告知陈某。几天后，王乙打电话给王某约在天津站后广场一饭馆见面，王乙向王某打听其弟弟的情况，又提出"你们一定要帮帮我弟弟"，同时从随身携带的黑手包中拿出 5 万元人民币交给王某，让王某办理请托事宜，王某收受 5 万元人民币后据为己有，并通过预审员陈某安排王乙到看守所提讯室与其弟弟会面交谈。

2001 年 12 月 6 日天津铁路运输法院依照刑法第 12 条第 1 款、第 388 条、第 385 条第 1 款、第 386 条、第 383 条第 1 款第 3 项、第 64 条之规定，认定王某犯受贿罪，判处有期徒刑 2 年零 8 个月。

二、争议问题

王某的行为是间接受贿还是介绍贿赂？

第一种意见认为，王某的行为符合刑法第 388 条之规定是间接受贿，应以受贿罪论处，理由是王某实施的行为是利用本人职权和地位形成的便利条件，通过其他国家工作人员职务上的行为，为请托人谋取不正当的利益，收受请托人的财物。

第二种意见认为，王某的行为符合刑法第 392 条之规定，构成介绍贿赂罪。理由是王某的行为仅仅是王乙和陈某之间进行撮合、沟通，并没有利用本人的职权或地位形成的便利条件。

三、评析意见

对王某一案如何定性，适用哪个条款，我们不妨对间接受贿和介绍贿赂罪的构成作一比较。

1. 从主体上看，间接受贿是特殊主体，必须是国家工作人员，而介绍贿赂是一般主体，即任何达到刑事责任年龄，具有刑事责任能力的人均可构成介绍贿赂罪的主体。

2. 客观方面，间接受贿和介绍贿赂罪虽然都是第三人实施的斡旋行为，但间接受贿表现为利用本人职权和地位形成的便利条件，通过其他国家工作人员职务上的行为，为请托人谋取不正当利益，索取请托人财物或者收受请托人财物的行为，即必须是（1）行为人索取或收受了请托人的财物；（2）行为人为请托人谋取的是不正当利益；（3）行为人为请托人谋取的不正当利益是通过其他国家工作人员职务上的行为实现的；（4）行为人利用了本人职权或者地位形成的便利条件。而介绍贿赂罪表现为在行贿人与受贿人之间进行引见、沟通、撮合，促使行贿、受贿得以实现的行为。具体表现为受行贿人之托或按索贿人的意思，在行贿人与受贿人之间沟通关系、撮合条件，把行贿人的意图告诉受贿人，把受贿人开出的价码告诉行贿人，组织行贿双方会见，从中进行斡旋，代行贿人向受贿人转交财物等。

3. 主观方面，间接受贿是行为人明知利用本人职权或地位形成的便利条件，通过其他国家工作人员职务上的行为，为请托人谋取不正当利益。收受请托人的财物是损害国家工作人员职务行为的廉洁性，侵犯国家机关正常管理，而故意实施的行为，其目的是取得请托人给予的财物。而介绍贿赂罪是行为人明知行贿人或国家工作人员具有行贿或受贿的意图，而故意充当"掮客"，从中穿针引线、牵线搭桥，其目的是促使行贿、受贿得以实现，有些行为人是为了从中获利，有的是出于哥们义气、亲友情面，不一定从中获得利益。

此外，间接受贿以受贿罪论，只要达到一定数额即构成犯罪，情节严重的则从重处罚；而介绍贿赂罪必须达到情节严重才能构成犯罪。

通过上述比较不难看出，王某的行为完全符合刑法第388条的特征：第一，王某系天津铁路公安处预审科预审员，具备国家工作人员的特殊主体身份。第二，王某利用其预审员职务形成的便利条件，通过同科预审员陈某为请托人王乙与其弟弟安排在看守所提讯室会面交谈，即为请托人谋取违反有关法规的不正当利益。第三，王某明知自己的行为是损害国家工作人员职务廉洁性、侵犯国家机关正常管理活动的行为，而故意实施，其目的是收受请托人的5万元人民币，其行为构成受贿罪。

四、专家点评

间接受贿在我国刑法中是作为受贿罪的一种特殊形式存在的，其没有独立的罪名。间接受贿在客体、主体、主观方面都符合一般受贿罪的法律特征，与一般受贿罪的区别主要在于客观方面，在评析意见中也有了比较详细的阐述。对于间接受贿的，以受贿罪定罪处罚。而介绍贿赂罪是一个独立的罪名。分析间接受贿和介绍贿赂罪的构成特征，结合本案王某所实施的行为，可以认定王某的行为特征更符合间接受贿的特征而不符合介绍贿赂罪的构成特征，因此，本案认定王某以间接受贿的形式实施的行为成立受贿罪的观点是正确的。

十一/铁路司法工作人员犯罪案件

赵某刑讯逼供案

本案焦点在于对被告人主体身份的确定。根据 1996 年铁道部印发的《火车站公安派出所工作规范（试行）》规定：派出所是铁路公安机关的派出机构，由铁路公安处直接领导、管理，并接受所在市、县以上地方公安机关的指导。

一、案情回放

赵某，铁路某车站派出所副所长（负责全面工作）。1996 年 12 月 9 日，许某因被控告有强奸（未遂）行为，于当日 20 时 30 分许，被某铁路派出所以涉嫌流氓、侮辱妇女传唤到该派出所接受审查。22 时许，赵某进入值班室对许某拳打脚踢，并威胁说："不好好交代，我让你把牢底坐穿。"随即，赵某与刑侦队探长安某商量安排民警李某、尉某（二人系刑侦队侦查员）、霍某、贾某（二人系该派出所民警）将许某带到列检所值班室对许进行讯问，赵借故离开派出所。在讯问期间，霍、贾因许不交代，采用警棍、木棍殴打和用绳子捆绑的方法对许进行逼供，至 12 月 9 日 24 时因许不交代，讯问结束。

12 月 10 日 1 时许，赵回到派出所后，霍、贾向其汇报了刑侦队未问下来和殴打许的过程，赵又安排霍、贾继续讯问，并告诉霍说："想办法把人问出来"，并告诉贾："尽量往强奸未遂方面问。"后霍、贾二人在讯问许的过程中，采用警棍殴打和压杠子的手段逼取口供。5 时许，讯问结束，发现该案不属于刑事案件。将此情况告诉赵后，派出所对许作了行政拘留 15 日的处罚。许某在离开派出所后，走到半路时昏倒在地，被其家属送往医院。经法医鉴定，许某之损伤为轻伤。

二、争议问题

赵某是否具有司法工作人员身份，其行为是否构成刑讯逼供罪？

第一种观点认为，赵某的行为不构成刑讯逼供罪。理由是：司法工作人员，是指有侦查、检察、审判、监管职责的工作人员。派出所没有办理刑事案件的职责，所以赵某不属于刑法中的司法工作人员，本案缺乏主体要件。

第二种观点认为，赵某的行为已构成刑讯逼供罪。理由是：赵某作为派出所干警应属于司法工作人员，在办理案件中，为急于破案，授意、指挥他人对犯罪嫌疑人进行刑讯逼供，符合刑讯逼供罪的构成要件。

三、评析意见

我们同意第二种观点，理由是：

1. 赵某在车站派出所担任副所长期间的行为属于司法工作人员的行为。我国刑法第 247 条明确规定了司法工作人员对犯罪嫌疑人、被告人实行刑讯逼供，使用暴力逼取证人证言的是刑讯逼供罪。第 94 条规定的司法工作人员是指在人民法院、人民检察院、公安机关、国家安全机关、司法行政机关中执行侦查、检察、审判、监管职责的工作人员。但司法工作人员不是在任何时候均构成本罪，只是"在办理案件中"才能构成本罪的主体。派出所是代表公安机关行使职权，在办理案件中具有侦查职责，代表国家行使职能作用，所以赵某的行为符合司法工作人员的必备条件。

本案中的赵某身为主持工作的某车站派出所副所长，负有管理之责。1996 年 12 月 9 日 20 时 30 分许，在许某被传唤到派出所后，赵不仅对许拳打脚踢，而且对许进行威胁说"如不好好交代，我让你把牢底坐穿"，后赵某借故离开派出所。10 日 1 时许，当赵回到派出所后，霍、贾向其汇报了未讯问完许和对许进行殴打的过程后，赵对殴打许某的行为不积极制止，反而为急于破案，逼取口供，指使霍、贾对许某继续进行讯问，并对霍授意"今天晚上想办法问出来"，又对贾授意"尽量往强奸未遂方面问"。致使霍、贾在讯问许的过程中对许采用警棍殴打和压杠子的手段逼取口供。作为派出所负有管理之责的赵某不仅是放任而且是纵容其部下使用肉刑逼取口供的意图是显而易见的。霍、贾也明确意识到赵默许他们的行为，因而越打越凶，以配合实现赵逼取口供的目的。赵的心态就是希望逼出他所要求的口供，这正是一种直接故意，至于其自己没有动手，是当时的客观情况使然，因其是一所之长，有霍、贾二人实现他的意图，其无须亲自动手。从三人相互配合共同进行的刑讯逼供整个行为中来看，只是分工不同，并无实质的区别，不但构成刑讯逼供罪，且应承担主犯的罪责。根据刑讯逼供案件的立案标准第（5）项的规定：

授意、指使、强迫他人刑讯逼供的司法工作人员，也应当认定为刑讯逼供罪。所以，本案中的赵某起到了授意、指使的作用，应当负全部责任。

2. 作为铁路派出所具有办理案件的职权。根据我国刑事诉讼法第82条第1款的规定，侦查是指公安机关、人民检察院在办理案件过程中，依照法律进行的专门调查工作和有关的强制性措施。因此，我国享有刑事侦查权的机关是公安机关、国家安全机关和人民检察院。侦查的内容既包括为查明案件事实真相进行的各项专门调查工作，也包括有关的强制措施。根据1996年铁道部印发的《火车站公安派出所工作规范（试行）》规定：派出所是铁路公安机关的派出机构，由铁路公安处直接领导、管理，并接受所在市、县以上地方公安机关的指导。其职责是：预防和制止违法犯罪活动，受理并调查群众报警案件，查缉通缉犯，抓获现行犯、潜逃犯。其权限是：查破刑事犯罪案件，保护重、特大案件和较大治安灾害事故现场，查缉、堵截犯罪嫌疑人。所以铁路派出所具有侦查权。

综上所述，我们认为，赵某作为铁路公安警察应当属于司法工作人员，且具有办理刑事案件的职责，符合刑讯逼供罪的犯罪主体要件，其行为构成刑讯逼供罪。

四、专家点评

刑讯逼供罪的主体是特殊主体，即司法工作人员，也就是有侦查、检察、审判、监管职能的工作人员。派出所属于基层公安机关的派出机关，负有治安保卫的职能，也有侦查犯罪的权力。负有侦查职能的派出所民警，属于司法工作人员，当无疑问。因此，只要符合刑讯逼供罪的其他要件，当然构成刑讯逼供罪。评析意见是正确的。

房某徇私枉法案①

确定行为人主体身份成为本案争议的焦点之一。列车乘警是否具有侦查权是确定其主体身份的主要依据。一旦主体确定，则罪名争议就会迎刃而解。

一、案情回放

被告人：房某，男，44 岁，原系石家庄铁路公安处邯郸车站派出所 4407 次旅客列车乘警。

2002 年 6 月初的一天，由崔某联系，经房某同意后，怀某等人在 4407 次旅客列车上，趁一男旅客熟睡之机，盗窃人民币 2400 元，事后房某分得赃款 1000 元；2002 年 6 月 12 日，怀某等人再次在 4407 次列车上盗窃旅客 11900 元人民币，事后房某分得赃款 3000 元；2002 年 6 月 21 日，怀某等人经房某同意后又乘 4407 次旅客列车准备进行盗窃活动，房某发现列车上有便衣警察，即刻告诉怀某等人下车逃跑，当时未被公安机关抓获；2002 年 6 月 25 日，怀某等人又一次在 4407 次旅客列车上，趁旅

---

① 编者注：评析意见与专家意见不一致，足见本案的分歧意见之大。因评析意见代表了实践部门，而专家点评则反映了理论界的看法，故本案具有一定的代表性。

客刘某睡觉之机，盗得现金 13.3 万元，事后房某接到旅客报案后，既没有向单位报告情况，又没有及时抓获犯罪分子。

北京铁路运输检察院以涉嫌徇私枉法罪将此案诉至北京铁路运输法院，北京铁路运输法院以徇私枉法罪判处房某有期徒刑 2 年。

二、争议问题

房某的行为构成盗窃罪、帮助犯罪分子逃避处罚罪还是徇私枉法罪？

第一种意见认为，本案房某的行为应认定为盗窃罪的共犯。主要理由是：房某对怀某等人在其值乘的列车上盗窃旅客财物，事前明知，具有共同盗窃的故意；客观上房某有具体的分工，通过自己巡视活动为盗窃行为提供帮助，通风报信，符合共同犯罪客观要件，又参与事后盗窃的分赃。房某事前预谋事后分赃，按照有关司法解释应定盗窃罪。

第二种意见认为，对房某应定帮助犯罪分子逃避处罚罪。主要理由是：房某作为铁路公安干警，主体是国家机关工作人员，负有查禁犯罪职责；主观上故意向犯罪分子通风报信，具有为使犯罪分子逃避处罚的目的；客观方面为犯罪分子逃避处罚提供帮助，因此，房某的行为构成帮助犯罪分子逃避处罚罪。

第三种意见认为，对房某应定徇私枉法罪。主要理由是：房某身为乘警在其值乘期间与怀某共谋盗窃旅客钱物，明知怀某等人在自己值乘的列车上盗窃旅客财物的行为证据确凿，却采取瞒案不报，隐匿证据，违背法律的手段，故意包庇使其不受立案侦查，房某的行为符合徇私枉法罪的特征，因此应认定房某为徇私枉法罪。

三、评析意见

本案中的焦点问题是如何综合全案来考虑房某行为的完整性。

首先，从房某的主体身份上来看，房某身为乘警，其职责具有行政和刑事司法双重身份，对于发生在列车上的盗窃犯罪负有侦查之责，在值乘过程中对于犯罪活动的侦查，是对犯罪的追诉行为，是刑事司法活动，因此对房某的身份应确定为司法工作人员，而不能认定为一般国家机关工作人员，从主体上说不能构成帮助犯罪分子逃避处罚罪的主体。因此房某的行为不构成帮助犯罪分子逃避处罚罪。

其次，我们之所以不能片面地将房某的行为认定为盗窃罪，或者帮助犯罪分子逃避处罚罪，就是不能机械地把其基于一个犯罪故意的连续行为所造成的不同危害后果简单地确定为一个行为。虽然，房某与怀某有事前预谋、事后分赃的行为，从共同犯罪构成的角度看，属于达到刑事责任年龄，具有刑事责任能力的人，通过作为与不作为的结合，以非法占有为目的，用秘密的方式盗窃乘客财物数额较大，且在事后分赃的共同盗窃行为。但是，房某出于贪利，在履行刑事司法职责的过程中，以不作为的方式，放纵怀某对乘客实施盗窃，并与其进行分赃；在发现有便衣警察时给怀某通风报信，帮其逃跑；在接到被害人报案后，不仅不及时履行乘警对犯罪行为进行侦查的职责，而且还隐瞒不报。其犯罪行为的整体，所侵犯的客体已经不是盗窃罪的公私财物所有权这一单一客体，从犯罪构成的角度，不再符合盗窃罪共同犯罪构成要件。同时，其犯罪客体所侵犯的社会关系也不再仅仅是指帮助犯罪分子逃避处罚罪的国家对犯罪的查禁活动。

再次，从房某的行为方式即客观方面的表现来看，房某采用了在其作为行使刑事侦查职能的司法人员值乘的过程中，明知怀某的行为属于盗窃，反而放纵其肆意作为，在接到被害人报案后，既不向有关单位报告，也不进行其侦查抓获犯罪分子的本职工作，符合徇私枉法罪客观方面对明知是有罪的人而故意包庇不使他受到追诉的行为特征。而其中的与犯罪分子怀某分赃、发现有便衣警察给怀某通风报信，帮助其逃跑的行为应当作为其犯罪手段、主观恶性和对公民合法权益侵害程度所指的"情节严重"的因素之一，但不能简单地将犯罪情节认定为独立的盗窃行为。

最后，犯罪的主观方面上，房某具有明知自己作为值乘民警所实施的行为将违背事实和法律，放纵怀某实施危害社会的行为而逃避法律不受到刑事追诉，并且放任和希望这种结果发生的主观故意。其动机是为了自身的一己私利，而徇私枉法。

回顾全案，不论是从犯罪的主体还是犯罪的客观方面，都不难看出，房某的行为过程都贯穿了其特殊的工作职责，即保护列车上旅客生命财产的安全，发现犯罪事实进行刑事侦查，使涉嫌犯罪的人员得到应有的处理，使有罪的人受到追诉。而房某也正是利用了这一职务上的便利，明知怀某实施的盗窃旅客现金数额较大的行为是犯罪，而采用种种手段给其创造盗窃条件，为其通风报信，帮其隐瞒犯罪事实，不履行职责，故意包庇使其不受追诉，符合徇私枉法罪的犯罪构成要件。因此，我们同意第三种观点。

四、专家点评

本案中，房某的行为构成何罪，涉及徇私枉法罪和帮助犯罪分子逃避处罚罪的区分问题。尽管两罪在主体和客观方面存在较大的区别，但在司法实践中，对于具体案件的定性往往产生分歧，较难把握。

房某在本案中究竟属于司法工作人员，还是负有查禁犯罪活动职责的国家机关工作人员，有必要作出清晰的界定。房某作为列车乘警，其所具有的身份特征符合负有查禁犯罪活动职责的国家机关工作人员的身份特征，而不是徇私枉法罪中的司法工作人员，即对于犯罪行为只能由司法工作人员利用自己追诉、审判的权力才能实施，其主体只能是享有追诉、审判职权的司法工作人员。在本案中，房某的身份决定了其负有的是一种查禁犯罪活动的职责而非追诉的权力（职权）。另外，房某在客观上实施的行为也比较符合帮助犯罪分子逃避处罚的客观特征，因此，对房某应认定为帮助犯罪分子逃避处罚罪较为妥当一些。

还有一个罪数形态的认定，即行为人收受贿赂而帮助犯罪分子逃避处罚，对此应认定为一罪还是数罪，司法实践中存在争议。通行的操作一般区分以下两种情形：（1）受贿行为不构成犯罪的，应以帮助犯罪分子逃避处罚罪一罪论处；受贿行为可作为量刑上的从重情节考虑；（2）受贿行为构成犯罪的，应认定成立牵连犯，按牵连犯的处断原则即从一重论处。本案中对于房某应依第一种情形，即以帮助犯罪分子逃避处罚罪一罪论处，收受的4000元人民币的行为作为从重情节予以考虑。

张某徇私枉法案

徇私枉法罪的认定。

一、案情回放

被告人：张某，男，39 岁，天津铁路公安处唐山西站派出所民警。

1994 年初，张某与盗窃犯罪嫌疑人李某（天津铁路分局唐山建筑段停薪留职人员）相识。1998 年 3 月底的一天，李某出面宴请张某，并把从东北流窜来唐山的盗窃犯罪嫌疑人吴某、郭某、明某等介绍给张某。宴请后第二天，李某、吴某、郭某等人窜上了张某值乘的天津至秦皇岛的 809 次列车，吴某、郭某两人趁一名女旅客睡觉之机盗走其随身携带的 800 元。女旅客发现后和列车员高某将吴某扭送至张某处并当场报称："乘警，就是他（指吴某）偷的我的钱。"张随口嘱咐另一名乘警："你把他看住。"而后就去问失主。此案发生后张某既没有追查吴某，也未开展任何调查工作，事后也没有向派出所领导报告。反而又接受吴某、李某等的宴请，并默认了李某向他提出的"以后想在你值乘的车上干活（指偷东西），完事该咋办咋办，张大哥多关照点"。随后李某等人又两次宴请张某。

1998 年 4 月 26 日，李某、吴某、郭某等人又窜上了张某值乘的从秦皇岛开往唐山的 628 次列车，趁旅客李某睡觉之机盗窃人民币 2 万元，又趁机盗窃旅客王某松下 500 型手机一部。李某等人随即在马柳站下车又乘出租车返回唐山。李某等人为答谢张某并趁机打探案情，于当日中午在唐山津城美食城宴请张某，以给张某交 BP 机服务费的名义送其人民币 500 元，并将盗窃的松下 500 型手机也送给了张某。张某将钱和手机带回家中，晚 7 时左右又给李某打电话告称："车上出这么大事，上边（指天津铁路公安处）肯定来人。"李说："我把他们打发走。"此案后经天津铁路公安处侦破。

天津铁路运输检察院认定张某的行为构成徇私枉法罪，特将此案诉至天津铁路运输法院，天津铁路运输法院以徇私枉法罪，判处张某有期徒刑 2 年。

二、争议问题

对被告人张某的行为应如何定性存在较大分歧，主要有三种不同意见：

第一种意见认为，张某的行为触犯了刑法第 402 条之规定，应是徇私舞弊不移交刑事案件罪。其理由是：张某是行政执法人员，按我国刑法释义，行政执法人员是指具有行政执法权的行政机关中从事公务的人员，如公安人员、税务机关工作人员等。张某在其值乘的列车上维护列车治安和旅客人身财产安全属行政执法。张某作为行政执法人员，明知犯罪嫌疑人李某等人触犯了刑事法律，依法应当追究刑事责任，但为了自己的私利，采取不积极调查，又不将案件和盗窃犯罪嫌疑人李某等人移交有关部门惩处，而将犯罪嫌疑人置于自己控制之中后不做任何追究即予释放，符合徇私舞弊不移交刑事案件罪的构成特征。

第二种意见认为，张某是国家工作人员，其行为触犯了刑法

第 417 条，应是帮助犯罪分子逃避处罚罪。理由是：从主体上讲，张某是乘警，是负有查禁犯罪活动的国家工作人员。从客观行为上讲，在其值乘的 628 次列车上，对吴某等盗窃犯罪嫌疑人不追查的行为属于提供便利帮助犯罪分子逃避处罚行为。在其值乘的列车上发生的两起盗窃案件他事先虽不明知，但事后得知后即向李某等盗窃犯罪嫌疑人通报："车上出这么大事，上边肯定来人"，是典型的通风报信，帮助犯罪分子逃避处罚的行为。从主观故意上讲，张某既有为犯罪分子提供便利、通风报信的故意，又有帮助犯罪分子逃避处罚的故意。

第三种意见认为，张某是司法人员，其行为触犯了刑法第 399 条第 1 款，应是徇私枉法罪。其理由是：被告人张某身为刑事执法乘警，负有侦查刑事案件，惩治犯罪的法定职责，但为一己之利，袒护犯罪嫌疑人，而且利用职务之便，既不积极调查，又不移交有关部门惩处。事实上，吴某被移交被告人控制之后，被告人对其未做任何处理，即予释放，使有罪的人逃避了刑事追究。可见，被告人张某的行为符合徇私枉法罪的基本特征。

第四种意见认为，张某的行为分别触犯了刑法第 399 条、第 417 条之规定，构成徇私枉法罪、帮助犯罪分子逃避处罚罪，应数罪并罚。

三、评析意见

我们同意第四种意见，其理由如下：

1. 被告人张某的行为不构成徇私舞弊不移交刑事案件罪

所谓徇私舞弊不移交刑事案件罪，是指行政执法人员徇私枉法、徇情枉法，对依法应当移交司法机关追究刑事责任的案件，不移交司法机关处理，情节严重的行为。徇私舞弊不移交刑事案件罪是修订后刑法增加的一个新罪名，该罪的一个显著特点在于其主体只能是行政执法人员。公安机关在性质上具有双重性，它既是政府的重要职能部门，担负着治安行政管理的重任，又是一支重要的刑事执法力量，负责刑事案件的侦查、拘留和预审。因此，对于公安人员是行政执法人员还是司法工作人员，不能一概而论，而应具体问题具体分析。如果是在刑事案件中具有侦查、监管职责的公安人员，那么，其主体身份是司法工作人员；如果是在治安行政工作中负责治安管理的公安人员，则其主体身份是行政执法人员。本案中，张某是铁路公安机关派到列车上执行任务的行政执法和司法工作人员，具有双重身份。具体身份的确定须看他执法的具体对象，在其值乘的列车上发生两起刑事案件，其在列车上维护治安，依法打击刑事犯罪活动，以及将犯罪嫌疑人抓获应是一种刑事司法行为，而不是行政执法行为。同时还具有侦查刑事案件的职能，根据刑法第 94 条的规定，属于司法工作人员，而不是行政执法人员。因此，被告人张某不具备徇私舞弊不移交刑事案件罪的主体身份。

2. 被告人张某的行为符合帮助犯罪分子逃避处罚罪构成要件

所谓帮助犯罪分子逃避处罚罪，是指有查禁犯罪活动职责的司法及公安、国家安全、海关、税务等国家机关的工作人员向犯罪分子通风报信，提供便利，帮助犯罪分子逃避处罚的行为。本罪的主体为特殊主体，仅限于负有查禁犯罪活动职责的司法及公安、国家安全、海关、税务等国家机关工作人员。本罪的主观方面为故意，即明知是犯罪分子而向其通风报信，提供便利，帮助犯罪分子逃避处罚。本罪在客观方面表现为向犯罪分子通风报信、提供便利，帮助犯罪分子逃避处罚的行为。根据最高人民检察院的司法解释，本罪在客观方面表现为以下几种情形：（1）为使犯罪分子逃避处罚，向犯罪分子及其亲属泄露有关部门查禁犯罪活动的部署、人员、措施、时间、地点等情况的；（2）为使犯罪分子逃避处罚，向犯罪分子及其亲属提供交通工具、通信设备、隐藏处所等便利条件的；（3）为使犯罪分子逃避处罚，向犯罪分子及其亲属泄露案情，帮助、指示其隐匿、毁灭、伪造证据及串供、翻供的；（4）其他向犯罪分子通风报信、提供便利，帮助犯罪分子逃避处罚的行为。就本案而言，被告人张某的行为符合帮助犯罪分子逃避处罚罪的犯罪构成特征。首先，张某身为乘警，负有维护列车旅客财产安全，依法打击刑事犯罪的职责，具备本罪的主体资格；其次，被告人主观上具有为犯罪分子提供便利、通风报信的故意，又有帮助犯罪分子逃避处罚的故意；最后，两起盗窃案件发生后，被告人张某怕事情败露，向李某等犯罪嫌疑人通报："车上出这么大事，上边肯定来人"是典型的通风报信，帮助犯罪分子逃避处罚的行为。可见，被告人的行为构成帮助犯罪分子逃避处罚罪。

3. 被告人张某的行为符合徇私枉法罪构成要件

徇私枉法罪，是指司法工作人员徇私枉法、徇情枉法、对明知是无罪的人而使他受追诉、对明知是有罪的人而故意包庇不使他受追诉，或者在刑事审判中故意违背事实和法律作枉法裁判的行为。本罪在客观方面表现为三种枉法行为，其中一种就是对明知是有罪的人而故意包庇不使其受追诉。根据有关司法解释，这是指对明知是有犯罪事实需要追究刑事责任的人采取伪造、隐匿、毁灭证据或其他隐瞒事实、违背法律的手段，故意包庇，使其不受立案、侦查（含采取强制措施）、起诉、审判，即该立案侦查的不立案侦查，该采取强制措施的不采取强制措施，该提起公诉的不提起公诉，该审判的不审判，等等。有上述行为之一的，就认为行为人实施了包庇有罪者使其不受追诉的行为。根据刑法的规定，本罪行为人枉法的动机就在于徇私、徇情。所谓徇私，是指为了私情而做不合法的事。刑法第 399 条第 1 款关于本罪罪状的表述以及最高人民法院、最高人民检察院关于本罪所确定的罪名来看，"徇私、徇情"这一犯罪动机显然被立法者纳入了本罪的构成要件之中。因此，在认定本罪时除查明行为人主观上具有直接故意以外，还须查明其动机是否出于徇私、徇情。

就本案而言，被告人的行为符合徇私枉法犯罪的构成特征。（1）被告人张某具有徇私行为，不但多次接受盗窃犯罪嫌疑人李某等人邀请，而且接受了他们的款物。（2）被告人具有枉法行为。具体表现为：①在其值乘的 809 次列车上发生盗窃犯罪，经失主当场指认犯罪嫌疑人吴某后，他非但不积极追查反而事后接受宴请。②在其值乘 628 次列车时又发生了两起盗窃犯罪，张某虽事先不明知是李某等人所为，但当接受李某等人宴请明知他们的犯罪活动后，却积极为他们通风报信，出谋划策。（3）主观故意十分明显。首先是对李某等人多次盗窃犯罪是明知的。其次，李某等盗窃犯罪活动所造成的社会危害性及应受到法律制裁是明知的。再次，面对李某等人盗窃犯罪活动，张某包庇放纵，并使他们不受追诉的行为是故意的。最后，张某"徇私"主观意图不但是明显的，而且行为上是主动的、积极的。（4）被告人的行为不仅破坏了国家司法机关的正常活动，而且给社会公众对法律的尊严造成了极大的伤害，损害了司法机关及其工作人员在公众心目中的形象和威信。可见，被告人的行为构成徇私枉法罪。

综上，被告人张某的行为分别触犯了徇私枉法罪、帮助犯罪分子逃避处罚罪，应数罪并罚。

四、专家点评

本案应当对于张某的两次行为分别加以分析和定性。对于张某的第二个行为，张某不具有对这次盗窃案件侦查的权力，其所采取的是向犯罪分子通风报信从而帮助犯罪分子逃避处罚的手段，张某的主体身份属于国家机关工作人员的特殊主体身份，其行为的主客观方面更符合帮助犯罪分子逃避处罚罪的构成特征，张某的这一个行为成立该罪。

另外，需要指出的是，存在收受贿赂而帮助犯罪分子逃避处罚的情形下，如果受贿行为不构成犯罪，应以帮助犯罪分子逃避处罚罪一罪论处，受贿行为可作为量刑上的从重情节予以考虑；如果受贿行为构成犯罪的，属于帮助犯罪分子逃避处罚行为与收受贿赂的牵连犯，以牵连犯的处断原则从一重处。

对于张某的第一个行为的认定，张某在案发后正在该趟列车上执勤，对于发生在自己职责范围内的案件负有侦查的权力，张某的身份符合负有侦查职能的司法工作人员的身份特征，而其明知吴某是该盗窃案件的犯罪嫌疑人却包庇其不受侦查等司法追诉，从张某的主体身份以及一系列的行为来看，张某的第一个行为符合徇私枉法罪的构成特征，应成立徇私枉法罪。需要指出的是，张某的两次行为并不属于想象竞合犯，虽然两次行为的主观动机具有相似性，但认定属于两个独立的行为更为恰当一些。

基于上述论述，对于张某的行为应当分别予以考察，各成立犯罪，以徇私枉法罪与第二个行为从一重处之罪实行数罪并罚。

第一，本案中犯罪主体身份的确定；第二"利用职务上的便利"的确认。

十二/铁路职工职务犯罪案件

吾某职务侵占案

第一，本案中犯罪主体身份的确定；第二，"利用职务上的便利"的确认。

一、案情回放

被告人：吾某，任中铁行包公司乌鲁木齐分公司行李员（对行李房零担货区进行日常管理）。

2004 年 5 月间，吾某利用其当班并管理货物的便利条件，多次窃取行包内的"热血传奇"游戏点卡，共计 10 元面值点卡 80 余张，35 元面值点卡 200 余张，折合人民币 7800 元。

二、争议问题

吾某的行为构成贪污罪、盗窃罪还是职务侵占罪？

第一种观点认为，本案应定性为贪污罪。理由是在犯罪主体上表现为行包公司的行李员，符合我国刑法第 93 条以国家工作人员论的规定，在客观方面采用了利用职务之便，窃取公共财物的行为，主观方面表现为直接故意。符合刑法第 382 条贪污罪的犯罪构成要件。

第二种观点认为，本案应定性为职务侵占罪。最高人民法院《关于印发全国审理经济犯罪案件工作座谈会纪要的通知》第 1 条第 4 款规定："公务主要表现为与职权相联系的公共事务以及监督、管理国有财产的职务活动。那些不具备职权内容的劳务活动技术、服务工作，一般不认为是公务"。本案的犯罪嫌疑人是行包公司的行李员，其所行使的是劳务活动而非公务活动，因而不符合贪污的主体要件，而恰恰符合了职务侵占主体的要求，即公司、企业或者其他单位的人员——非国家工作人员，且在客观方面表现为利用职务上的便利。

第三种观点认为，本案应定性为盗窃罪。理由是：本案的犯罪嫌疑人在财物所有人没有察觉的情况下，将行包房内的货物窃取的行为，符合盗窃的犯罪构成要件。

三、评析意见

我们认为第二种意见比较合理。

本案中，中铁行包快递公司乌鲁木齐分公司系国有公司，其托运和保管的行李等货物属于公共财产。行李管理员监守自盗的行为究竟定何罪？我们认为在回答这个问题时应先弄清其行为的性质，究竟是贪污罪中的职务行为，即具有职权性、管理性，还是一般的劳务行为或者纯粹的盗窃行为？这也是职务侵占罪和贪污罪、盗窃罪的关键区别。

1. 职务侵占罪和贪污罪的基本区别

刑法第 271 条的职务侵占罪和第 382 条的贪污罪在客观行为的比较，除贪污罪明确规定侵吞、盗窃、骗取等非法占有公共财物的手段以外，其他方面基本相同，两者均是利用职务上的便利，将单位财产非法占有。但两罪中的"利用职务便利"的内涵却不太一样。

如何正确界定两罪的"职务上的便利"或"工作的便利"？我们认为，职务侵占罪中的职务便利是指根据自己工作业务而合法持有、控制、管理、支配单位财产的便利。职务即工作，而工作根据性质分为：（1）组织性工作，包括组织、领导、管理单位人事或财务工作。这类工作带有职权性质，对这类工作而言，利用职务工作上的便利，就可理解为利用掌管单位财务职权的便利。（2）脑力劳动工作，包括科研、卫生医疗、科教等活动。这类工作以脑力劳动为主，在从事这类工作时，也经手、持有单位财物。对这类工作而言，利用职务上的便利，就可理解为利用脑力劳动持有单位财物的便利。（3）体力劳动（劳务）工作，包括各类生产、服务工作，这类工作以体力为主，劳动人员用自己的劳动力作用于劳动对象，生产出产品，在生产服务过程中合法持有劳动对象、劳动工具。对于劳动工作而言，利用职务上的便利，就是因为劳动而合法持有单位财产的便利。职务侵占罪中的"利用职务之便"包括第（1）、（2）类这在学术界和司法实践中都没有问题，但是否包括第（3）类？这主要受贪污罪中"利用职务上的便利"特定含义的影响。贪污罪的主体是国家工作人员，而国家工作人员的本质特征是依法从事公务。什么是公务？现行观点是指组织、监督、管理性质的公共事务，包括对政治、经济、立法、司法、军事、行政、文化、教育、卫生、科技等各种国家公共事务的管理，它带有职权性、管理性等。因此贪污罪中的"利用职务之便"只能包括第（1）、（2）类工作，不可能包括第（3）类中的工作便利。主体的特殊身份决定影响主体行为特征。贪污罪中的职务不包含从事体力劳务工作，这也是我国刑法中规定贪污罪是"从严治吏"立法精神的体现，主体只能是法定的国家工作人员，量刑比较重。可见，职务侵占罪的主体为公司、企业或其他单位的人员，具有一般性，不要求其行为必须具有公务性质。所以职务侵占罪的职务之便应当包含第（3）点，即职务侵占罪中的"利用职务之便"实质上是工作上的便利，应包括从事劳务活动合法持有单位财物的便利，即职务侵占罪的主体包括从事劳务的人员。

我国刑法虽没有明确规定职务侵占罪的具体手段，只要是行为人利用自己职务上合法持有、占有、管理财产的便利，非法占有单位财产，均符合职务侵占罪的构成要件。

综上分析，国有单位的工作人员利用职务之便，侵吞、窃取、骗取公共财产（也即刑法第 93 条规定的国有单位的财产），也可能构成职务侵占罪，因为此时职务侵占罪与贪污罪的唯一区别就在主体行为的属性，如果是单位劳务人员的劳务行为，就构成职务侵占罪，单位管理或脑力工作人员从事的管理行为，均属于贪污罪。

所以，本案中，犯罪嫌疑人吾某是国有单位的工作人员，从事的是行李员的工作，从事单位体力劳动工作，这就决定了其身份是国有单位劳务工，而并非国有单位从事公务管理的人员，故不符合贪污罪的主体要件和行为的公务管理属性，也就不构成贪污罪。

2. 职务侵占罪和盗窃罪的区别

两罪的主要区别为：（1）职务侵占罪的对象只能是公司、企业或其他单位的财产，盗窃罪侵犯的可以是任何财产。但如果是公司、企业或其他单位保管、使用或运输中的他人财产，行为人采用职务的便利非法占有这类财产，应视为职务侵占罪，因为这类财产由单位保管、使用或运输，事后由单位承担民事责任，实际上受到损失的是单位。（2）职务侵占罪的主体是本单位的工作人员，盗窃罪的主体不受此限。（3）职务侵占罪只能是利用职务上的便利条件实施，包括利用职务上持有、占有或保管本单位财产的便利和其他职务上的便利，而盗窃罪的实施与之无关。（4）职务侵占罪的具体实施方法包括窃取、骗取、侵吞等多种方法，而盗窃罪只能是盗窃行为。

所以，公司、企业或其他单位的工作人员包括劳务人员，如果利用工作中的持有、管理本单位财产的便利，非法占有单位财产的，应定为职务侵占罪，而不能因为是其实施了盗窃行为或行为人是单位劳务人员的身份就简单认定为盗窃罪。但如果这类人员不是利用工作中持有、管理本单位财产的便利，而窃取本单位财产的，应定为盗窃罪。两罪的根本区别关键是看单位财产是否为单位人员合法持有。

综上所述，犯罪嫌疑人吾某属于国有劳务人员，从事的行李员的体力劳动工作，不符合贪污罪的主体要件和行为属性，但其利用当班并管理货物的便利条件，多次窃取行包内的"热血传奇"游戏点卡的行为，完全符合职务侵占罪的主客观要件特征，故应定职务侵占罪。

307

四、专家点评

本案中，吾某的行为成立何罪，关键问题在于对吾某主体身份的准确定性。吾某作为中铁行包的行李员，其所从事的应是劳务行为而非公务行为，而劳务行为与公务行为的区分也正是对于主体上属于国有单位人员身份的行为人利用职务上的管理、经手便利实施非法占有财物行为定性的关键所在。国有公司、企业以及其他国有单位从事公务的国家工作人员不能成为职务侵占罪的主体，但是国有单位中的非国家工作人员（非从事公务人员）却可以成为职务侵占罪的主体。吾某的身份正是属于国有单位中的非国家工作人员，即非从事公务人员，其利用业务上的便利，侵占公私财物的行为，成立职务侵占罪，评析意见中所采纳的观点是正确的。

李某职务侵占案

贪污罪、盗窃罪、职务侵占罪的区别在于：（1）犯罪主体不同；（2）犯罪客观方面不同；（3）犯罪客体不同。其中，是否利用职务上的便利侵吞、窃取、骗取财物是区分以上三罪的关键。

本案聚焦

一、案情回放

被告人：李某，乌鲁木齐铁路分局乌鲁木齐工务段乌拉泊养路工区职工。

被告人：姬某，乌鲁木齐铁路分局乌鲁木齐工务段乌拉泊养路工区职工。

2002 年 10 月 10 日前后，李某打电话告知事先与其联系要收购废钢轨的张某，让张来拉废钢轨。同年 10 月 14 日，张某带上用于切割钢轨的工具和租用的汽车前往乌拉泊车站并找到被告人李某，李某即向被告人姬某讲了此事，姬某也表示同意。随后，二被告人让张某将由乌鲁木齐铁路分局乌鲁木齐工务段乌拉泊养路工区保管的，在乌拉泊车站西扳道房军用专线处放置的 P-43 型及 P-50 型报废钢轨共计 48.7 吨（总价值 53570 元）让张某拉走，张某付给李某 3.5 万元，此赃款被二被告人平分。

法院判决被告人李某犯职务侵占罪，判处有期徒刑 2 年，缓刑 3 年；被告人姬某犯职务侵占罪，判处有期徒刑 2 年，缓刑 3 年。

二、争议问题

李某和姬某的行为构成贪污罪、盗窃罪还是职务侵占罪？

第一种意见认为，李某和姬某虽然是国有企业的工作人员，但只是从事一般劳务的工人，其所利用的职务便利，是建立在一般劳务基础上的，不具有独立保管、经手、管理财物的职能，不能认定是从事公务，应构成盗窃罪。

第二种意见认为，李某和姬某是国有企业的工作人员，符合贪污罪的主体要件，在客观方面表现为利用了职务上的便利，将自己合法管理的公共财物，以秘密窃取的手段非法占为己有的行为，即通常所说的"监守自盗"，因此构成了贪污罪。

第三种意见认为，李某和姬某作为企业的一名职工，利用职务上的便利条件，将单位财物非法占为己有，并且数额较大，构成职务侵占罪。

三、评析意见

我们同意第三种意见，理由如下：

1. 主体资格问题

我国现行刑法第 271 条第 1 款规定："公司、企业或者其他单位的人员，利用职务上的便利，将本单位财物非法占为己有，数额较大的，构成职务侵占罪。"因此，有人认为职务侵占罪只发生在非国有单位，犯罪主体只能是除国家工作人员、国有公司、企业或者其他单位的人员之外的公司、企业承包人或者其他单位主管、经手、管理本单位财物的人员。我们认为，这样的观点是不正确的。

309

首先，刑法第 271 条第 1 款的规定，职务侵占犯罪主体是公司、企业或者其他单位的人员，通过文理解释，这就不能排除国有公司、企业或者其他单位的人员成为其主体。在刑法第 271 条第 2 款又规定："国有公司、企业或者其他国有单位中从事公务的人员和国有公司、企业、其他国有单位委派到非国有公司、企业以及其他单位从事公务的人员有前款行为的⋯⋯"也明确规定了国有和非国有，可见第 271 条第 1 款里的公司、企业或者其他单位的人员也应该包含国有公司、企业和非国有公司、企业的人员。但是国有公司、企业的人员能够成为职务侵占罪的犯罪主体只能是非从事公务活动的人员。

其次，贪污罪的犯罪主体只能由以下几类人员构成：（1）国家机关中从事公务的人员；（2）受国家机关、国有公司、企业、事业单位、人民团体委托管理、经营国有财产的人员；（3）国有公司、企业或者其他国有单位中从事公务的人员；（4）国有公司、企业或者其他国有单位委派到非国有公司、企业以及其他单位从事公务的人员；（5）依照法律从事公务的人员是否从事公务，是区分贪污和职务侵占犯罪主体的关键。所谓"从事公务"是指代表国家机关、国有公司、企业、事业单位、人民团体等履行组织、领导、监督、管理的职责。主要表现为与职权相联系的公共事务以及监督、管理国有财产的职务活动。例如，国家机关工作人员依法履行职责，国有公司的董事、经理、监事、会计、出纳人员等管理、监督国有财产等活动，属于从事公务。那些不具备职权内容的劳务活动、技术服务工作，如售货员、售票员等所从事的工作，一般不认为是公务。因此，被告人李某和姬某尽管是国有企业的工作人员，可是并非从事公务的人员，不能成为贪污罪的犯罪主体。在实施占有行为的过程中，利用了职务上的便利，又不同于一般盗窃罪的秘密窃取行为，亦不能成为盗窃罪的犯罪主体。被告人李某和姬某，只能构成职务侵占罪的犯罪主体。

2. 犯罪侵害的对象不同

在这三种犯罪中，每种犯罪行为所侵害的对象也有所不同。在贪污罪里，所侵害的对象是公共财产；在盗窃罪里，侵害的对象是公私财物；而在职务侵占罪里，侵害的对象是本单位财物。从侵害对象的外延来看，盗窃罪侵害的对象外延最宽广，职务侵占罪侵害的对象的外延次之，贪污罪所侵害对象的外延最狭小。同前面所述，这里的本单位财物，也应该是包括公共财产、私有财产和其他所有形式的财产。

3. 如何理解刑法第 271 条第 2 款的规定

刑法第 271 条第 2 款规定："国有公司、企业或者其他国有单位中从事公务的人员和国有公司、企业或者其他国有单位委派到非国有公司、企业以及其他单位从事公务的人员有前款行为的，依照本法第 382 条、第 383 条的规定定罪处罚。"我们认为，这是职务侵占罪和贪污罪的法条竞合，就是说在职务侵占犯罪当中，同时具备了以下三个条件，即犯罪主体能够成为贪污罪的犯罪主体，并且从事的是公务活动，所侵害的对象是刑法第 91 条规定的公共财产时，就是贪污罪，依照贪污罪的法条定罪处罚，否则应按照职务侵占罪追究行为人的刑事责任。本案中，由于李某、姬某虽系国有公司、企业中的工作人员，但并非从事公务的人员，不具备贪污罪所要求的主体资格，其行为所侵害的对象是本单位财物，符合职务侵占罪的构成要件，应依据职务侵占罪定罪处罚。

四、专家点评

李某的行为构成何罪，关键在于对于李某实施犯罪行为时主体身份的准确定性。李某的身份是铁路养路工区的职工，正如评析意见中指出的那样，李某仅属于国有企业的从事劳务人员而非从事公务的人员，这一身份特征决定了李某的主体身份不符合贪污罪所要求的主体身份。不应认定李某构成贪污罪的观点是正确的。

　　同时，李某对自己保管、经手下的废钢轨实施非法占有的行为是利用职务上的便利，这又是与盗窃罪中客观行为上的根本区别，因此李某的行为成立职务侵占罪而非盗窃罪或是贪污罪。

王某职务侵占案

本案聚焦

确定行为人是否具有共同的犯罪故意以及是否利用职务上的便利是本案定性的关键。

一、案情回放

被告人：王某，男，34 岁，原系临汾铁路分局侯马北机务段机车司机。

2000 年 8 月的一天，王某找到劳人室劳资员赵某，要求给其所在机车上多加点儿煤（按段上规定，给机车上多放一些煤，机车组便可领到节煤奖。之后，车上留一部分，另一部分交到车间，奖励其他人员和整备车间职工）。在此之后的 2000 年 8 月至 2001 年 8 月间，赵某和王某商定多加的节煤奖给机车上留一半，给劳人室返一半。于是，由王某找机车的司机长联系，声称是段上放煤，并通过打电话，写条子等手段将这些机车长名单提供给赵某。赵则根据王某提供的机车号，决定给哪个机车增加节煤奖。对于多加的节煤奖，王某对司机长谎称除给车上留 10% 外，剩余的全部由他返还段上。其侵吞全部的 40% 的节煤奖。另外，王某返还给赵的 50% 节煤奖，赵某全部据为己有。

二、争议问题

1. 对王某与赵某能否构成共同犯罪？
2. 王某作为机车司机侵吞节煤奖的行为应如何定性？

三、评析意见

首先分析王某与赵某能否构成共同犯罪。

根据《中华人民共和国刑法》第 25 条之规定。构成共同犯罪除必须符合犯罪的一般特征外，还必须同时具备三个条件：（1）犯罪主体。共同犯罪人必须是两个以上达到刑事责任年龄，具有刑事责任能力的自然人。（2）在客观方面，各个共同犯罪人必须具有共同犯罪的行为。（3）在主观方面，各个共同犯罪人必须具有共同犯罪的故意。也就是说，每个共同犯罪人不仅认识到自己在实施某种犯罪，而且认识到还有其他共同犯罪人和自己一起在共同实施犯罪，并且对犯罪结果的发生，都是明知并且希望或者放任其发生。

而在本案中，王某与赵某之间不具备共同犯罪的故意。赵某认为，他分给王某的 50% 的节煤奖，是让其留给机车，并不知王某擅自侵吞 40%；而在王某看来，赵某是代表段上给机车放煤，返回的 50% 的节煤奖是要返给段上，他并不知赵某是用非法的手段给机车上增加节煤奖，更不知道赵某所说的返给段上的 50% 的节煤奖，实际上全部据为己有。因此，赵某和王某只是在利用对方的行为，完成自己占有公共财物的行为，并没有共同犯罪的故意。

构成共同犯罪的各个共同犯罪人的犯罪行为必须是紧密联系，互相配合的，即各个共同犯罪人在实施某种共同犯罪活动中，虽然他们所处的地位，具体的分工，彼此参与的程度可能有所不同，但是，各个共同犯罪人的犯罪行为都是一致指向一个共同的犯罪目标，为完成同一个犯罪而活动。

在本案中，赵某贪污行为的完成虽然是王某提供的机车号为其创造了条件，而且王某侵吞节煤奖行为的完成也离不开赵某加大机车节煤奖的行为。但是，由于王某和赵某都不清楚对方的真实活动，因此，二人的行为没有共同的指向和目标，二人的行为目标是各自非法获利行为的完成。所以，二人的行为虽有一定的联系，但由于缺乏共同犯罪的故意，二人的行为实际上并不是为完成同一犯罪而实施。

综上所述，王某与赵某不成立共同犯罪。

那么在不成立共同犯罪的情况下，王某的行为应如何定性呢？（本案中，对赵某利用劳资员制作机车节煤提成奖报表的职务之便，采取虚报节煤提成奖的手段，加大节煤奖，据为己有的行为已构成贪污罪没有不同认识。）对王某的行为如何定性存在很大分歧，主要有以下几种不同意见。

第一种观点认为王某的行为已构成贪污罪。理由是王某是利用其传送节煤奖的便利条件，将其经手、管理的公共财物（即机车上的节煤奖）据为己有。

第二种观点认为王某的行为构成职务侵占罪，王某作为企业职工，利用工作便利，侵吞企业财产，构成职务侵占罪。

首先来分析贪污罪。贪污罪的主体是特殊主体，根据《中华人民共和国刑法》第382条、第93条的规定，构成贪污罪的主体是国家工作人员，国有公司、企业、事业单位、人民团体中从事公务的人员，国家机关、国有公司、企业、事业单位委派到非国有公司、企业、事业单位、社会团体从事公务的人员，受国家机关、国有公司、企业、事业单位、人民团体委托管理、经营国有财产的人员。

在本案中，王某身为一名机车司机，在增加节煤奖的事实中，他只是在劳人室劳资员赵某和机车司机长之间起一个联系作

315

用，他传送节煤奖的行为也只是他个人的活动，王某的行为既未受国家机关、企业、事业单位、人民团体的委托，也不是从事公务的活动。所以，从主体身份上讲，王某就不构成贪污罪。有学者认为国有企业的职工都可以成为贪污罪的主体，我们认为这是不妥当的，不符合法律的规定。

王某的行为是否构成职务侵占罪呢？职务侵占罪是指公司、企业或者其他单位的人员，利用职务上的便利，将本单位财物非法占为己有，数额较大的行为。

本罪的特征如下：

1. 本罪的主体为公司、企业或者其他单位的人员。根据刑法典第271条的规定，本罪主体只能限定为公司、企业或者其他单位不具有国家工作人员身份的人。本案中的王某为国有企业职工，是否符合本罪主体要求呢？对此又存在两种观点：一种持否定意见，一种持肯定意见。我们同意后一种意见，认为国有公司、企业或者其他国有单位中非国家工作人员符合主体要求。在1979年刑法修订以前，因为刑法上没有关于侵占罪的规定，实践中一直把国有或集体单位中的上述人员纳入贪污罪的范围，作为权宜之计是可以的，但现行刑法已有职务侵占罪的规定，在刑法修订以后，把他们纳入到职务侵占罪主体范围，是比较适当的。

2. 本罪的主观方面出自故意，并且有非法占有本单位财物的目的。

3. 客观方面是利用职务上的便利，将本单位财物非法占为己有，数额较大的行为。具体而言，构成本罪必须同时具备三个行为要件：（1）侵占行为必须是利用职务上的便利。"利用职务上便利"，是指利用自己在职务上所具有的主管或者管内有调配本单位财物的权利，出纳员有经手、管理钱财的职责等。如果行为人没有利用自己的职务上的便利，不构成本罪。（2）必须是将本单位财物非法占为己有。非法占有可以采取侵吞、盗窃、骗取等各种手段，但非法占有的财物必须是本单位的财物。（3）侵占财物必须达到数额较大。根据有关司法解释，"数额较大"，是指5000元至2万元以上。本案中王某利用其作为机车司机的职务便利，侵吞40%的节煤奖。完全符合客观方面的行为要求。

4. 本罪侵犯的客体是公司、企业或者其他单位的财物所有权。侵犯的对象则为行为人所属公司、企业或者其他单位的财物。王某所侵吞的节煤奖是本应属于北机务段的财产。

综上，本案中，王某利用其传送节煤奖的便利条件，通过多加煤的方式，将节煤奖的40%占为己有，符合该罪的构成要件，成立该罪。

四、专家点评

共同犯罪的成立不仅有人数的要求，同时在主观方面、客观方面都必须符合共同犯罪的基本特征，即主观上必须具有共同犯罪的故意；客观上必须具有共同犯罪的行为。在评析意见中，对于王某、赵某的行为做出的分析论证并最终得出二人不具备共同犯罪的主客观特征，因此不构成共同犯罪的观点是正确的。

对于王某的行为的认定，关键在于对王某身份的正确认定，排除了王某的主体身份不符合贪污罪的主体身份之后，对于王某的行为认定其成立职务侵占罪则是比较恰当的。

十三／铁路侵犯人身权利案件

陈某、宗某故意杀人、故意伤害案

> 爆炸罪在客体上危害的是公共安全。如果只对特定的人或物故意进行爆炸，且有意识地把破坏的范围限定在特定的局部范围，不足以危害公共安全的，不宜定为爆炸罪。

一、案情回放

被告人：陈某，男，42 岁，无业。

被告人：宗某，男，28 岁，原系太原铁路分局某安装工程公司工人。

2000 年 10 月，陈某的朋友彭某某，酒后将两个爆炸装置暂存于陈某家。彭于 2000 年 12 月 13 日自杀后，陈某就一直将这两个爆炸装置藏匿家中。2003 年 5 月 9 日上午 9 时许，陈某携带两个爆炸装置和匕首伙同宗某来到其原单位太原铁路分局某段多经科科长安某办公室，陈向安索要企业代其缴纳的养老保险金。在遭到拒绝后，陈便从包内掏出爆炸装置点燃，在场的康某和安某一起奋力抢夺，爆炸装置被踢出门外。陈某后又从腰间掏出匕首向安连捅三刀，后又对听到异常响动后冲进室内制止其行凶的朱某的腹部捅了一刀。当受伤的安欲逃出室外时，被守在门外的宗某拽回室内，宗在拽安的同时掏出带在身上的弹簧跳刀向安捅了一刀。安背部、腹部、左肋、右大臂四处受伤。后安、朱二人被送往医院救治。经法医鉴定：安某之损伤已构成重伤，朱某之损伤已构成轻伤。陈当日投案自首。宗作案后外逃，经做工作于 2003 年 5 月 10 日在其家人的陪同下自首。

太原铁路运输检察院指控被告人陈某犯非法储存爆炸物罪、故意杀人罪（未遂）；被告人宗某犯故意伤害罪向太原铁路运输法院提起公诉。太原铁路运输法院认为，被告人陈某携带爆炸物装置及匕首来到原单位，出于报复目的点燃爆炸装置剥夺他人生命，被夺下制止后，又持匕首致他人重伤，构成故意杀人罪（未遂），判处有期徒刑 14 年，剥夺政治权利 4 年；犯非法储存爆炸物罪，判处有期徒刑 4 年。决定执行有期徒刑 17 年，剥夺政治权利 4 年。被告人宗某与陈某同去，对陈的行为不加制止，并持刀将安捅伤，其行为构成故意伤害罪，判处有期徒刑 5 年。

二被告人提出上诉，北京铁路运输中级人民法院裁定驳回上诉，维持原判。

二、争议问题

1. 陈某与宗某的行为是故意杀人罪还是故意伤害罪？

第一种意见主张对陈某和宗某均定故意杀人罪，因为陈某与宗某属于共同犯罪，存在共同的故意——杀人的故意。

第二种意见主张对陈某和宗某均定故意伤害罪，因为在被害人没有死亡，而被告人又翻供的情况，不宜认定为故意杀人。

第三种意见主张对陈某定故意杀人罪，对宗某均定故意伤害罪，因为综合全案，从陈某的意欲点燃爆炸装置和对安某的杀伤次数来看，其杀人的故意比较明显。而宗某因为缺乏相应的证据证明其存在杀人的故意，故只能认定为故意伤害。

2. 针对陈某携带爆炸装置并点燃的行为，是独立定爆炸罪，还是被故意杀人罪所吸收？

三、评析意见

首先分析第一个争议问题。

显然本案首先涉及的是故意杀人罪和故意伤害罪的界定问题。故意杀人罪和故意伤害罪均是自然犯罪，千百年来是各国各时代刑法打击的重点。我国刑法分别将其规定于第 232 条和第 234 条，因为两罪属于自然犯罪，所以刑法对两罪的描述均十分简单，为简单罪状。法条的规定虽然十分简单，但两罪的认定却并不容易，尤其是在像本案一样被害人并未死亡的情形时。理论上关于故意杀人（未遂）与故意伤害区分界定的通常表述如下：

二者相区别的关键在于行为人的故意内容不同。故意伤害罪的故意内容是非法损害他人身体健康，无剥夺他人生命的内容；而故意杀人未遂故意的内容是非法剥夺他人的生命，虽然在表面上显现出损害他人健康的客观结果，但这是由于行为人意志以外的原因造成的，并不能改变行为人先前的非法剥夺他人生命的故意内容。

以此理论为指导，即抓住主观故意来区分。在本案中，陈某的主观故意是什么呢？一开始，陈某携带爆炸装置来到安某的办公室，协商不妥时，就意欲点燃该爆炸装置。在爆炸不成时，又使用匕首对安某连捅三刀（且所刺部位为背部、腹部、左肋、右大臂，腹部、左肋为人体重要部位，足以危及生命），甚至对前来制止的朱某捅了一刀。从以上事实来分析，陈某主观上具有的是故意杀人的故意。因为人的行为是由人的思想控制的，没有杀人的故意，行为人就不会作出如此残忍的举动。至于安某最终只是身负重伤，而未出现死亡结果，那是出于陈某意志以外的原因造成的，是安某、朱某等人奋力反抗的结果。

至于该案中，同案人宗某为什么定故意伤害罪的问题，我们认为，在缺乏证据认定陈某、宗某事先通谋的情况下，还是认定故意伤害为宜。综合全案来看，宗某的犯罪故意，应当属于间接故意的第三种情况，即突发性的犯罪，不计后果，放任严重结果的发生。因为宗某在事发时，只是站在门口，对整个事态并不十分了解，而其"出于哥们义气捅了安某一刀"的供述又有一定的可信度（其与陈某的关系确非一般）。在本案中，宗某对安某捅刀子的行为，就是临时起意，不计后果，最终与陈某的行为共同导致了安某负重伤的结果。所以宗某应当承担故意伤害的刑事责任。当然，如果有证据证明宗某、陈某事前通谋的话，那就是另外一回事了。所以，如何通过证据来分析行为人的主观故意，再根据主观故意来确定罪名是司法实践的重要工作。

另外，本案中对宗某以故意伤害罪论处，在证据不足时，就轻不就重的意味在里面，是我国司法走向文明的一个标志。

下面分析第二个争议问题。

爆炸罪是指故意使用爆炸方法，足以危害公共安全的行为。

本罪属于危险犯。本罪在客体上危害的是公共安全。所以，本罪在认定时应当注意，只有足以危及公共安全的爆炸行为，才宜定爆炸罪，对于特定的人或物故意进行爆炸，并有意识地把破坏的范围限定在特定的局部范围而不足以危害公共安全的，则不宜定爆炸罪。结合本案，陈某携带的爆炸装置，其内装黑色火药，经检验证明为100余克，其爆炸威胁范围比较有限。同时，陈某实施的爆炸行为是在安某的办公室内，当时室内除被告人外，仅有安某一个被害人，不足以危及公共安全。所以，本案不宜定爆炸罪。

本案中，陈某的爆炸行为是针对安某这一特定人实施的，其目的是杀害安某，所以爆炸行为与捅刀行为一致，指向安某的生命，所以宜定为故意杀人罪。

四、专家点评

司法实践中，对于故意伤害行为与故意杀人行为的判断主要是从主客观方面加以综合认识，其依据的几个事实一般有：案件的起因、犯罪有无预谋和准备、伤害的部位以及犯罪行为有无节制等方面。本案评析中对于陈某、宗某行为的定性是恰当的。

此外，对于使用爆炸物而达到杀害特定人的目的行为，须分析其爆炸物的伤害范围是否可能危及不特定多数人的生命、财产安全。本案中陈某所使用的爆炸物的伤害较小，构不成对社会公共安全的危害，所以评析意见中认为对于陈某不定爆炸罪是合理的。

综合评析意见，对陈某、宗某的定罪和处罚是比较恰当的。

冯某故意伤害案

本案聚焦

必须是针对正在进行的不法侵害行为，且针对不法侵害者本人实行的防卫行为才可认定为正当防卫。

一、案情回放

犯罪嫌疑人：冯某，男，40岁，汉族，陕西省宝鸡市人。

2004年4月9日20时35分，冯某由唐山站乘坐哈尔滨至汉口的T184次列车准备到石家庄。21时许其到13车厢37号座位，当时有一名女旅客躺在坐椅上休息（该名旅客叫李某某，是本案另一名犯罪嫌疑人李某的姐姐，同行还有其哥哥，三人占的座位号是13车厢30—32、35—37号，其购买车票号为14车厢18、19号，16号车厢16号）。冯某对李某某说先坐一会儿，李某某说："这有人，他抽烟去了，一会儿就回来。"冯某说："先坐一会儿，来人就走。"李某某让出一个座位，冯某坐下，并把自己装有衣服、一瓶高粱白酒的塑料袋放到座位下。这时对面占三个座位的犯罪嫌疑人李某对冯某说："这有人，赶紧走，到别的地方找座去。"冯某说："来人就走。"李某问冯某有车票吗，拿出来看看，冯某当时口气生硬地回答："你没有权查我的票。"李某一听就急了，起身给冯某一个嘴巴，并用矿泉水瓶砸冯某。

李某将冯某按倒在座位上朝其头部、肩部猛击，这时冯某从座席下抄起自带的那瓶酒向上一抡，砸到李某的脸上，当时瓶子就把李某的左下巴划了一个口子（经鉴定划破口子长为 9 厘米），李某更急了，更加凶猛地殴打冯某，并按着冯某的头往带有玻璃碎片的地板和座席上猛磕，没过多久冯某就不挣扎了，这时乘警跑过来将二人拉开。经天津公安局刑事科学技术研究所鉴定，李某所受伤害为轻伤（偏重）。

处理结果：公安机关将冯某涉嫌故意伤害案撤案处理。

二、争议问题

冯某的行为是故意伤害还是正当防卫。

三、评析意见

我国刑法中的正当防卫不仅是防卫人不负刑事责任的法律依据，而且有其积极的社会政治内容，它是公民和正在进行的不法侵害作斗争的法律保障。在目前社会治安尚未根本好转的情况下，鼓励公民运用正当防卫的法律武器和不法侵害作斗争，尤其有着极其重要的现实意义。正当防卫行为外表上似乎符合某种犯罪的构成要件，但在实质上不仅不具有社会危害性，而且是同不法侵害作斗争的行为。因此正当防卫不负刑事责任。

1. 本案中犯罪嫌疑人李某对冯某的行为是不法侵害。因为李某及其兄姐购买车票本来是 14、16 车厢，但是为了自己方便抢占 13 车厢 6 个座位，当旅客冯某想坐 13 车厢 37 号座位休息，得到其姐李某某的默许。李某酒后为了显示自己的霸道，先对冯某辱骂，继而打其嘴巴，并将其压到座位上对其头部、肩部进行殴打。李某辱骂、击打冯某后，冯某本想离开，但是对方力气大，而且李某和冯某从身高、身体强度、力量对比，李某的殴打行为必然造成冯某的伤害结果。

2. 冯某是保卫自己的人身不受到大的伤害而采取的自卫行为。冯某购买车票找座位是合理合法的，列车硬座席每一个座位只能坐一名旅客，李某抢占座位并躺下一人占三个座位，本身就违反列车管理规定，所以，冯某上车找座位的行为是合法的。冯某为了制止不法侵害结果发生，而对李某抢酒瓶的行为是对不法侵害人李某本人进行的，并非对第三人实施。冯某抢酒瓶的目的在于排除、制止不法侵害。

3. 冯某的行为没有明显超过必要限度造成重大损害。我国刑法第 20 条第 2 款规定："正当防卫明显超过必要限度造成重大损害的，应当负刑事责任。"所谓"必要限度"，即有效地制止不法侵害以保卫公共利益和公民个人的合法权益，一切为达到这个目的而采取必要的防卫手段都是合理正当的。但是"必要说"并不主张防卫手段不加任何限制；有效地制止不法侵害所必需，这就是限制。由于不法侵害往往是突然的侵害，侵害者处于主动的有利地位，而被侵害者则处于被动的、不利地位。因此，对防卫的要求不宜过严，只要在当时的具体情况下确实是为制止不法侵害所必需，没有明显超过必要限度造成重大损害的，就应当认为是必要的、正当的、合法的范围行为。本案中，冯某随手抢起酒瓶是阻止李某继续殴打自己的行为，是制止不法侵害结果发生的一种手段。李某被酒瓶砸伤，经鉴定为轻伤（偏重），并不是重大损害结果，也就不是我国刑法第 20 条第 2 款规定，正当防卫明显超过必要限度造成重大损害，应当负刑事责任的必要条件。综上所述，冯某的行为是正当防卫，不应当负刑事责任。

四、专家点评

正当防卫是法律赋予公民在紧急情况下保护自己或他人合法权益、合法权利，是正义的行为。为了规范正当防卫，防止人们滥用防卫权，刑法第 20 条规定正当防卫的条件。在法律规定中，不论什么人,只要受到不法行为的侵害即可行使防卫权,但以不明显超过必要限度并不造成对方重大损害为限。本案中被告冯某的行为完全符合法律的规定,构成正当防卫。评析对法律的理解是正确的,对案情的分析逻辑性强,说明力较强。值得注意的是,实践中往往对受害方(实际上是不法侵害人)加以无原则的维护(如本案就是以伤害案对冯某作了撤案处理),不仅使法律的尊严打了折扣,而且不利于鼓励公民正当防卫、见义勇为,这是与法律规定的精神相悖的。

丁某故意伤害案

故意伤害罪（致死）与过失致人死亡罪的区别在于造成死亡结果的行为性质不同，前者具有伤害性质，后者本身不具有伤害性质。

一、案情回放

被告人：丁某，男，35 岁，汉族，受雇用任天津铁路分局北站游泳池救生员。

2001 年 8 月 8 日 15 时，丁某在天津北站制冰厂担任救生员工作。负责深水区游泳者的安全救护工作，因阻止来此游泳的张某到深水区游泳发生口角，在纠纷中丁某向张某的上腹部用拳头击打三拳，在张某弯腰倒地时丁某又向其右肋猛击一拳，张某倒地，头部撞击游泳池台边上，后经医院抢救无效死亡。经鉴定，张某因外力造成脑干损伤，蛛网膜下腔出血，脑室出血，小脑扁桃体疝死亡。

丁某于 2001 年 12 月 30 日被天津铁路运输法院以故意伤害罪判处有期徒刑 11 年，剥夺政治权利 2 年。

二、争议问题

丁某的行为构成故意伤害罪还是过失致人死亡罪？

第一种意见认为，丁某的行为造成被害人张某死亡属于意外事件，不应负刑事责任。理由是：（1）丁某阻止张某去深水区游泳，并无剥夺其生命的故意，造成死亡结果是丁某无法预见的；（2）在客观上，虽然丁某对张某实施了殴打行为，但是击打腹部、肋部造成脑干出血死亡，并无必然因果联系。我国刑法第16条规定，行为在客观上虽然造成损害结果，但是不是出于故意或者过失，而是由于不能抗拒或者不能预见的原因所引起的，不是犯罪。

第二种意见认为，丁某的行为构成过失致人死亡罪，应当追究刑事责任。理由是：（1）丁某是部队转业战士并当过保安员，具有相关法律知识，应当预见自己实施殴打对方行为，可能导致致人死亡的后果，但是由于疏忽大意没有预见；（2）客观行为上正是由于丁某对张某殴打，使其头部撞击游泳池边，在外力的作用下致张某脑干损伤而死亡。

第三种意见认为，丁某的行为构成故意伤害罪，应当追究刑事责任。理由是：（1）丁某明知自己的非法暴力行为会给对方造成伤害结果，其殴打对方行为反映了伤害对方主观故意；（2）其客观方面，确实是由于丁某殴打行为引起被害人张某死亡结果，丁某殴打行为与张某死亡结果存在着因果关系。

三、评析意见

我们同意第三种意见，丁某殴打被害人张某致其死亡，应定故意伤害罪，应当追究刑事责任。

1. 本案并不属于意外事件。我国刑法第16条规定的意外事件，要求行为人在主观上无过错，即无故意或者过失。本案中丁某的伤害故意十分明确，丁某的行为是导致张某死亡的根本原因之一，因此，丁某的行为和张某死亡结果有刑法意义上的因果关系，并非意外事件。

2. 丁某的行为不构成过失致人死亡罪。故意伤害罪的主体是一般主体。根据刑法第 17 条第 2 款之规定，犯本罪，造成重伤或死亡结果的，已满 14 周岁不满 16 周岁的人也应当承担刑事责任。本罪主观方面必须具有非法损害他人身体健康的故意，包括直接故意和间接故意。在直接故意中，伤害的动机多种多样，但不影响本罪的成立。就故意的内容而言，对行为人是否预见到伤害的结果，法律不作明确要求，即只要预见到其行为会损害他人的身体健康而采取希望或放任态度即可成立。本罪在客观方面，表现为非法损害他人身体健康的行为。故意伤害行为一般以作为方式进行，方法、手段有多种，但多表现为行为人以积极的行为造成他人伤害，如肢体的残废、容貌的毁损、其他器官的损坏等。故意伤害罪（致死）与过失致人死亡罪的两种场合非常相近：一是客观上都发生了死亡结果；二是主观上行为人对死亡结果都是过失，非常接近。因此，故意伤害致死与过失致人死亡，对死亡结果在主观上是一样的，都是过失。这两个罪名的区别在于造成死亡结果的行为性质不同，一个具有伤害性质，一个本身不具有伤害性质。这是它们区别的要点。如果行为人本身不具有伤害性质，而是由于日常生活不慎，或者在工作当中不慎，导致死亡结果的，就是过失致人死亡。

过失致人死亡时，行为人主观上对死亡结果出于过失，行为人主观上既无杀人故意，也无伤害的故意。故意伤害致死显然以具有伤害的故意为前提，造成死亡结果，这是故意伤害罪的加重情节。

故意伤害罪在主观上要求行为人有伤害的故意，即对伤害结果具有认识和希望或放任的态度。本案中，丁某殴打张某的行为显然具有对张某的伤害希望或放任的态度。丁某是部队转业战士并当过保安员，具有相关法律知识，应当预见自己实施殴打对方行为，可能导致张某伤害的后果。但是，丁某仍然向张某的上腹部用拳头击打三拳，在张某弯腰倒地时丁某又向其右肋猛击一拳，致使张某倒地，头部撞击游泳池台边上，后经医院抢救无效死亡。所以，丁某对张某具有伤害的故意，客观上实施了伤害的行为，并造成了张某伤重不治身亡的严重后果。丁某的行为已经构成了故意伤害罪。

四、专家点评

本案涉及故意伤害与过失致人死亡罪的区别。故意伤害致人死亡属于结果加重罪，行为人实施伤害行为主观上是故意的，对于致人死亡的加重结果主观上是过失的，因此属于双重罪过形式。过失致人死亡罪，行为人在主观上并无伤害他人的故意。本案中行为人丁某三拳连击被害人张某的上腹部，在张某弯腰倒地时，又向其右肋猛击一拳，从极大的部位、次数、强度来看，表明丁某主观上存在伤害他人的故意。在强力打击伤害的情形下，以该案发生的具体环境，行为人丁某应当预见自己的行为会造成他人的死亡而因疏忽大意未能预见，故对张某的死亡主观上存在过失，不属于意外事件。本案认定为故意伤害罪而非过失致人死亡或意外事件是正确的。

肖某故意伤害案

本案聚焦

刑讯逼供罪是指司法工作人员对犯罪嫌疑人、被告人使用肉刑或者变相肉刑逼取口供的行为。其主体为特殊主体，即司法工作人员。若主体不符，则不构成本罪。

一、案情回放

被告人：肖某，男，23 岁，汉族，原系天津铁路公安处某派出所民警。

1995 年 8 月 13 日 14 时许，被告人肖某在其派出所院内，碰见了前往存放自行车的天津铁路分局丰润供电段职工宋某，并对其盘问，因宋某未带工作证和其他证件，肖某认为其可疑。后被告人肖某到车站完成接送列车任务时，又发现宋某正和几名铁路通勤职工对话，准备乘坐火车。肖接送列车完毕后，将欲乘坐列车前往丰润参加单位学习的宋某带回派出所执勤室，宋某推搡肖某。两人发生口角，被告人肖某对宋某腹部、头颈部等处进行殴打，诱发了宋某脑血管瘤破裂而昏迷。被告人肖某采取了抢救措施，并用车辆将宋某送往医院进行急救，宋某因呼吸循环系统衰竭而死亡，根据尸检和病理组织学所见，宋某病变为右侧大脑后交通动脉发育不良、动脉瘤形成，其死亡原因为在外力作用下致使动脉瘤破裂致广泛蛛网膜下腔出血，呼吸循环衰竭死亡，被他人殴打头颈部是其脑血管破裂的诱发因素。案发后，肖某供述，殴打宋某是见其可疑为了逼取口供。肖某故意伤害他人致人死亡，应认定为故意伤害罪；被害人宋某特异体质可作为量刑情节考虑。

被告人肖某于 1995 年 12 月 15 日被天津铁路运输法院以故意伤害罪判处有期徒刑 5 年。

二、争议问题

此案无论在司法界还是理论界均存在较大争议。对于肖某的行为构成故意伤害罪、过失致人死亡罪还是刑讯逼供罪主要存在四种意见：

第一种意见认为，肖某的行为构成刑讯逼供罪，应当追究刑事责任。理由是：（1）肖某是为了逼取宋某的口供，对被害人实施殴打行为，具有刑讯逼供的主观要件。（2）肖某是一名司法工作人员，是履行职务行为，符合刑讯逼供的特殊主体身份。（3）在客观方面，确实是由于肖某殴打被害人引发宋某动脉瘤破裂，造成呼吸循环系统衰竭死亡后果。

第二种意见认为，肖某的行为造成被害人死亡属于意外事件，不应追究刑事责任。理由是：（1）被害人宋某患有右侧大脑后交通动脉发育不良，形成动脉瘤，即使未被他人殴打，有外力作用就可造成动脉瘤破裂而死亡。（2）肖某和被害人宋某素不相识，不可能预见对方患有严重疾病。（3）在客观上，虽然被告人肖某对被害人宋某实施了殴打行为，并给宋某造成一些轻微伤，与宋某的死亡结果有一定的联系，但绝不是行为与结果之间的必然因果联系，其中存在一定的偶然因素。我国刑法第 16 条规定："行为在客观上虽然造成了损害结果，但是不是出于故意或者过失，而是由于不能抗拒或者不能预见的原因所引起的，不是犯罪。"

第三种意见认为，肖某的行为构成过失致人死亡罪，应当追究刑事责任。理由是：（1）肖某是由武警部队转业到天津铁路公安处的一名民警，具有法律及相关知识，练过拳脚，应当预见自己实施殴打对方的行为，可能导致他人伤亡的后果，但是由于疏忽大意而没有预见。（2）从客观行为上正是由于肖某对被害人殴打行为，由于外力作用致使被害人宋某脑动脉瘤破裂，呼吸循环系统衰竭死亡。被害人虽患有疾病，但其在被肖某殴打前并无异常表现，由于肖某的过失行为造成宋某的死亡结果。

第四种意见认为，肖某行为构成故意伤害罪，应当追究刑事责任。理由是：（1）肖某明知自己的非法暴力行为会给对方造成伤害结果，其殴打对方行为反映了伤害对方的主观故意。（2）在客观方面，确实是由于肖某殴打行为引发被害人宋某死亡结果，肖某殴打行为与宋某的死亡存在着因果关系，虽是间接的，但也有必然联系。

三、评析意见

我们同意第四种意见，被告人肖某殴打被害人宋某致其死亡，应定故意伤害罪，应当追究刑事责任。

1. 肖某的行为不是刑讯逼供

首先，刑讯逼供罪是司法人员对犯罪嫌疑人、被告人使用肉刑或者变相肉刑，逼取口供的行为。因此，刑讯逼供罪的主体为司法工作人员，而故意伤害罪的主体为一般主体。其次，刑讯逼供罪的最终目的是司法人员最终要获得被害人的口供，而故意伤害罪的最终目的是行为人要致被害人伤害结果的发生。另外需要指出的是，如果在刑讯逼供过程中，造成被害人伤残、死亡的，刑讯逼供的行为就转化为故意伤害罪或故意杀人罪来定性。

刑讯逼供罪和故意伤害罪的客观表现形式都可以表现为实施

333

故意伤害他人身体行为，但两者的区别在于刑讯逼供罪的主观方面表现为：具有为逼取口供而实施伤害的主观故意，而故意伤害罪的主观方面则不存在逼取口供而实施伤害的主观故意。本案中肖某并非为了获取宋某的口供而伤害他，因此，本案不能定刑讯逼供罪。

2. 肖某的行为不构成过失致人死亡罪

过失致人死亡罪和故意伤害罪（致人死亡）都造成了他人死亡的结果，且行为人对死亡结果的发生都存在过失的心态。区分二者的关键就是看行为人的主观心理是否具有伤害即损害他人身体健康的故意。对过失致人死亡罪的行为人来说，在主观上既没有杀人的故意，也没有伤害的故意，只是由于自己的过失才造成他人死亡的结果，而故意伤害致死的情况下，伤害他人身体健康是故意的，只是因伤害导致他人死亡是过失的。所以，区分该两种情形的关键是查明行为人有无伤害他人身体健康的故意。本案肖某伤害他人的主观故意明确，因此本案并非过失致人死亡。

3. 本案并非意外事件

按照刑法第 16 条的规定，行为人虽然在客观上造成了损害结果，但不是出于行为人的故意或者过失，而是由于不能预见的原因所引起的，不认为是犯罪。这种情况就是刑法理论中的无罪过的意外事件。所谓不能预见的原因，是指行为人对其行为发生损害结果不但未预见，而且根据其实际能力和当时的具体条件，行为人也根本不可能预见。

对于意外事件之所以不认为是犯罪，这是我国刑法所坚持的主客观相统一的定罪原则所规定的。在这种情况下，虽然行为人在客观上造成了损害结果，但其主观上既不存在犯罪的故意，也不存在犯罪的过失，因而缺乏构成犯罪和负刑事责任的主观根据，不能认定为犯罪，追究刑事责任。如果这时对行为人定罪和追究刑事责任，就是"客观归罪"，有悖于主客观相统一的刑事责任原则的要求。

本案中，被告人肖某的伤害故意十分明确。虽然肖某的伤害行为和宋某死亡结果没有直接必然的因果关系，但具有间接、偶然的因果关系，被告人肖某行为是导致宋某死亡的根本原因之一。我国刑法中的因果关系，不仅包括直接必然的因果关系，而且包括间接、偶然的因果关系。因此，肖某的行为和宋某的死亡结果有刑法意义上的因果关系，应定故意伤害罪，应当追究刑事责任。

四、专家点评

刑讯逼供，是指司法工作人员对犯罪嫌疑人、被告人实行肉刑或者变相肉刑，逼取口供的行为。本罪的犯罪对象为犯罪嫌疑人和被告人，即在刑事诉讼中被指控有犯罪行为而受到刑事追究的人。本罪的主观方面为故意并有逼取他人口供的目的。本案中，宋某虽未带工作证和其他证件，但尚不属于被司法机关追诉的犯罪嫌疑人或被告人，不是刑讯逼供的犯罪对象；肖某主观上有伤害宋某的故意，并非是为了逼取口供。故认定为故意伤害罪是正确的。

十三

商某故意伤害案

本案聚焦

转化抢劫罪中行为人使用暴力或以暴力相威胁是为了窝藏赃物、抗拒抓捕或者毁灭罪证。如果犯罪人不是出于上述目的而使用暴力或以暴力相威胁，其行为构成犯罪的，应以相关罪名论处。

一、案情回放

被告人：商某，男，36 岁，农民。

2000 年 10 月 22 日 19 时许，被告人商某携带铁锹和编织袋来到大秦铁路线西张庄车站一停留货车上偷煤炭两编织袋（计80 公斤，总价值 40 元），正在盗窃时，被铁路公安民警和联防队员发现，商某携铁锹弃赃逃跑，民警和联防队员随后追捕，而后，商跑进铁路边庄稼地藏匿，联防队员李某等人上前堵截，商挥铁锹将李某面部前额砍伤，伤口长 3.6 厘米，法医鉴定构成轻伤。

大同铁路运输检察院以故意伤害罪对被告人商某提起公诉，大同铁路运输法院公开审理此案，以被告人商某犯故意伤害罪判处有期徒刑 1 年 6 个月。

二、争议问题

对被告人商某的行为是构成故意伤害罪还是抢劫罪，主要存在以下两种意见。

第一种意见认为应定故意伤害罪，其理由是：刑法第 269 条关于盗窃罪转化为抢劫罪规定，实际上指犯盗窃、诈骗、抢夺罪在特定情形下转化为抢劫罪的一种特殊情况，这种转化必须同时符合下述三个条件：第一，必须实施了盗窃、诈骗、抢夺罪。第二，必须是在实施盗窃、诈骗、抢夺的过程中，当场使用暴力或者以暴力相威胁。"当场"主要是指盗窃、诈骗、抢夺的作案现场。第三，暴力或者以暴力相威胁必须是为了窝藏赃物、抗拒抓捕或者毁灭罪证。综观本案，被告人商某的行为不具备盗窃罪向抢劫罪转化的前提条件。本案中，被告人商某的盗窃价值仅为40 元，显然不构成盗窃罪。从犯罪情节上看，被告人商某急于逃脱，对拦截他的联防队员当场实施的暴力或暴力相威胁的情节显著轻微，虽然给联防队员造成了伤害，只是一般的轻伤，不具备情节严重的事实依据。因此也不能认定商某的行为由盗窃罪转化为抢劫罪。本案中，商某为急于逃脱抓捕已将联防队员砍成轻伤，故对被告人商某只能以其行为实际触犯的刑法相关罪名定罪处罚。而本案事实表明：被告人商某的行为无论从主观故意还是从所实施的客观行为方面，均符合我国刑法规定的故意伤害罪的构成要件，其行为构成故意伤害罪。

第二种意见认为应定抢劫罪，其理由是：根据刑法第 269 条对盗窃罪转化为抢劫罪的规定，犯盗窃、诈骗、抢夺罪，为窝藏赃物、抗拒抓捕或毁灭罪证而当场使用暴力或者以暴力相威胁的，依据刑法第 263 条抢劫罪的规定定罪处罚。被告人商某盗窃煤炭时被值勤民警和联防队员发现后，为抗拒抓捕，用铁锹将联防队员李某面部砍伤，且后果是致人轻伤，符合盗窃行为转化为抢劫罪的构成要件，因此对商某应以抢劫罪定罪处罚。至于其盗窃行为所涉盗窃数额的大小，不影响抢劫罪（转化）的构成。

三、评析意见

我们同意第二种意见，本案应定为转化型抢劫罪。

转化型抢劫罪规定在刑法第269条。刑法第269条规定"犯盗窃、诈骗、抢夺罪，为窝藏赃物、抗拒抓捕或者毁灭罪证而当场使用暴力或者以暴力相威胁的，依照本法第263条的规定定罪处罚"，也就是按照抢劫罪定罪处罚。适用刑法第269条认定为抢劫罪的行为，必须同时符合以下三个条件：

第一，行为人实施了盗窃、诈骗、抢夺犯罪。关于其盗窃等行为是否必须达到"数额较大"的程度，对此有不同观点。第一种观点认为，必须达到认定上述三罪的标准，即非法占有财物"数额较大"。因为刑法规定的是"犯盗窃、诈骗、抢夺罪"，数额不是较大，属于一般违法行为，当然不具备转化犯的前提条件。第二种观点认为，只要实施了盗窃、诈骗、抢夺的行为，综合全案不属于"情节显著轻微危害不大"的，无论财物数额大小，既遂或未遂，都可转化为抢劫罪。

对此，最高人民法院、最高人民检察院1988年3月16日在《关于如何适用刑法第153条的批复》中指出："在司法实践中，有的被告人实施盗窃、诈骗、抢夺行为，虽未达到'数额较大'，但为窝藏赃物、抗拒抓捕、毁灭罪证而当场使用暴力或者以暴力相威胁，情节严重的，可按照刑法第153条的规定，依照刑法第150条抢劫罪处罚；如果使用暴力或以暴力相威胁的情况下，危害不大的，不认为是犯罪。"该司法解释至今仍可适用。

我们认为，尽管刑法第269条的规定是"犯盗窃、诈骗、抢夺罪"，但并不意味着行为事实上已经构成盗窃、诈骗、抢夺罪的既遂，而是意味着行为人犯有盗窃罪、诈骗罪、抢夺罪的故意与行为，这样，才能谈得上盗窃罪、诈骗罪、抢夺罪向抢劫罪的转化，否则不能认为是一种转化。另外，抢劫罪的成立也没有数额限制，故转化型抢劫也不应有数额限制。因此，行为人以犯罪故意实施盗窃、诈骗、抢夺行为，只要已经着手实行，不管是既遂还是未遂，不管所取得的财物数额大小，都符合"犯盗窃、诈骗、抢夺罪"的条件。

第二，必须当场使用暴力或者以暴力相威胁。这涉及对"当场"的理解。有几种不同的观点：一种认为"当场"是指实施盗窃、诈骗、抢夺的现场；一种认为"当场"是指窝藏赃物、抗拒抓捕、毁灭罪证的现场；还有的把这两种观点综合起来，认为二者都是"当场"；大多数学者主张，"当场"是指实施盗窃、诈骗、抢夺罪的现场，以及行为人刚一离开现场就被人及时发觉而立即被追捕中的场所。这里所指的"被追捕中"是指行为人刚离开现场，立即被被害人、民警或者其他人追捕、行为人基本上始终处于追捕人耳目所及的注视之下的场合，无论追逐多长距离之后，行为人为抗拒抓捕当场实施暴力或暴力威胁，都应以抢劫罪论处。即使行为人在被追捕过程中乘机藏匿于一隐蔽处或者混入人群，暂时脱离了追捕人的视线，但是，追捕人立即进行搜索，并发现行为人，行为人为抗拒抓捕当场实施暴力或暴力威胁的，仍应以抢劫罪论处。因为整个追捕过程没有间断。

本案中，商某在盗窃时被发现，于是逃跑。民警和联防队员一直追捕，当商某跑到庄稼地里时，联防队员抓商某时，商某为抗拒抓捕，用铁锹将联防队员打成轻伤，这是一个不可分割的过程，中间没有时间上的隔断，所以仍然应被视为"当场"，那种"当场"主要是指盗窃、诈骗、抢夺的作案现场的理解过于狭窄，是不符合立法本意的。

第三，使用暴力或者以暴力相威胁的目的是窝藏赃物、抗拒抓捕或者毁灭罪证。本案中，被告人商某为了抗拒抓捕，用铁锹将联防队员打成轻伤，符合这一要素。轻伤已经是严重后果了，那种认为"虽然给联防队员造成了伤害，只是一般的轻伤，不具备情节严重的事实依据"的说法也是不正确的，因为造成轻伤，已经够上追究刑事责任了。

需要说明的是，既然商某已构成抢劫罪，那么用铁锹伤人的暴力行为被视为抢劫罪的暴力，就不构成故意伤害罪了，因为对一个行为不能作重复评价。

四、专家点评

本案涉及对转化型抢劫罪的正确认定。在本案中商某的行为符合相关司法解释对"犯盗窃、诈骗、抢夺罪"的规定，同时也符合"为窝藏赃物、抗拒抓捕或毁灭罪证而当场使用暴力或者以暴力相威胁"的情形。本案关键在于对相关司法解释中的"使用暴力或者以暴力相威胁，情节严重的"的理解，我们认为，本案中商某以铁锹砍伤联防队员，致人轻伤，应认定为使用暴力情节严重，是转化型抢劫罪的"暴力"，不应理解为必须达到致人重伤或死亡的程度。评析意见是正确的。

张某等人故意伤害案

寻衅滋事是指出于不正当目的肆意挑衅，随意殴打、追逐、辱骂他人，或任意损毁、占用公私财物，或在公共场所起哄闹事，严重破坏社会秩序的行为，其客体是对公共秩序的破坏。而故意伤害罪的犯罪客体是他人的健康权，此为二者区别之关键。

341

一、案情回放

1998年12月8日，张某、范某、王某在太原开往成都的485次列车上叫卖食品被乘警查获处罚后，遂猜疑是同在列车上叫卖食品的李某告发所致，即合谋对其进行报复。当李某在临汾站下车后，三人即尾随其后，并在李某经由临汾站地下人行道出入口处准备返回车站乘车时，三人将其拦住。先由王某上前质问李某，当李某告知列车上告发之事并非自己所为时，范某即在其后打了李某两记耳光。张某随即用啤酒瓶向李某头上砸了一下，李某本能地用双手抱头蹲在地上后，张某、范某、王某即用酒瓶连续重击其头部、手部，瓶子破碎将李某手指割伤。其后三人又拳脚相加对李某进行殴打。后张某向李某提出赔偿在列车上被乘警处罚的损失。李某把身上的100元钱交给张某后，张某三人即携款逃离现场。后将此款全部挥霍。被害人李某经法医鉴定为轻伤。

临汾铁路运输检察院以张某、范某、王某触犯故意伤害罪将此案诉至临汾铁路运输法院，临汾铁路运输法院以故意伤害罪分别判处三人有期徒刑各1年。

二、争议问题

张某等三人的行为如何认定？

第一种意见认为，犯罪嫌疑人出于报复，对特定的人实施伤害行为，并致被害人轻伤的结果发生，侵犯了他人的身体健康权，其行为应构成故意伤害罪。

第二种意见认为，本案应认定为寻衅滋事罪，理由如下：

1. 从主观上看，本案的犯罪嫌疑人在列车上叫卖被乘警处罚后，无凭据地猜测是同车叫卖人员李某告发所致，感到气愤难平，便怀恨在心，伺机对其进行寻衅报复。发现李某在临汾站下车后，便尾随其后，其动机是通过寻衅滋事，追求精神刺激，填补精神空虚。

2. 从客观方面分析，寻衅滋事一般是指在公共场所肆意挑衅，无事生非进行破坏骚扰。从本案来看当王某质问李某，李某否认告发之事时，三犯罪嫌疑人不问青红皂白对李某就拳打脚踢，实属无事生非，而且发案的地点是在临汾站地下人行道口，周边且有过往的行人和商店、饭店。他们殴打李某的目的也就是长期能在列车上叫卖，实属欺行霸市。

3. 从侵犯的客体看，案发地在交通要道，当时虽行人稀少，但正值七八点钟，行为人的殴打行为给当地的行人、小商贩造成了巨大的心理恐慌，主要指向了公共秩序。

三、评析意见

我们认为第一种意见是正确的。

1. 故意伤害罪与寻衅滋事罪的区别

寻衅滋事罪，是指肆意挑衅，随意殴打、骚扰他人或者任意损毁、占用公私财物，情节严重或者情节恶劣的或者在公共场所起哄闹事，造成公共场所秩序严重混乱的行为。其表现为四个方面：（1）随意殴打他人，情节恶劣的；（2）追逐、拦截、辱骂他人，情节恶劣的；（3）强拿硬要或者任意损毁、占用公私财物，情节严重的；（4）在公共场所起哄闹事，造成公共场所秩序严重混乱的。

寻衅滋事罪是从1979年刑法规定的流氓罪中分离出来的，因此原流氓罪的本质和特点在寻衅滋事罪中都有所体现。寻衅滋事罪的本质特征是，公然藐视国家法纪和社会公德，故意用寻衅滋事，破坏社会秩序的行为，来寻求精神刺激，填补精神上的空虚。

在客观方面，寻衅滋事罪的行为人随意殴打他人的起因往往是因为小事或根本没有任何原因，行为人是为了寻求精神刺激而无事生非，即行为人是在"寻衅"——以某种并不成立的理由为借口殴打他人；在殴打他人的过程中，从行为人所采用的手段、器物、击打的部位来看，并无明显地伤害他人健康、造成他人伤害或者非法剥夺他人生命的迹象。而故意伤害罪一般能从行为的手段上较为明显地反映出其具有伤害的故意。也就是说，寻衅滋事在起因上、对象上、殴打的手段上都具有一定的随意性，而故意伤害罪无此随意性。

主观方面，寻衅滋事罪的行为人具有寻衅滋事的故意，并在此支配下实施了寻衅滋事行为，以达到满足填补精神空虚的犯罪目的；故意伤害罪则无此动机和目的，这是本罪与故意伤害罪的关键区别。

2. 本案应认定为故意伤害罪

（1）从主观上看，张某等三人有伤害的故意。三人因在列车上叫卖食品而被乘警查获，最后怀疑是李某告发的，决定要报复，后来把李某截住，对其进行殴打。从一开始三人目的就非常明确，要报复李某，痛打一顿，出出恶气，如果在车站上截不住李某，在别的地方截住李某也要对其进行殴打，因此他们不具有寻衅滋事的故意。

（2）从客观上讲，张某等三人并不是无事生非。三人因被乘警处罚后，遂对李某产生怀疑，因此三人殴打李某是有原因的。其所击打的部位是其头部、手部，伤害的意图很明显，其所进行的一系列行为，都是为了一个特定目的，报复李某，并不是随意的。

之所以有人认定张某等三人为寻衅滋事罪，是认为其符合寻衅滋事罪的有关在公共场所起哄闹事，造成公共场所秩序严重混乱的构成要件之一。我们认为：起哄闹事是指出于取乐、发泄、寻求精神刺激等动机，在公共场所无事生非，制造事端，或者以小事为借口，造谣生事，扩大事态的发展，寻机闹事，扰乱公共场所秩序的行为。造成公共场所秩序严重混乱，是指公共场所的秩序受到严重破坏，发生群众恐慌、逃离等严重混乱局面甚至出现公共场所的秩序脱离公共场所工作人员或者公安干警的控制，在混乱中发生人员伤亡等严重后果。

我们不能仅仅从张某等三人在车站打人这一方面就认定是寻衅滋事罪，三人对李某在车站殴打，可能会给公共秩序造成一定的损害，但通过对张某等三人进行全面分析，确定三人不具备寻衅滋事罪的主客观条件，因此此案宜认定为故意伤害罪。

四、专家点评

故意伤害罪是指故意非法损害他人身体健康的行为，寻衅滋事罪中的随意殴打他人，也往往会造成他人轻伤。在致人轻伤的情况下，区分寻衅滋事罪和故意伤害罪，要正确认识两罪的犯罪构成特征，特别注意对犯罪主观方面的把握。本案中张某等人殴打、用啤酒瓶砸李某等行为，一方面是事出有因而非寻衅，另一方面选择对象是特定的，而非随意。从主观上讲明显具有报复的动机和伤害目的，而不是以随意殴打他人来寻求刺激填补精神空虚。由于犯罪行为发生在公共场所，势必对周围行为等造成一定影响，这是任何发生在公共场所的犯罪都可能产生的结果。因此，要结合案件的客观特征表现出来的行为人主观意志来正确认定。故本案认定为故意伤害罪是正确的。

赵某非法拘禁案

　　本案涉及两个重要问题：（1）索债型的非法拘禁罪与勒索型的绑架罪的区别；（2）行为人在索债时所要的数额超过原来的债务数额，此行为应如何认定？

一、案情回放

　　被告人：赵某，男，30岁，山西省清徐县人。

　　1999年，姚某因赌博欠刘某4200元，刘某因购买房屋欠赵某5000元。1999年6月份，赵某要求刘某还钱，刘某说："姚某欠我钱，咱们找他要吧。"赵某同意，于是二人一同找姚某要钱。姚某对刘某说："我欠你4200元，不是5000元。"刘某说那800元是利息，姚某也没说什么，只是说现在没有钱，等发了工资再给。

　　1999年8月2日，赵某伙同李某（已判刑）、张某（在逃）雇用王某驾车至榆次工务段芦家庄养路工区，向姚某讨要5000元欠款。姚某仍说没有。赵某等三人便把姚某拉出单位，对姚进行殴打，并强行用汽车带至榆次市，要求姚某与家人联系，把钱送过来。姚的家人报案。后赵某等三人发现有人围堵，便驾车逃走，途中把姚某推下汽车。在此期间，姚某被非法拘禁6个小时。经医院鉴定，姚某身上多处软组织挫伤，右眼视力明显下降。

太原铁路运输检察院以赵某构成非法拘禁罪，将此案起诉至太原铁路运输法院，太原铁路运输法院以非法拘禁罪，判处其拘役6个月。

二、争议问题

赵某的行为构成非法拘禁罪还是绑架罪？

第一种意见认为，赵某涉嫌绑架罪，因刘某欠赵某5000元，姚某欠刘某4200元，其中800元的差价可认定为勒索财物。赵某是一个行为触犯两个罪名，同时触犯非法拘禁罪和绑架罪，从一重罪处罚，应认定为绑架罪。

第二种意见认为，赵某涉嫌非法拘禁罪，赵某为索要其债务，对姚进行殴打，并非法拘禁了6个小时，符合非法拘禁罪的构成要件。

三、评析意见

我们同意第二种意见。

1. 非法拘禁罪与绑架罪的区别

绑架罪是指以勒索财物为目的绑架他人，或者绑架他人做人质的行为。非法拘禁罪是指以非法拘禁或者其他强制方法剥夺他人人身自由的行为。非法拘禁罪与绑架罪的区分主要在于：

（1）主观方面。绑架罪的主观目的是以勒索财物或其他不法利益为目的，剥夺人身自由只是实现其犯罪目的的一种手段，一个重要环节而已。非法拘禁罪一般没有勒索财物或其他不法利益的目的，其目的则仅在于剥夺他人人身自由，当然，其动机可以多种多样，如泄愤报复、要特权、逼取口供、索要债务，但动机如何，并不影响非法拘禁罪的成立。

（2）非法拘禁罪只是侵犯他人的人身权利，而绑架罪往往因勒索巨额赎金而给被害人财产造成重大损失，而且其数额巨大，也是一般抢劫罪所不能及。而这也是绑架罪的处罚超过其他侵犯人身权利罪和侵犯财产罪的根本原因。

（3）非法拘禁罪的行为方式，一般是以暴力、胁迫等作为的方式，非法剥夺他人人身自由，也可以不作为的方式实施，但绑架罪不可能以不作为方式实施。

实践中，涉及绑架罪与非法拘禁罪的界限区分问题主要是以勒索财物为目的的绑架罪（简称勒索型绑架罪）与为索取债务非法扣押、拘禁他人的非法拘禁罪（简称索债型拘禁罪），二者很容易混淆。区分勒索型绑架罪与索债型拘禁罪应注意两点：

一是是否存在债权债务关系。认定某种犯罪行为是构成勒索型绑架罪还是构成索债型拘禁罪，首先应当考察行为人与被绑架人之间是否存在债权债务关系，如果不存在，则考虑构成绑架罪或其他罪名；如果存在债权债务关系，再看是否符合构成索债型拘禁罪的其他条件。至于债权债务关系是否明确，债务是否合法，不是区别两罪的标准。刑法第 238 条第 3 款明确规定：为索取债务非法扣押、拘禁他人的，以非法拘禁罪处罚。最高人民法院在 2000 年 6 月 30 日通过的《关于为索取法律不予保护的债务非法拘禁他人如何定罪问题的解释》中明确指出，行为人为索取高利贷、赌债等法律不予保护的债务，非法扣押、拘禁他人的，以非法拘禁罪定罪处罚。

二是主观方面是否为索取债务。在认定行为人与被绑架人之间存在债权债务关系的基础上，再考察行为人主观上是否确为追索债务。也就是说，必须综合考虑案件的主客观因素，以便准确定性。如果主观上确系追索债务，则构成非法拘禁罪。例如，债权债务关系虽不明确，但行为人确系出于索取债务的目的而实施绑架行为的，应以非法拘禁罪定性。相反，如果行为人以索取债务为借口，出于勒索钱财或者出于其他不法意图而非法扣押、拘禁他人的，即使存在债权债务关系，也不能定非法拘禁罪，而此时已构成绑架罪。

2. 赵某的行为构成非法拘禁罪

首先，本案中，存在两个债权债务关系，刘某买房欠赵某的5000元，这是一个合法的债权债务关系；姚某因赌博欠刘某的4200元，这是一个非法的债权债务关系。后来刘某把对姚某的债权转让给了赵某，产生了民法上的债权转让，并且告诉了姚某，姚某对此也没有异议，表示他认可这个转让，债权转让以通知为要件，故可认定赵某与姚某存在债权债务关系，不管这个债务合法不合法，都是成立非法拘禁罪的前提条件。

其次，赵某在事后确实向姚某要过几次债，姚某都没有给，最后赵某把姚某拘禁，以此想取回债务，可见赵某主观上是想要回钱，不存在绑架罪的可能了。

但是非法拘禁罪的构成，需要一定的条件，参照最高人民检察院于1999公布实施的《关于人民检察院直接受理立案侦查案件标准的规定（试行）》第3条第1项的规定，其中第（3）款规定：非法拘禁他人，并实施捆绑、殴打、侮辱行为的以非法拘禁罪定罪处罚。本案中，赵某为索要债务，非法拘禁姚某6个小时，且对姚某进行殴打，身上多处软组织挫伤，右眼视力明显下降，符合这一规定，故赵某涉嫌非法拘禁罪。

这里还有一个问题：赵某在索债时，比姚某欠刘某的债务超过了800元，对此应如何认定？如果行为人在索债时所要的数额超过了原来债务的数额，此时，行为人实施了一个行为（非法拘禁他人），同时触犯了非法拘禁罪和绑架罪两个罪名（索要的数额既有其应得的债务，也有其不应得的超出债务的部分，行为人只能对其应得的债务主张权利，不能对超出应得债务部分主张权利，否则系非法），这种情况属于刑法理论上的想象竞合犯。

根据想象竞合犯从一重处断的原则，对行为人应以其中的重罪即绑架罪处罚。本案中不存在这一问题，从赵某来说，他只是想要回姚某代刘某付的 5000 元欠款，虽然说比姚某欠刘某的多了 800 元，但刘某欠赵某的是 5000 元，姚某对多出的 800 元也没有异议，可认为是他对此默认，主观上赵某没有勒索财物的故意，所以不能认定为绑架罪。

四、专家点评

本案中，赵某的行为究竟构成非法拘禁罪还是绑架罪，关键问题在于赵某能否对于超出债务的数额部分主张权利？

一些学者认为，如果行为人在索债时所要的数额超过了原来债务的数额，在这种情况下，行为人属于实施了一个行为（非法拘禁他人），同时触犯了非法拘禁罪和绑架罪两个罪名（索要的数额既有其应得的债务，也有其不应得的超出债务的部分，行为人只能对其应得的债务主张权利，不能对超出应得债务部分主张权利，否则即系非法），此种情况属于想象竞合犯。

赵某的行为是否属于对超出的债务部分主张权利？正如分析意见指出的，赵某无论是向刘某还是向姚某，其主张权利的数额是 5000 元，而且系赵某和刘某之间的合法债权债务关系，在债务转让之后，成为赵某向姚某主张权利，这一主观意思不具有成立绑架罪的主观目的，即勒索财物的特征，因此，不能认定赵某的行为成立绑架罪。评析意见对赵某成立非法拘禁罪并以此定罪量刑的观点是恰当的。

刘某非法拘禁案

本案聚焦

绑架罪与非法拘禁罪的主要区别在于：绑架罪主观上必须以勒索财物或其他非法利益为目的，而非法拘禁罪则无此目的。因此，本案定性的关键在于准确分析被告人与被害人之间是否存在债权债务的关系。

一、案情回放

2001 年秋天，被告人刘某从河北某建筑公司项目部经理田某处承包了一工程中的部分装修工程，协议约定，工程质量达到优良，工程完工后田某给付刘某 85% 的工程款，其余 15% 的工程款待全部工程验收后支付，总计工费为 10 万元。在履行中，被告人刘某认为工程量大，全部干完，不能赚钱，就单方中止了协议，不再继续施工，对已施工部分工程质量也未达到优良，田某按刘某施工的数量给付工程款 6 万余元。2001 年底，刘某认为田某还应给他 1.7 万元的工程款，要求田某支付，田某认为工程款已结清，便回绝了刘某的要求。2002 年 2 月，刘某找到李某、张某等 5 人，对他们称田某欠其五六万元的工程款，让他们帮助要款。李某、张某和刘某商量后就伙同另外三人从石家庄市将田某绑架到李某的村子里，其间刘某向田某提出要求只要田某支付七八万元就完事，李某、张某认为刘某要得太少，在看押田某时，二人要求田某必须拿出 30 万元，后降到 20 万元才肯放人。田某按他们的要求通知了家人，在被拘禁后的第四天田某家属准备去交钱领人时，被公安机关解救。刘某被河北保定法院以非法拘禁罪判处有期徒刑 3 年。

二、争议问题

此案在处理中，对李某、张某的行为构成绑架罪没有争议，但对刘某的行为是构成非法拘禁罪还是绑架罪有两种意见：

第一种意见认为，被告人刘某和田某之间存在债务纠纷，在刘某向田某索要工程款未果的情况下，采取了拘禁田某的方式来索要欠款，是为索取债务而拘禁田某，虽然这种债务有一定的不确定性，但毕竟不是在没有缘由的情况下进行绑架勒索，因而对其行为应按照我国刑法第 238 条第 3 款的规定，以非法拘禁罪处罚。

第二种意见认为，被告人刘某以索债为由，把田某挟持到村庄予以拘禁，要求田某拿出七八万元进行了结，其要求的数额已远超出刘某曾要求田某支付的数额，主观上有勒索的故意，是在索债的基础上进一步勒索钱财，其行为已超出单纯索债的范围，性质已转化，符合我国刑法第 239 条的构成要件，应以绑架罪定罪处罚。

三、评析意见

我们同意第二种意见，理由如下：

绑架罪是指以勒索财物或其他不法利益，用暴力、胁迫或其他方法挟持或实际控制他人，以及以勒索财物为目的偷盗婴儿的行为。绑架罪与非法拘禁罪有相同或相似之处：第一，在客观方面，都直接侵犯他人的人身自由权利。第二，都有故意犯罪。第三，都是一般主体。但是二者有着重大区别：其一，绑架罪在主观上必须是以勒索财物或其他不法利益为目的，而非法拘禁罪则没有。虽然，我国刑法第238条第3款规定，"为索取债务非法扣押、拘禁他人的，依照非法拘禁罪的规定处罚。"但是在这里，非法拘禁的目的是以扣押人质的方法使被害人履行其合法债务，而不是进行勒索，主观上不具有非法占有他人财物的目的。其二，非法拘禁罪只是侵犯了他人的人身权利，而绑架罪则往往给被害人造成重大财产损失。其三，刑法第238条非法拘禁罪的行为方式，一般是以暴力、胁迫等作为的方式方法剥夺他人人身自由，也可以不作为的方式实施。绑架罪只能以作为的方式实施。从以上可以看到，二者的主要区别在于其主观上是否具有勒索财物的目的。下面，我们对本案的情况再作一分析：

1. 此案的形成起源于刘某和田某之间没有确定的经济纠纷，被告人刘某认为，田某欠他的工程款，而田某认为不再欠刘某工程款，那么他们之间的经济纠纷又是怎样的呢？按照他们签订的施工协议，全部工程完工后，田某应支付刘某85%的工程款，而在实际履行中，刘某没有进行完整个施工，工程质量也没达到优良，在此情况下，田某按照他们实际施工量给付刘某6万余元的工程款，对违约行为也没有追究。从以上情况看，田某不欠刘某工程款，而刘某单方认为，田某还欠他工程款，所以他们之间对是否欠工程款的认识不统一，债权债务关系并不确定，因此说刘某认为欠他的工程款也是没有事实和法律根据的。在此基础上，刘某纠集他人将田某绑架作为人质，索取钱财，其行为显然不符合我国刑法第238条第3款的规定，相反其行为已具备了我国刑法第239条的构成要件，故应以绑架罪定罪处罚。

2. 就此案而言，退一步讲，就按刘某所认为的那样，田某欠他的工程款，但其绑架田某后向田某索要的数额远远大于他自认为所欠的数额。证人杜某证实，在案发前，刘某曾向田某索要工程款，声称欠他1.7万多元，而田某在被绑架后的第二天，刘某向田某谈如何处理此事时，要求田某拿出七八万元便可了结，田某认为太高，答应给 5 万元，但刘某并未同意。刘某的行为表明，他将田某绑架后，向田某索要钱时并不满足只要回他以前认为田某欠他的 1.7 万元，而是趁绑架之机多勒索一些。此外，本案的同案犯李某和张某开始向田某索要 30 万元，后降到 20 万元，他们这样做，并不违背刘某的愿望，与他向田某所讲的意思也是相符合的。刘某的上述行为表明，他不仅有索债的故意而且还具有勒索的故意，是一种以索债为由在债务基础上进一步勒索钱财的行为，不但侵犯了他人的人身权，同时也侵犯了他人的所有权，因此刘某的行为不仅触犯了非法拘禁罪而且还触犯了绑架罪，属于想象竞合犯，应从一重罪以绑架罪处罚。此外，他们在田某同意给钱后，还让田某打了一个欠刘某 20 万元的欠条，意图很明确，就是想利用欠条说明他们是索债而不是勒索，从而达到逃避法律制裁的目的。

从以上的分析中我们可以看出，此案件是一起有预谋、有计划、多人参与实施的，以索债为由借机勒索钱财为目的的犯罪，其行为完全符合我国刑法第 239 条绑架罪的构成要件，应以绑架罪定罪处罚。

四、专家点评

此案的复杂之处在于被告人刘某与被害人田某之间是否存在债权债务关系的确定上。从案情和评析上很难确定这种债权债务关系的存在，这就无法排除被告人刘某的非法占有主观目的，而且在司法实践中，对于存在债权债务关系的债权人通过拘禁债务人的方式向债务人索要超过债务数额较大的钱财，一般认定属于非法拘禁罪与绑架罪的想象竞合犯，依据想象竞合犯的处断原则即从一重罪论处。因此，本案的评析观点是正确的，刘某应以绑架罪定罪处罚。

吴某等人绑架案

本案聚焦

被告人在绑架过程中将被害人随身携带的钱财据为己有，此行为属于绑架罪还是抢劫罪？

一、案情回放

被告人：吴某，男，28岁，原系太原铁路分局某段副司机。

被告人：李某，男，30岁，原系太原某钢窗厂工人。

被告人：贾某，男，24岁，无业。

被告人吴某以其女友刘某被乔某调戏为由，纠集被告人李某、贾某欲挟持乔某进行报复。1998年6月24日7时50分，三被告人尾随乔某至其单位门口，并强行将乔某拽上吴某租来的出租车上拉走，在途中换车时，乔某趁机逃脱，被贾某抓住。三被告人将乔某强行拽入另一出租车内，途中李、贾二人让乔低头、闭眼或用衣服蒙头，遭乔的拒绝。李、贾二人便用拳头击打乔的上身和颈部。三人将乔拉至吴的住处后，便分别持木棍、擀面杖、铁丝殴打乔，并逼问了乔与刘的关系。乔因怕继续殴打，提出以携带的5000元了结此事，李、贾二人嫌少，迫使乔提出再让朋友送1万元来，被告人吴某用手机给崔某打电话联系送钱方式。17时许，三被告人在收到崔的1万元及乔的5000元后才将乔某放走。经鉴定，乔全身形成多处损伤，达全身体表总面积的 7%，已构成轻伤。

太原铁路运输检察院认定吴某、贾某、李某构成绑架罪，将此案诉至太原铁路运输法院。太原铁路运输法院以绑架罪判处被告人吴某有期徒刑 10 年，并处罚金人民币 5000 元；判处被告人贾某有期徒刑 7 年，并处罚金人民币 3000 元；判处被告人李某有期徒刑 5 年，并处罚金人民币 2000 元。被告人不服，提起上诉，北京铁路运输中级人民法院以非法拘禁罪改判。

二、争议问题

吴某等人的行为是非法拘禁罪、绑架罪还是抢劫罪？是一罪还是数罪？

第一种意见认为，吴某等人以要挟报复为目的，将乔某挟持至吴某住处，对乔实行了拘禁，剥夺乔某的人身自由的行为，构成非法拘禁罪。

第二种意见认为，吴某等人以勒索钱财为目的，将乔某绑架劫持，并使用暴力、胁迫等强制手段，构成绑架罪。

第三种意见认为，吴某等人挟持乔某，并迫使乔某让崔某携 1 万元赎人的行为已构成绑架罪；吴某等人使用暴力，夺取乔某随身携带的 5000 元的行为构成抢劫罪，应数罪并罚。

三、评析意见

对吴某等人的行为应如何定性，存在较大的分歧意见，我们同意第三种意见，认为吴某等人构成绑架罪和抢劫罪。

本案涉及此罪与彼罪的区分问题，准确定性具有一定的难度。只有结合行为人的具体行为，才能正确判断本案的性质。下面，对吴某等人的行为进行详细的剖析。

1. 吴某等人的行为首先涉及绑架罪与非法拘禁罪的区分问

题。绑架罪，是指以勒索财物为目的的绑架他人，或者绑架他人做人质的行为。非法拘禁罪，是指以非法拘禁或者其他强制方法非法剥夺他人自由的行为。在绑架行为实施过程中，对他人人身自由的非法剥夺是绑架的当然结果，而非法拘禁也可以绑架的手段实施，二者容易混淆。两罪构成的主要区别是：（1）主观方面，绑架罪是以勒索财物为目的，或者是除勒索财物或者出卖为目的以外，获取其他利益的目的；而非法拘禁罪是以非法剥夺人身自由为目的。（2）客观方面，绑架罪一般既有绑架的行为，又有勒索财物或者要求其他利益的行为，剥夺人身自由是绑架的当然结果；而非法拘禁罪一般只具有非法剥夺人身自由的行为，除了因索取债务的情况外，既无勒索财物的行为，也无要求其他利益的行为。（3）客体不完全相同，绑架罪即存在复杂客体的情况，即包括他人的人身自由权利、健康、生命权利及公私财产所有权，也存在单一客体的情况，即不以勒索财物为目的而绑架他人，只侵犯到他人的人身自由、健康、生命权利；而非法拘禁罪只是单一客体，即他人的人身自由、健康、生命权利。

在本案中，吴某以其女友被乔某调戏为由，纠集李、贾二人将乔某绑架至吴住处，非法限制其人身自由，并使用木棍、擀面杖、铁丝对乔某进行殴打，如果说，吴某等人将人绑架来，只是为了对其进行报复的话，那么，在一系列的殴打、威胁、逼问后，吴某等应当将乔某放走，因为吴某已达到了其报复的目的。但是，吴某等人却对乔某进行不断的殴打，直至乔某提出以5000元了结此事，但吴某等人嫌5000元太少，就又对乔某进行威胁，迫使乔提出让家人和朋友送来1万元钱。在此后的联系送钱方式过程中，吴某表现得积极主动，在得到乔某朋友送来的1万元及乔某身上的5000元后，吴某等人才将乔某放走。至此，我们不难看出，吴某等人对乔某实施的绑架、殴打等行为，真正的目的是为了向乔某勒索财物，对其进行的殴打等行为，只是为了达到目的的一种手段。从客观方面看，吴某等人实施的行为，既有绑架的行为，又有勒索财物的行为，如果是构成非法拘禁罪，吴某等人不应有勒索财物的行为，应当在对乔某实施了报复性的殴打行为后，将乔某放走，也就不会出现最后向乔某索要1.5万元的情形。从主观方面看，吴某等人有非法拘禁乔某并向其勒索财物的主观故意。在本案中，这种勒索财物的主观故意表现得不是很明显，这也许就是本案出现两种定性意见的原因所在。但是，我们都知道，客观反映主观，主观是客观的体现，在客观上，吴某等人实施了威胁乔某的行为，使乔某被迫提出以钱解决问题的要求，而这种要求正中下怀，使吴某等人勒索钱财的隐蔽的主观故意得以暴露。吴某在客观上的威胁、逼迫的行为，反映了其在主观上要勒索财物的故意。从客体上看，吴某等人的绑架、殴打的行为侵犯了乔某的人身自由、健康和生命权利，向乔某勒索1.5万元了结事情的行为，又侵犯了乔某的财产所有权，使乔某在身体与财产上都受到了损失。因此，吴某等人的行为符合绑架罪的犯罪构成，构成绑架罪，应以绑架罪定罪处罚。

但是，吴某等人是不是仅触犯绑架一个罪名呢？细分析案情，吴某等人取得的1.5万元钱分为两部分，一部分是乔某随身携带的5000元，一部分是乔某朋友崔某带来的1万元。对于崔某这1万元，完全符合绑架罪利用被绑架人的近亲或者其他人对被绑架人安危的忧虑，以勒索财物或满足其他不法要求为目的的特征。换句话说，绑架罪是从被绑架人亲友处得到财物或满足其他不法要求。但是，对于吴某等人从乔某身上获得的5000元，是否也属于绑架的范畴呢？我们认为，把吴某等人通过殴打等手段从乔某身上获得的5000元也定为绑架罪是不妥的，因为它不符合绑架罪的上述特征。

2. 吴某等人强行索取乔某随身携带的5000元人民币的行为应定为抢劫罪，与绑架罪实行数罪并罚。理由是：抢劫往往是当场使用暴力，强取被害人控制、占有的财物；而绑架罪往往是扣押人质，向人质的亲友勒索财物，其财物往往不在人质控制支配之下，而是在第三人的控制之下。如果行为人虽使用了绑架的方式，但索取的是他本人控制的财物，而不是向第三人索要财物，也是抢劫罪。吴某等人将乔某绑架，并以殴打的暴力方式，直接向被害人乔某逼取财物，并最终获得乔某随身携带的 5000 元人民币，这并未侵犯到第三人的自决权，因此，吴某等人索取5000 元人民币的行为构成抢劫罪，与绑架罪并罚。

四、专家点评

本案中，吴某等人勒索 1 万元的行为完全符合绑架罪的犯罪构成特征，成立绑架罪应无异议。有争议之处在于吴某等人现场将被害人随身携带的 5000 元占为己有的行为究竟属于绑架罪还是抢劫罪？通过对本案案情的分析，吴某等人当场占有 5000 元的行为符合抢劫罪的概念和构成特征。因此，对两个行为分别予以认定，吴某等人成立抢劫罪和绑架罪，应实行并罚。

十四/铁路其他刑事案件

陈某过失致人死亡案

> 犯罪过失内容的分析。犯罪过失，是指应当预见自己的行为可能发生危害社会的结果，因为疏忽大意而没有预见，或者已经预见而轻信能够避免的心理状态。

一、案情回放

被告人：陈某，女，50岁，农民。

2002年4月19日陈某携带一名出生30天的女婴，从绵阳火车站乘坐成都开往太原的1486次旅客列车欲到太原。当列车运行至闻喜车站时，陈某见女婴不哭不闹，两眼紧闭，脸色发黑，嘴唇发紫，以为孩子已经死亡，遂将女婴从车窗扔出车外。经刑事技术鉴定：该女婴之损伤有明显的生活反应，其损伤为生前伤，因此，女婴系列车坠落后导致颅脑损伤而死亡。陈某被公安机关抓获，以故意杀人罪移送审查起诉。太原铁路运输检察院认定陈某犯过失致人死亡罪，向太原铁路运输法院提起公诉。太原铁路运输法院认为：被告人陈某由于疏忽大意，认为其携带的女婴已经死亡，而将女婴扔至车下，致使该女婴坠车时造成严重颅脑损伤而死亡，其行为已构成过失致人死亡罪，判处有期徒刑3年。

二、争议问题

关于如何认定本案被告人陈某行为的性质以及在主观方面是否有罪过，主要存在三种分歧意见：

第一种意见认为，陈某的行为构成故意杀人罪。其理由是：陈某系正常人，而且明知在运行中的列车上将婴儿抛下车，很可能会造成婴儿死亡的结果，故意实施了非法剥夺他人生命的行为，应该以故意杀人罪定罪处罚。

第二种意见认为，陈某的行为应定过失致人死亡罪。其理由是：陈某由于疏忽大意，认为其携带的女婴已经死亡，而将女婴扔至车下，致使该女婴坠车时造成严重颅脑损伤而死亡，其行为应以过失致人死亡罪处罚。

第三种意见认为，陈某的行为不构成犯罪。其理由是：陈某在主观上没有过错，在她认为女婴已经死亡，被她扔下车的是一具尸体，并未侵犯他人的生命权，法律并未规定抛弃尸体的行为构成犯罪，法无明文规定不为罪。

三、评析意见

对上述意见我们同意第二种，对陈某的行为应认定为过失致人死亡罪。

我国刑法对各种犯罪的构成进行了归纳，但无论任何犯罪都具有四个共同要件。犯罪主观方面是确定犯罪主体罪过的内容，犯罪行为是犯罪主体的罪过心理的外化。因而犯罪的主观方面是构成犯罪的必备要件。犯罪的主观方面，通常是指犯罪主体对自己实施的危害行为所造成的危害社会结果所抱的主观心理态度。主要包括犯罪故意、犯罪过失、犯罪动机和犯罪目的等内容。犯罪故意和犯罪过失在英美法系刑法理论中称为犯意，在我国刑法则称为罪过。它们可以单独完整地表现犯罪的主观方面，说明某一种犯罪主观要件的情况，是犯罪构成主观方面的必要条件，又叫普通要件。犯罪目的只存在犯罪故意之中，只能进一步说明某种犯罪在主观方面的状况，是某些犯罪所必要的主观要件，称为选择要件，又叫特殊要件，犯罪动机不是犯罪构成必备的要件，不能影响犯罪主观方面的成立，只对确定行为人主观恶性起一定的作用。

犯罪的主观与一般心理活动一样，是支配行为人实施的一定的内在动力，其内容包括认识和辨别事物及其性质的意识因素以及决定和控制自己行为的意志因素。只不过与一般心理活动不同的是，犯罪主观方面是行为人对危害结果所持有的心理态度。我国刑法第14、15条规定的"明知"、"预见"、"希望"、"放任"、"轻信"等即表明了行为人的这种特定的心理态度。犯罪是主观见之于客观行为，主观心理态度只有通过危害行为表现出来才具有刑法意义。如果不是支配危害行为，而是行为人在实施危害行为之前或之后所具有的其他心理态度，则不属于犯罪主观方面。

在故意犯罪中，"希望"是行为人积极地有目的地追求危害结果发生的意志状态；"放任"是行为人对由于自己的行为所引起的危害结果，听之任之，不加控制和干涉的意志状态。在过失犯罪中，行为人意志因素都是不希望发生危害结果，但支配和控制其行为的心理状态，有的表现为疏忽大意没有预见到本来应当预见的危害结果，以致发生危害结果的意志状态；有的表现为轻信可以避免、盲目自信，轻率地选择和支配自己的行为，以致发生危害结果的意志状态。意识因素与意志因素是有机联系、相互依存、相互制约而不是随意排列组合的，如在意识因素中，行为人如果是应当认识危害社会的行为而没有认识的话，那么在意志因素中绝不可能同时表现为希望这种意志状态。

就本案的事实经过来看，表面上是陈某将女婴扔出车外而致女婴摔死，而实际上陈某对女婴的死亡结果并不持有"希望"也不具有"放任"的心理状态，且其所表现出来的过失心理状态是比较明显的。首先，在行驶的火车上，人多拥挤，女婴被棉被包着由陈某抱着，而且喂奶不适，使女婴从上车后一直啼哭，以致对其应当预见的女婴在这种环境下有可能会造成缺氧窒息或生病的发生而没有预见到。其次，当女婴出现严重缺氧的状况下，不采取任何积极的救助措施，而断定女婴已经死亡，便从窗口将女婴扔下车。陈某的这一行为属于犯罪主观方面的特殊问题，也就是刑法上的认识错误。陈某将活着的女婴误认为是一具无生命力的死尸，由此表面看陈某意图侵犯的是尸体，而尸体并非存在，实际上是侵犯了他人的生命权。根据犯罪过失的意志因素来看，她不仅造成了危害结果，更违反了注意义务。所以我们认为陈某对女婴的死亡在主观方面是有罪过的，应当以过失致人死亡罪定罪处罚。

四、专家点评

本案被告人陈某的行为构成过失致人死亡罪。根据当时的具体情况，陈某应当预见到女婴可能窒息或者昏迷，但由于陈某的疏忽大意而没有预见到，其行为和婴儿的死亡有刑法上的因果关系。陈某的行为不构成故意杀人罪，因为她主观上认为女婴已经死亡，因此自己的行为是抛尸行为，故主观上没有剥夺他人生命的故意，不符合故意杀人罪的主观要件，只要陈某尽到自己的注意义务是可以避免危害结果的发生。致人死亡的结果不是由于不能预见或不能抗拒的原因造成的，而是由陈某有罪过（过失）的行为造成的，评析意见是正确的。

杨某重大责任事故案^①

重大责任事故罪与过失致人死亡的主要区别在于，前者的客体是公共安全，后者的客体是他人的生命权利。重大责任事故罪与交通肇事罪的主要区别在于，前者的直接客体是矿山企业、其他企业、事业单位的生产安全，后者的直接客体是交通运输安全；在客观方面，前者发生在生产、作业场合，行为人违反了有关生产、作业安全的劳动纪律、操作规程等规章制度，后者发生在公共交通运输领域，行为人违反了交通运输管理法规。

一、案情回放

被告人：杨某，男，20岁，无业。

2002年7月6日由太原车务段开办的太原晋泰发展有限公司镇城底经营部与张某签订劳务用工合同，雇用张某的徐工50E装载机为货物列车装载焦炭，后张某委托其妻将此无牌照的装载

---

① 《中华人民共和国刑法修正案（六）》将刑法第一百三十四条修改为："在生产、作业中违反有关安全的规定，因而发生重大伤亡事故或者造成其他严重后果的，处三年以下有期徒刑或者拘役；情节特别恶劣的，处三年以上七年以下有期徒刑。"

机承包给被告人杨某。杨某在未取得劳动部门颁发的特种人员操作证的情况下，于 2002 年 9 月 6 日早 6 时许，在镇城底太原车务段多经货场违章驾驶装载机装载焦炭进行倒车作业时，将骑自行车路过货场的黄某当场轧死。

太原铁路运输检察院认定杨某的行为构成重大责任事故罪，将此案诉至太原铁路运输法院。太原铁路运输法院以重大责任事故罪，判处杨某有期徒刑 1 年，缓期 2 年执行。

二、争议问题

对杨某的行为应如何认定，存在较大分歧，主要有以下两种意见：

第一种意见认为，杨某的行为构成过失致人死亡罪。其主要理由是：过失致人死亡的主观原因，无一不是由于行为人对自己的行为缺乏必要的谨慎，以致应当能够防止死亡结果的发生，却没能防止其发生，这也是让其对死亡后果负过失责任的主观基础。被告人在驾驶装载机倒车时，不按照操作规程进行，没有观察到被害人行经此地，直接进行倒车作业，导致被害人死亡的后果发生。属于无认识的过失，没有预见到危害行为或结果的发生，疏忽大意，过失致人死亡。

第二种意见认为，杨某的行为构成重大责任事故罪。其主要理由是：各类企业、事业单位的职工，即包括国有、非国有企业的职工，违反有关生产安全方面的操作规程、劳动纪律和劳动保护等规定生产、作业因而发生重大伤亡事故或者其他严重后果，而杨某的行为符合重大责任事故罪的犯罪构成。

三、评析意见

上述意见当中，我们同意第二种意见，理由如下：

首先，杨某的行为不构成过失致人死亡罪。过失致人死亡罪是指因过失导致他人死亡的行为。该罪的主要特征是：（1）本罪侵犯的客体是公民的生命权，与故意杀人罪的客体相同，犯罪对象是一切有生命的人。（2）本罪在犯罪客观方面必须具有因过失致使他人死亡的行为。这种行为必须具有三种要素：一是行为，即行为人必须实施过失致人死亡的行为。二是结果，即必须发生致人死亡的实际结果，否则就不构成犯罪。因为过失致人死亡罪并不存在未遂的问题。三是行为人的过失与被害人的死亡结果之间必须具有刑法上的因果关系，即被害人的死亡是由于行为人的行为造成的。如果行为的过失仅致人重伤，但由于其他因素的介入致使被害人死亡的，只应当追究行为人的过失致人重伤的刑事责任。（3）犯罪主观方面，本罪是过失，包括疏忽大意的过失和过于自信的过失。（4）本罪的犯罪主体是一般主体，即已满 16 周岁具有刑事责任能力的人。

就本案而言，其表面特征似乎与过失致人死亡罪的主要特征相吻合，即被告人杨某 20 岁，因疏忽大意违章操作装载机倒车，致使他人死亡。然而刑法在对本罪规定罪名和法定刑以后，明确指出："本法另有规定的，依照规定。"这一规定是指实施其他过失犯罪而造成他人死亡的，即刑法分则专门规定"致人死亡的"应依照该条文的专门规定定罪量刑，不再适用本条的规定。这表明刑法对包含致人死亡结果的某些过失犯罪采取了特别规定优于一般规定的原则，有特别规定的适用特别规定定罪量刑。本案中犯罪主体是企业职工，且在生产作业中违反规章制度，造成重大伤亡事故的，是刑法明确指出因行为人过失而致他人死亡而规定适用分则特别规定的，因此，本案应当依照特别规定优于一般规定的原则进行定性。

其次，本罪不构成交通肇事罪。交通肇事罪是指违反交通运输管理法规，因而发生重大事故，致人重伤、死亡或者使公私财产遭受重大损失的行为。交通肇事罪违反的是交通运输管理法规，其存在的时空范围主要是在交通运输活动中，同时该"交通运输活动"也有一定程度的限制。交通肇事罪发生在公共交通管理范围之内，在交通管理范围之外，如在某些厂矿、学校、单位内部开车的一般不以交通肇事罪论处。因为在这些厂矿内部、学校内部或者单位机关大院里面，不属于公共交通管理范围。交通肇事罪是危害公共安全的犯罪，这就决定了构成该罪所发生的交通事故必须发生在公共交通运输环境之中。本案中，杨某在镇城底太原车务段多经货场内驾驶装载机并不属于公共交通的管理范围，其倒车轧死他人的行为并不是发生在交通运输过程中以及与交通运输有着直接关系的活动中，而是发生在生产作业的过程中。因而没有违反交通管理法规，不符合交通肇事罪的犯罪构成要件。

最后，我们认为被告人杨某构成重大责任事故罪。理由如下：重大责任事故罪是指工厂、矿山、林场、建筑企业或者其他企业事业单位的职工，由于不服管理，违反规章制度，或者强令工人违章冒险作业，因而发生重大伤亡事故或者其他严重后果的行为。

本罪侵犯的客体是工厂、矿山、林场、建筑企业或者其他企业、事业单位的生产、作业安全。本案中，杨某驾驶装载机在镇城底太原车务段多经货场倒车作业致使被害人死亡，造成重大伤亡事故的发生，侵犯了该企业生产、作业安全。

本罪的客观方面，表现为不服管理、违反规章制度，或者强令工人违章作业，因而发生重大伤亡事故或者其他严重危害后果的行为。在本案当中，杨某在未取得劳动部门颁发的特种人员操作证，未经任何上岗培训的情况下，驾驶没有牌照的装载机进行装载作业，不仅违反了太原市劳动局并劳护发（1996）31号关于转发劳动部《关于颁发〈厂内机动车辆安全管理规定〉的通知》的规定，而且其在驾驶过程中不按照操作规程充分瞭望，就进行倒车，导致路过此地的被害人当场被轧死的重大伤亡事故的发生。

　　本罪的犯罪主体为特殊主体。非国有或集体所有制企事业单位职工能否成为该罪的主体成为主体范围争论的问题之一。根据刑法第135条的规定，重大责任事故罪的主体是工厂、矿山、林场、建筑企业或者其他企业、事业单位中从事生产作业的职工和指挥人员。这其中又包括两部分：一部分是直接从事生产、作业的工人、科技人员、科研人员。关于本罪主体的范围是否包括非国有或非集体所有制企业单位职工的问题，最高人民法院、最高人民检察院在《关于刑法第114条规定的犯罪主体的适用范围的联合通知》中，将群众合作经营组织和个体经营户的从业人员也包括在重大责任事故罪的主体中。对于群众合作组织的个体经营户的主管负责人，在管理工作中玩忽职守，致使发生重大伤亡事故或造成严重后果的，也按重大责任事故罪的规定，追究刑事责任。

　　在主观方面，本罪要求是过失，即对严重后果的发生持过失态度，至于行为人违反生产安全管理制度，既可以是故意违反，也可以是过失违反。在本案中杨某没有故意违反生产安全管理制度，也没有将行经于此地的被害人轧死的故意，而是因为在驾驶装载机的过程中因为疏忽大意的过失造成了被害人死亡的结果。

　　综上所述，被告人杨某违反法律、法规及生产安全管理制度，在铁路货场内驾驶装载机违章倒车进行装载作业，造成他人死亡重大事故的发生，侵犯了铁路货场内部生产、作业安全，其行为已经构成重大责任事故罪。

四、专家点评

　　重大责任事故罪与过失致人死亡的主要区别在于，前者的客体是公共安全，即不特定的多数人的生命财产安全；后者的客体是他人的生命权利。前者的主体是特殊主体，即工厂、矿山、林场、建筑企业或者其他企业、事业单位的职工；后者的主体是一般主体。重大责任事故罪与交通肇事罪虽然都属于危害公共安全一类的犯罪，但前者的直接客体是矿山企业、其他企业、事业单位的生产安全，后者的直接客体是交通运输安全；在客观方面，前者发生在生产、作业场合，行为人违反了有关生产、作业安全的劳动纪律、操作规程等规章制度，后者发生在公共交通运输领域，行为人违反了交通运输管理法规。需要指出的是，最高人民法院、最高人民检察院《关于刑法第 114 条规定的犯罪主体适用范围》进一步明确了重大责任事故罪的犯罪主体范围，这个司法解释对 1997 年刑法第 134 条规定的重大责任事故罪仍然适用（有效）。本案可根据该司法解释认定杨某符合重大责任事故罪的主体要求。我们认为起诉、判决认定杨某构成重大责任事故罪是正确的，评析意见的分析论述是充分的。

吴某等人出售非法制造发票案

本案聚焦

有价票证的特征在于其可以在一定范围内流通，作为交换的媒介，发票的作用仅是以凭证做报销或财务登记使用。

一、案情回放

被告人：吴某，男，28岁，农民。

被告人：高某，男，29岁，农民。

1997年12月20日，二被告人从他人手中购得伪造的"河北省贷款公路通行费凭证"225本，计22500张。"京石高速公路河北段通行费收据"10本，计1000张。先后在石家庄、唐山市内汽车洗车场倒卖2700张，非法获利900余元。同年12月30日二被告人再次携带29本，计29000张伪造的"河北省贷款公路通行费凭证"到河北省秦皇岛市继续倒卖时被查获。

天津铁路运输检察院以倒卖伪造发票罪，将此案诉至天津铁路运输法院。天津铁路运输法院以出售非法制造的发票罪，判处吴某、高某有期徒刑8个月，并处罚金人民币6万元。

二、争议问题

对二被告人的行为应如何定性？二被告人的行为是构成倒卖

伪造的有价票证罪，还是构成出售非法制造的发票罪？存在较大分歧，主要有以下两种意见：

第一种意见认为，二被告人的行为触犯的是刑法第227条第1款规定的涉嫌倒卖伪造的有价票证罪。理由是：有价票证是指由国家或地方主管部门统一发行和管理的具有一定价值或使用价值的票据，而发票只不过是在市场流通领域中的一种付款凭证。它们在"刑法理论"中分属不同的客体，即"市场经济秩序"和"税收征管秩序"。就本案而言二被告人所倒卖的"公路通行费凭证"正是由地方交通管理部门在交通管理中所使用的一种凭证，有一定的使用价值，因而其应属于有价票证的范畴。其次，被告人所倒卖的系"公路通行费凭证"，因而他们行为所侵犯的应是刑法第3章第8节"扰乱市场秩序罪"，直接客体为正常的公路管理秩序，而不是刑法第3章第6节的"危害税收征管罪"。

第二种意见认为，二被告人的行为触犯的是刑法第209条第2款涉嫌出售非法制造的发票罪。理由是：有价票证是有一定的价值或使用价值，而发票本身并不具有价值，只是用于财务报销。本案所涉及的"公路通行费凭证"是车辆驾驶人员交付公路交通管理人员一定现金后，收到的付款凭证，这种凭证同其他发票一样，除了财务报销外，无任何使用价值。因而，这种凭证应属于发票范畴中。二被告人的行为符合出售非法制造的发票罪构成特征。

三、评析意见

我们同意第二种意见，认为被告人吴某、高某的行为符合出售非法制造的发票罪构成要件，侵犯了我国的发票管理制度，应认定为出售非法制造的发票罪，理由如下：

1. 公路的通行费收据或凭证属于发票范畴，而不是有价票证。在本案中确定二被告人的行为性质的关键在于其所倒卖的"公路通行费凭证"是属于有价票证，还是属于发票？

有价票证是指车票、船票、邮票或其他有价票证。其他有价票证是指由中央或地方有关部门制定和发行的，和车票、船票、邮票同性质的，具有一定价值的，在规定范围内流通和使用的书面凭证，如机动车油票、公司门票、球票、戏票、彩票等。

发票是指在购销商品、提供或接受服务，以及从事其他经营活动中，开具收取的付款凭证。同时发票是记载经济活动的原始财务会计凭证，是会计核算和计算应纳税款的主要证据，是国家对从事经济活动的个人进行财务监督和税收管理的有力武器。一旦滥用，发票会沦为逃避国家税收的犯罪工具。

二者的区别：（1）前者有一定价值或使用价值，可以在一定范围内流通。而发票只是一种凭证或收据，可以作为报销的凭证。（2）前者客体属于市场管理秩序，而发票的客体则属于税收征管秩序。

就本案所涉及的公路通行费收据或凭证没有经济价值，不能用于流通中使用，而只是一种特殊发票供单位人员报销，供单位或国家进行经济核算时使用的凭证，而且其承载的客体是国家的税收征管秩序，而非市场管理秩序。因此，不宜认定为倒卖伪造的有价票证罪。

2. 出售非法制造的发票罪是指违反国家税收管理法规，出售伪造、擅自伪造的可以用于骗取出口退税、抵扣税款的发票以外的其他发票的行为。本罪侵犯的客体是国家对发票的管理制度。犯罪对象是除增值税专用发票、可以用于骗取出口退税、抵扣税款的发票之外其他所有发票。客观方面表现为违反国家发票管理法规，出售伪造、擅自制造的除增值税专用发票、可以用于骗取出口退税、抵扣税款的其他发票以外的其他发票的行为。主观方面由直接故意构成，间接故意和过失不构成本罪。就本案而言，被告人吴某、高某二人明知所购买的公路通行费凭证或收据，为他人伪造的情况下，进行第一次有偿转让已达2700份，获利900余元，其情节严重，符合出售非法制造的发票罪的特征，应认定为出售非法制造的发票罪。

四、专家点评

本案涉及发票和有价票证的区别问题。是发票还是有价票证关系到行为人的行为侵犯的客体是什么，也就是决定行为的性质究竟是倒卖有价票证犯罪还是出售发票的犯罪。本案的评析者很好地将二者区别开来，即有价票证的特征在于其可以在一定范围内流通，作为交换的媒介，而发票的作用仅是以凭证做报销或财务登记使用。因此，按此分析所得出的结论是可信的，也是符合立法精神的。

周某强奸（未遂）案

本案聚焦

特殊场所强奸罪的认定。从刑事理论上讲，强奸行为的发生地并无场所地点的限制。因此，本案中对特殊场所强奸罪的认定，关键是要把握强奸罪、强迫卖淫罪、卖淫嫖娼的区别。

一、案情回放

被告人：周某，男，29 岁，黑龙江省鸡西市人。

1991 年因故意伤害罪被判有期徒刑 3 年缓刑 4 年后便四处游荡。2000 年 10 月 7 日晚由北京流窜至唐山铁路招待所 409 房间，一夜将一瓶白酒喝掉。第二天 9 时许，醉醺醺的周某与前来打扫卫生的女服务员孙某搭讪。周某先问孙是否是小姐，后强行对其亲吻、搂抱。遭拒绝后，周兽性大发，遂起奸淫歹念。用手掌击打孙面部，致其鼻出血。之后，周几次提出给孙某钱并先后两次强行将孙某摁倒在床上，扒脱其裤子，裸露下身，欲奸淫。因孙某极力反抗搏斗，致使周某未能得逞。事后周某因孙的裤子被撕开（从裆部至左裤腿 40cm），即让其换上他携带的裤子下楼跟他走。孙假装同意，出来后趁机逃脱并大声呼救，周某被当场抓获并向公安机关报案。周某供述与辩解：夜间喝酒太多，早晨头晕。与孙闲聊，后来我问她是不是小姐，她说是。我就先搂抱亲吻她，后来我提出给她 50 元（经查周只剩 30 余元），她听后嫌少不乐意。周又称地上的血迹是亲吻孙时不慎碰破的鼻血，裤子是孙从床上掉下来自己扯坏的。一口咬定是欲嫖娼，没有打孙某，更没有对孙某强奸。

被害人陈述：当时 409 房间只有我和周某，起初我是出于对客人的礼貌一边打扫卫生，一边回答周某的问话。周问我是不是小姐，我回答不是，周突然搂抱亲吻我，我用力推他并向房间外跑，周用手掌把我的鼻子打出血，两次将我摁倒在床上，将裤子裆部撕扯开，后又把裤子扒脱至小腿部，想强奸我。当中他是说过给我钱，但我一边说我不是小姐，一边反抗搏斗，后来我趁机逃了出去。

天津铁路运输检察院以强奸罪（未遂）向天津铁路运输法院提起公诉，天津铁路运输法院以强奸罪（未遂）判处周某有期徒刑 4 年。

二、争议问题

对周某在特殊场所发生的强奸行为性质如何认定？有三种不同的意见：

第一种意见认为，周某系嫖娼（未遂）行为，由公安机关作行政处罚。理由是：在服务行业，特别是在旅馆、娱乐城、洗浴中心、发廊等场所，可以说是鱼龙混杂，有的已成为色情场所、"地下妓院"，卖淫嫖娼活动猖獗。

组织、强迫、引诱、介绍、容留卖淫犯罪活动与普通的卖淫嫖娼违法行为时有发生，是刑事案件和治安案件的多发地，案件性质有时难以区分。为此，对发生在旅馆等特殊场所的不法行为，在认定事实、收集甄别运用证据、认定性质时应特别谨慎。本案具有"一对一"的特点，双方各执一词，一方称嫖娼，一方称强奸，真假难辨，取证困难，事实难以查清。地面上的鼻血和裤裆破开，尚不足以证明有"暴力"的存在。也就是说，能证实"暴力"存在的证据难以达到充分程度。一旦进入刑事程序，则骑虎难下。本案中，周某在主观上具有强烈的嫖娼欲望，承认自己想找小姐，想给孙某钱，客观上实施了欲嫖而未嫖成（因孙某不同意）的行为。依据我国《治安管理处罚条例》第30条规定："严厉禁止卖淫、嫖娼以及介绍或者容留卖淫、嫖娼暗娼，违者处15日以下拘留、警告、责令具结悔过或者依照规定实行劳动教养，可以并处5000元以下罚款。"

第二种意见认为，周某的行为性质应认定为强迫卖淫罪（未遂）。我国刑法第358条规定，组织他人卖淫或者强迫他人卖淫的，处5年以上10年以下有期徒刑并处罚金。强迫卖淫罪是指以暴力、胁迫或者其他手段违背他人意志迫使他人卖淫的行为。主观上表现为有强迫他人卖淫的直接故意（法律并未要求行为人必须有营利目的，只要故意强迫他人卖淫就足矣），行为人侵犯了他人人身权利和性的不可侵犯的权利。客观上表现为违背他人意志，用暴力、胁迫或者其他方法迫使他人卖淫的行为。

本案中，周某在旅馆这一特殊场所内与孙闲聊中，当得知孙不是小姐，并且在亲吻搂抱孙遭到拒绝时，周某不但不停止嫖娼的念头，反而为了使自己的欲望得以实现，一边讲给孙钱，一边实施暴力，撕扯并扒脱裤子强迫孙某卖淫。终因孙某与之反抗搏斗，致使周某强行嫖娼、强迫孙某卖淫的行为未实施终了。因此对周某应定性为强迫卖淫罪（未遂），应以此罪对其定罪处罚。

第三种意见认为，周某的行为性质应认定为强奸罪（未遂）。理由是：根据我国刑法规定行为人只要有违备妇女意志强行与妇女发生性交的行为就应认定为强奸罪。本案中，被害人孙某系旅馆服务人员，孙某进入客房打扫房间，是在履行自己的工作，当被告人周某提出要与她发生性关系时，孙某并不同意，这一点从客观事实中足以得到证明：首先孙的鼻子流血，如果没有外界的打击鼻子会流血吗？其次孙某好好的裤子为什么会破呢？再次孙某抓住有利时机向自己的同事呼救。这些足以表明被告人提出的要求孙是不同意的，而被告人在被害人不同意的情况下，使用了暴力手段，严重地违背了妇女意志，应以强奸罪定罪处罚。

三、评析意见

我们同意第三种意见，对发生在特殊场所的强奸、强迫卖淫及普通卖淫嫖娼行为在认定时的确应予谨慎。这些特殊场所虽然几经打击取缔，但是，组织、强迫、引诱、介绍、容留卖淫犯罪活动仍时有发生，客观上也成为卖淫嫖娼等色情活动的主要场所。有些案件，事实难以确定，性质易混淆。但是，从刑事理论上讲，强奸行为的发生地并没有场所地点的限制。也就是说，一些特殊的色情场所当然也能成为行为人实施强奸行为的地点，既不能轻信口供，任意把强奸罪按嫖娼行为降格处理，也不能因其场所的特殊性而随意拔高择重，把强奸行为认定为强迫卖淫行为。怎样做到不枉不纵，关键是要准确把握强奸罪、强迫卖淫罪、卖淫嫖娼的概念特征。在此基础上，根据案情、证据，按照罪刑法定、罪刑相适应原则，准确认定性质，科学进行处罚。

强奸罪是指以暴力、胁迫或者其他方法，违背妇女意志，强行与其发生性交的行为。侵犯的客体是妇女的人身权利和性的自由权利。

强迫卖淫罪，是指以暴力、胁迫或者其他手段，违背他人意志迫使他人卖淫的行为。侵犯的客体是他人的人身权利和性的不可侵犯的权利。

卖淫和嫖娼行为，是一种相对应的一般违法行为，是指以金钱财物作为媒介，在两性间所发生的不正当性行为。其中，收取钱财的一方为卖者,支付钱财的一方为嫖娼者(买淫者)。"买卖"双方是在非法前提下,以非法性交为标的,一方以一定数额钱财给付另一方的行为。具有典型的"自愿"、"平等"性。在我国卖淫嫖娼的任何一方均不属犯罪行为(明知自己有性病除外),因此系一般违法行为。

从以上三个概念可以看出三者之间的联系区别。

强奸罪与强迫卖淫罪,从犯罪构成讲有许多相同或相似点。最大的区别是后者有一定数额钱物因素介入,行为人逼良为娼,被害人沦落成卖淫者。强奸罪则不存在此情节。

强迫卖淫罪与卖淫嫖娼也有明显区别。前者行为人具有手段上的强制性、威胁性,被害人具有违背意志性。后者是双方在非法前提下,一方以支付一定数额的钱物为代价给付另一方,另一方收取后向支付方卖淫,"买卖"双方均是"自愿"的,不存在强制性和违背意志性。

综上,对周某的行为性质认定应按前述的概念界定,结合案情,在全面分析判断基础上,综合认定。

据查,周某在旅馆时身上只有不足 100 元,除去住宿、买烧鸡、喝酒等费用只剩 30 余元。其声称欲嫖娼,想给孙某 50 元,客观上难以自圆其说,具有虚伪性,不可采信。如前所述,无论是强迫卖淫还是卖淫嫖娼均离不开一定数额的钱财,没有钱财因素作为媒介,就不会存在"自愿"或"被迫"的"卖淫"。何况孙某系本地尚未结婚的女青年,而且案发当天正来例假,因此不存在卖淫问题。周某将强奸的事实诡辩为嫖娼,企图把案件事实搅浑,达到规避法律、逃避惩罚的目的。对此,应去伪存真,排除其对法律事实、行为对象认识错误的可能性。依照事实法律,对周某按强奸罪(未遂)定罪处罚。

四、专家点评

　　本案被告人周某采用暴力、胁迫手段，强行与妇女发生性交，由于意志以外的原因（被害人的反抗）而未得逞，完全符合强奸罪（未遂）的构成特征。评析意见较好地区分了强奸罪和强迫卖淫罪的界限，并对在特殊环境下如何区分这两种罪的界限提出了有益的见解。我认为强迫卖淫罪，应当是强迫他人与第三人发生性关系，并索取财物。如果强迫妇女与自己发生性关系，不管是否支付财物，均构成强奸罪。当然，如果是将强奸作为手段，借以强迫妇女卖淫的，应以强迫卖淫罪，从重处断。

王某等人拐卖妇女案

本案聚焦

　　本案定性的关键在于确定犯罪人的行为是否违背了被害人的意志，主观上是否具有直接故意，且以出卖为目的。

一、案情回放

　　被告人：王某，女，40岁，初中文化，工人。

　　被告人：杨某，男，47岁，小学二年级文化，农民。

　　被告人：刘某，男，52岁，小学文化，农民。

　　上述三被告人均住在河北省丰润县农村。

　　1998年2月25日，张某（女，64岁，住山东省聊城市）与其夫乔某从沈阳火车站乘上开往济南东的414次旅客列车回家，途中张某与其夫失散。2月27日张某因无车票被交至唐山站。张在唐山站待了几天，由于无饭吃、无水喝，其身体已很虚弱，当公安人员清理候车室时，张某被从候车室里清出来。与张同时被清的王某见张很虚弱，便搀扶着张出了候车室。

　　在唐山站前广场，张某向王某诉称其与老伴外出串门，临回来时被坏人跟上了，钱和首饰被抢走，老伴在车上让坏人挖出双眼并推到车下杀死了，家内还有一个残废的儿子也不要张了，张说自己回不了家，也不打算回去了。张还向王讲述了其将手腕割破想自杀未死的过程。王得知张某的遭遇后，认为张很可怜，遂产生了给张在丰润找个"吃饭的地方"，即找个老头儿的想法。而后王将张某的情况及其想为张找个"吃饭的地方"的想法告诉了王的对象杨某。杨某表示不愿意管这闲事儿，后来杨某在王的劝说下同意了王的意见，王、杨认为："这样一来可以为张某找个吃饭的地方，二来给张某把对象介绍成之后，按照当地习惯男方得给介绍人一些钱。"王、杨二人在征得张同意为其找个老伴后，便雇了一辆车，带张到了杨的朋友刘某家。

在刘某家刘又询问了张，张仍讲了其不幸的"遭遇"。刘某、王某、杨某又翻看了张某的携带物，见有张的身份证、有一顶老头儿帽子和一件皮大衣，刘、王、杨三人便相信了张某的话。刘某提出送张某回家，或给张某的儿子拍电报，让其儿子接张回家时，张表示不愿意回家，并要求在刘某家照顾刘的老娘，刘怕惹来闲话，没有同意张的要求。刘某提出要王某再问问张某到底打算怎么办，王某对张说："你真不打算回家了，我们给你找个岁数相当的老头？"张某说："谢谢你们哥几个了。"而后张某在刘某家住了三天，此期间王某、杨某、刘某三人商量后决定给已死老伴的 65 岁的赵某说一下。在没对赵某说之前，刘某对张某说："我给你找个老头，老伴也死了，人挺不错的，你看行不行？"张某点了点头。

刘某去到赵某家，将张某的情况对赵某讲了，赵某挺高兴，说第二天去刘某家见面。刘某回到家中自己也很高兴，刘某交代说："按我们当地的习惯，不论给谁介绍个女人，男方都得出百儿八十的。"所以刘某问王某："咱找赵老头（指赵某）要多少钱？"王某说："怎么也得要个千儿八百的。"刘某说："不行，这老太太岁数这么大了，也就是个老伴，怎么能要这么多钱？我和他（指赵某）商量一下。"转天赵某来到刘某家，刘某将赵某与张某相互做了介绍，赵某、张某见面后均表示同意彼此为伴。

刘某见他们二人都挺满意，就背地里对赵某讲："你得出800元。"赵某不干，说："一个做伴的老太太，要出这么多钱，我愿意出300元钱。"而后赵某把张某叫到一旁说："就这个岁数，还要那么多钱。"张某说："我看你挺老实厚道，你多出俩钱，要不他们把我转到别处去，我跟着你去。"赵某听完后就骑车回家了。过了一会儿，刘某和杨某又到赵某家，刘某对赵某说："你多花俩钱不行？"赵某说："不行，我没有那么多钱，如果行的话我多给你们100，就给你们400块钱。"刘某说："400就400，你就领老太太去吧。"赵某到刘某家用自行车驮走了张某，临走时刘某对赵某讲："以后别亏待老太太，挺可怜的。"张某说："谢谢你们哥几个了。"那400块钱扣除50元雇车费后由王某、杨某、刘某分了。

赵某将张某带回家共同生活。其间，刘某还到赵某家了解张某对生活是否满意，刘某见张某挺高兴的也就放心了。

张某在赵某家生活一月后，张某要求回家一趟，赵某带张回到张之本夫家后，张见其本夫未死，赵明白了张所说的"遭遇"均为虚构，最后由张之子（并非残疾人）给了赵某400元人民币，赵某只身回其丰润老家。

案发后，公安机关于1998年6月5日以涉嫌拐卖妇女罪，对王某、杨某、刘某刑事拘留，同年7月3日公安机关又以同一罪名向检察院提请对上述三人批准逮捕。天津铁路运输检察院对王某、杨某、刘某作出不批准逮捕的决定，公安机关未提出复议。

二、争议问题

王某、杨某、刘某的行为是否构成拐卖妇女罪，有两种意见：

第一种意见认为，王某、杨某、刘某三人在主观上既有同情张某，给张找个老伴儿的动机，也有弄点儿钱的动机，因而具有出卖他人的目的，在客观上有拐卖张某的行为，因而王某、杨某、刘某均已涉嫌拐卖妇女罪。理由是介绍婚姻收取钱财的行为与拐卖妇女罪有着本质的不同。所谓介绍婚姻收取钱财是指受他人之托，介绍成婚姻后而收取一定钱物的行为，这种社会现象一般有以下特点：（1）行为人是受他人之托；（2）行为人在受托时得有特定目标；（3）委托人在事成之后对被委托人所送钱物带有酬谢性质，这种酬谢一般是出于自愿。而拐卖妇女罪的本质特征是行为人在主观上有出卖妇女的目的，在客观上实施了拐骗、绑架、收买、贩卖、接送、中转其中一种行为。综观本案，王某、杨某、刘某遇到受害人时并未受人之托介绍婚姻，在产生给受害人找个老伴儿的想法时也无任何目标，又如何给其找老伴儿呢？可见他们给受害人找老伴儿只是借口而已，他们的真正目的是寻找机会将张某出卖而弄钱，在他们后来所实施的向赵某索要钱的行为正是出卖的真实反映；在客观方面，王某、杨某在开始遇到张某后也是对其实施了拐骗的行为。在"骗"这一行为上，司法实践是行为人既可编造谎言、虚构事实骗取受害人的信任，也可以以所谓关心、照顾、办好事的假面目出现，取得受害人的好感，进而达到犯罪目的。因而王某、杨某、刘某的行为并非为介绍婚姻收取钱财，他们的行为已涉嫌拐卖妇女罪。

第二种意见认为，王某、杨某、刘某的行为属于为帮助妇女而介绍婚姻，从中索要钱财，未涉嫌拐卖妇女罪。

三、评析意见

我们同意第二种意见。其法律依据是我国刑法第140条对拐卖妇女罪所下的定义，即拐卖妇女是指以出卖为目的，有拐骗、绑架、收买、贩卖、接送、中转妇女的行为之一的。根据上述规定，综观本案，王某、杨某、刘某的行为不符合拐卖妇女罪的法定特征，理由是：

1. 王某、杨某、刘某在主观上没有出卖张某的目的

拐卖妇女罪的法定特征之一是行为人在主观上是以出卖妇女为目的，而本案的王某、杨某、刘某主观上不具有出卖张某的目的，这一结论的依据为案件事实，本案的事实是：

（1）王某、杨某、刘某认识张某具有偶然性，而并非王某、杨某、刘某去寻找类似张这样的人，以便用介绍婚姻的方式贩卖她，从而使其相信具有必然性。

（2）王某、杨某、刘某为张某介绍婚姻具有被动性，系在张某自编了"悲惨"处境的条件下，王某、杨某、刘某三人为帮助张而在张明示乐意找个老伴儿的前提下，出于同情，为张介绍婚姻的。

（3）王某、杨某、刘某为张某找的老伴儿与张年龄相当，双方均较满意，符合人情世故，具有相称性，并非像人贩子那样将人随意搭配。

（4）张某找了老伴之后，刘某还曾去赵家看望张某，了解其生活状况如何，刘某对张某具有关照性，而并非像人贩子那样获利后便一走了之。

（5）王某、杨某、刘某的居住地区确有从介绍婚姻中收受、索要财物的陋习。

（6）王某、杨某、刘某均有介绍对象后可得到一些钱财的想法，并由杨某、刘某实际向赵某索要了400元人民币。

从上述事实中不难看出，如果没有索要400元人民币的情节，那么王某、杨某、刘某的行为可称为救助张某办了一件善事，而恰恰出现了从善事中索要了400元钱，便使我们弄不清是善事还是犯罪了。我们以为，如何看待这400元钱是此案的关键问题。综观全案，此案中，王某、杨某、刘某对张某没有任何欺骗行为，刘某还曾提出要送张回家或给张的儿子拍电报，让其子

接张回家。案中亦反映出当地确有在介绍婚姻中取得财物的习惯。王某、杨某、刘某偶然遇到张某，为张介绍婚姻，所介绍人员的情况与张某基本相称，刘某对张步入新家后的生活状况进行照看……透过这些现象来分析王某、杨某、刘某索要400元钱的本质，只是遵从当地的一种风俗习惯并无出卖张某的共同犯罪目的，因而王某、杨某、刘某不具备拐卖妇女罪的主观要件。

2. 王某、杨某、刘某在客观行为上没有拐骗妇女罪的行为特征

拐卖妇女罪的另一个法定特征是行为人有拐骗、绑架、收买、贩卖、接送、中转妇女的行为之一。按照全国人大常委会法制工作委员会刑法室编著的《中华人民共和国刑法释义》，"拐骗"是指犯罪分子以欺骗、引诱的方法带走妇女的行为；"绑架"是指犯罪分子以暴力、胁迫或者麻醉方法绑架妇女的行为；"收买"是指犯罪分子为了以更高的价格出卖而以一定的钱物收买被拐卖、绑架的妇女的行为；"贩卖"是指收买妇女后转手出卖的行为；"接送"、"中转"则主要是指在拐卖妇女的共同犯罪活动中，分工接送被害人或者将被害人转手交给其他人贩子的行为，也包括为人贩子找买主，为人贩子在拐卖途中窝藏被拐卖的妇女的行为。

对照法律规定和上述解释，本案中王某、杨某、刘某均无上述所列的任何一种行为，故王某、杨某、刘某均不具备拐卖妇女犯罪的客观要件。因此，王某等人的行为不构成拐卖妇女罪。

四、专家点评

本案中，王某等人的行为能否成立拐卖妇女罪，关键在于把握以下几个问题：

其一，王某等人的行为是否违背了妇女的意志？从本案案情分析，王某等人的行为并没有违背张某的意志，为张某介绍婚姻

的行为谈不上对客体的侵害，即没有侵犯张某的人身自由、人格尊严，一系列的行为是基于张某的同意下实施的，也无从谈及影响被拐卖者的家庭稳定。

其二，王某等人是否采用花言巧语进行拐骗，是被害人脱离家庭后加以贩卖？从本案案情来分析，王某等人是基于张某的陈述并征得张某的同意而实施的介绍婚姻的行为，不存在采用欺骗从而进行拐骗并进而贩卖的事实。

其三，从收取、索取的财产性质来看，是否属于被害人出卖的身价？拐卖妇女罪行为收取的是被害人的身价，一般数额较高，而介绍婚姻关系，收取的多是酬谢性质的财物，其特点是一般数额较低。

其四，介绍人的介绍行为有没有强制性与欺骗性？从王某等人的介绍行为以及事后行为来分析，一系列的介绍行为并不存在对张某的欺骗与强制，完全是基于张某自己陈述和同意下出于同情而进行的行为，对于为张某介绍的婚姻不存在欺骗性和强制性。

此外，最高人民法院、最高人民检察院 1992 年 12 月 11 日联合颁布的《关于执行〈全国人民代表大会关于严惩拐卖、绑架妇女、儿童的犯罪分子的决定〉的若干问题的解答》第 2 条第 2 项规定："确属通过介绍婚姻、介绍收养儿童索取财物的，不构成拐卖妇女、儿童罪。"

综合以上分析与司法解释的相关规定，我们认为，对于本案同意第二种意见且评析是正确的，王某等人的行为不应认定为拐卖妇女罪。

王某诈骗案

区分合同诈骗与合同纠纷的关键在于行为人主观方面是否具有非法占有他人财物的目的。认定有无非法占有之目的，可从行为人有无实际履行能力、是否采用欺骗手段，是否有实际履行合同的行为等方面考察。

一、案情回放

被告人：王某，女，50 岁，系某铁路分局内退职工。

1997 年至 2000 年间，王某趁某铁路分局房改政策不完善之机，以给他人代办购房、调配住房为名，采取一房两许或多许、伪造换房协议、用假住房证等手段，骗取 11 名被害人 61 万余元、住房 4 套。

2000 年至 2002 年，王某承包某铁路分局老龄服务公司，在无铁路发运能力情况下，王于 2002 年 1 月 18 日与江苏某公司签订 3000 吨原煤购销合同（价值 51 万元），并收取定金 10 万元。之后，王让公司一员工到某车站问一下是否可以往江苏走煤，回答说不行，王某就未给江苏的公司发运原煤，所收定金也未归还。2002 年 4 月躲避于山东淄博的王某被抓获，上述赃款均未追回。

太原铁路运输检察院认定王某的行为构成诈骗罪，将此案诉至太原铁路运输法院。法院以诈骗罪判处其有期徒刑 14 年。

二、争议问题

第一种意见认为，王某的前行为属于民事欺诈，王某为他人购房或调配住房，在办理过程中虽说是拆了东墙补西墙，也有欺诈的故意，但并没有占有他人财物的目的，如果公安机关不将其抓捕，王某就可能为 11 名被害人办好住房有关事宜，对其不应认定为犯罪。

王某的后行为属于合同纠纷，王某在与江苏某公司签订合同中，虽然夸大了履约能力，但其积极履约让公司一员工专门从事给江苏公司发煤的事情，未能给该公司发煤不是王某的责任，双方属于合同纠纷。

第二种意见认为，王某的前行为属于诈骗罪，王某在为他人购房、调房过程中，采用的一房多许、伪造协议等手段，均属于诈骗罪中使用虚构事实或隐瞒真相的欺骗方法，王某在为 11 名被害人办理住房的初期是拆东墙补西墙，到后期住房无法办成，钱也无法返还给被害人，王某先是搪塞被害人，后来躲避于山东淄博，王某非法占有他人财物的目的非常明确，王的行为构成了诈骗罪。

王某的后行为属于合同诈骗，王某在无铁路发运能力情况下，与其他公司签订合同并收取定金，事后也没有积极履行合同义务，只派一名员工根本不能完成给对方公司发运原煤的任务，案发后赃款分文未追回，综观全案，王某是通过签订合同骗取对方 10 万元定金，王某的行为属于合同诈骗罪。

三、评析意见

我们同意第二种意见。

王某的前行为已经超越了民事欺诈违法行为的界限。民事欺诈是指行为人故意隐瞒事实真相，虚构事实制造假象，使对方产生错误的认识，从而与其发生民事法律关系的行为。民事欺诈的行为人进行欺诈的目的是在实施民事法律行为的过程中不公平地获得对方的财产或财产性利益，其欺诈的方式是对民事法律关系的内容作出有意夸大或者不符合真实情况的描述，其本质上是违背了民事法律规定的诚实信用原则，从而构成了使民事法律行为归于无效的条件——意思表示不真实。在此情况下，行为人要负相应的民事责任。而在本案中，王某在客观上采取了虚构事实、隐瞒真相的方法，致使对方信以为真，将房款交给王，主观上王某具有非法占有他人61万余元的故意。理由如下：王某采用的拆东墙补西墙的诈骗行为，从形式上看，其每次诈骗行为都是独立构成的，但事实上，行为人每次实施诈骗都是承前启后的，构成一个不可分割的链条，从表面上看拆东墙补西墙似乎无非法占有他人财物的目的，但实际上却是无意偿还全部骗款，以拆东墙补西墙的手段，掩人耳目，一直非法占有他人财物，只是主观上并没有想占有所骗取财物的全部，而仅占有其中的一部分。因此，王某至案发实际上已非法无偿地占有了他人的61万余元财产，王某的行为已经超出了民事法律行为中过错的界限，构成了刑事犯罪（诈骗罪）。

王某的后行为是合同诈骗，还是合同纠纷？这涉及合同诈骗与合同纠纷的区分问题。合同诈骗罪，是指以非法占有为目的，在签订、履行合同的过程中，骗取对方当事人的财物，数额较大的行为。合同纠纷，是指行为人有履行或者基本履行合同的诚意，只是由于客观原因而未能完全履行合同。利用合同诈骗，是当前较为常见的犯罪。由于这种犯罪是以签订合同的方法进行的，往往与合同纠纷交织在一起，因此在实践中很难区分两者的界限。要正确区分合同诈骗与合同纠纷的界限，可以从以下几个方面进行分析：

第一，行为人有无履行合同的实际能力？履行合同的实际能力，是指合同当事人按照法律或合同的规定，在约定时间里，以约定的方式、标的完成约定民事法律行为的能力或担保。在司法实践中，一般是指当事人所拥有的资金、物质或技术情况。应如何判断行为人是否具有履行合同的实际能力呢？下列情况应视为行为人有履行合同的实际能力：（1）行为人在签订经济合同时即已具备履行合同所需要的资金、物资或技术力量。（2）行为人在签订合同时虽不具备履约能力但在合同履行期限内能够合法地筹集到履行合同所需的资金和物品。这里包括：一是行为人自己有一定的生产能力和经营收入，能在合同规定的期限内生产出履行合同所需的货物或经济收入能够达到合同所规定的付款数额；二是行为人在合同规定的履行期限内有可靠的货物来源（包括供求信息）和资金来源。（3）即使行为人不能按照合同规定实际履行义务时，自己或他人能够提供足够担保（包括代为履行和赔偿损失）。

第二，行为人是否采取了欺骗手段？根据有关法律规定，采取欺诈胁迫等手段所签订的合同，如违反当事人的本意而与之签订的合同，有意使对方产生错误认识而签订的合同；在恐吓、胁迫下签订的合同；在一方代理人与他人恶意通谋下签订的合同；利用他人急需或重大误解而签订的显失公平的合同等，都是无效合同。由此可见，欺骗手段往往与导致合同无效的原因分不开。但是，却不能说凡是以欺骗手段造成的合同纠纷都以合同诈骗罪论处，其关键是要对欺骗手段及其在整个案件中的作用作具体分析。一般来说，在签订和履行合同的过程中，行为人在某种事实上有虚假的成分，但并非掩盖其根本无法履行合同的事实，而且实际上也未能影响其合同的履行，或者虽然未能完全履行，但本人表示承担违约责任的，足以说明行为人并无非法占有他人财物的目的，应按合同纠纷处理。而利用合同进行诈骗的人，往往一无资金、二无场地、三无货源，其结果必然要采取伪造证件、虚构事实、隐瞒真相、编造谎言等手段，以掩盖其根本无履行合同能力的真相，骗取对方与自己签订合同，事实上则根本不去履行合同，或者故意制造障碍，从而给对方造成重大经济损失。这种情况以合同诈骗罪论处。

第三，行为人是否有履行合同的实际行为？实际履行原则是《合同法》规定的重要原则之一。合同签订之后，当事人必须按照合同规定的标的、数量和质量、期限、价格、地点、方法等，全面地履行合同规定的义务。当事人是否为履行合同作出了积极努力，往往是认定行为人主观上是否具备诈骗故意的依据之一。在司法实践中，如果当事人全部履行合同，则一般无争议。但如果没履行合同或者只履行一部分，则如何判断行为人是否为履行合同义务作出了积极努力呢？我们认为，应该从以下几个方面分析：一是看作出努力的时间，是在合同规定的履行期限之前，还是之后。如果行为人是在履行期满之后才为履行合同作努力，则不能认定是为履行合同作了积极努力。二是要与行为人的履行合同能力联系起来。如果当事人有较大的或完全履行合同能力，但只履行一部分作为搪塞而逃避履行大部分条款，不能认为是为履行合同作了积极努力。三是看行为人努力的态度，是积极的还是消极的。为履行合同作积极努力与有履行合同行为两者是有区别的。所谓履行合同行为，不管是直接履行合同行为，还是间接履行合同行为，都是指履行合同中规定的特定义务。固然这些合同行为可称做是为履行合同作了积极努力，而为履行合同作积极努力的行为则不一定达到了履行合同行为的程度，它只有产生了效果，达到了交付标的的程度，才能称为有履行合同行为。如果只是为履行合同标的做准备，则仍属于为履行合同作积极努力，但不能称为履行合同行为。因此，如果把区分合同诈骗罪与民事欺诈行为的界限的标准仅限于有履行行为，则可能扩大打击面。

第四，标的物的处置情况。财产处分是财产所有权的重要权能，非财物所有者，可依法控制、使用他人财物，但非法定情形不得行使财产处分权，因此，合同当事人对标的物的处置情况虽然不能作为判断当事人具有诈骗故意的唯一标准，但却是一个重要依据。在行为人已经履行了合同义务的情况下，行为人已经合法取得了依法转移的财物的所有权，当事人对其处分固然无实际意义。但若当事人没履行义务或者只履行一部分合同，则当事人对其占有他人财物的处置情况，一定程度上反映了其当时的主观心理态度。不同的心理态度，对合同标的处置也必然有不同。合同诈骗犯罪由于具备非法占有他人财物的故意，因此，行为人一旦非法取得了他人财物的控制权，则将其全部或大部分任意挥霍，或从事非法活动，偿还他人债务，有的则携款潜逃，根本不打算归还。

第五，行为人在违约后有无承担责任的表现。一般来说，具有履行合同诚意的人，在发现自己违约或经对方提出自己违约时，虽然从其自身利益出发，可能进行辩解，以减轻自己的责任，但却不会逃避承担责任。在自己违约确凿无疑后，会有承担责任的表现，并有一定的承担责任的行为。而利用合同进行诈骗的人，由于其明知自己根本不可能履行合同或不可能全部履行合同，也根本没有履行合同或全部履行合同的诚意，在纠纷发生以后，行为人往往会想方设法逃避承担责任，使对方无法挽回遭受的损失。

就本案来说，王某与江苏某公司签订的原煤购销合同，是"大包"性质的合同，即有原煤（货源）、有铁路车皮计划（必须保证每月一个列车）的全年供货合同，而王某承包的老龄服务公司，包括王某本人共有三人，在一无货源二无铁路运输保证的情况下，明知自己没有履行合同能力，王某仍夸大履行合同能力以老龄服务公司的名义与江苏某公司签订了原煤购销合同，在骗取对方 10 万元定金后，将此款全部提出，个人保管，之后给本公司一员工 1000 元，让其到车站问一下是否有车皮计划可以往江苏运煤，车站同志说没有计划，王某就再没有作其他努力，将给对方发运原煤的合同义务搁置一边，可见王某的行为，根本无法达到交付标的的程度，她对履行合同义务的程度是消极的，当江苏公司在约定的期限内没有收到货物向王某询问时，王某先以各种理由搪塞，之后就断绝了与江苏公司的联系。至案发，10 万元定金被王某挥霍一空，分文未追回，据此，王某通过签订合同，骗取对方定金，非法占有他人钱财的主观故意已十分明显，王某的行为完全符合合同诈骗罪的构成要件。

四、专家点评

诈骗罪（合同诈骗罪）与民事欺诈（合同纠纷）之间的区别，不能以行为人是否实际占有财产为标准，而应该以行为人行为时是否具有虚构事实、隐瞒真相的行为，行为过程中是否积极履行诺言，以及事未成后是否积极挽回被害方的损失等方面为界限。本案被告人前行为（即一房许两家）从根本上就不可能是合法的，因而 11 家"房主"根本不可能办妥房产。被告人行为的诈骗意图和客观事实十分明显，应定诈骗罪。被告人后行为，正如本案评析者的分析，属于合同诈骗罪，之所以如此认定，除了被告人实际占有相对人的定金外，煤没发成后，"先搪塞，后隐匿"的拒绝返还所占定金的行为，即完全可以表明其诈骗的主观故意和目的。因此评析者的意见是正确的。

陈某诈骗案

本案聚焦

区分盗窃罪与诈骗罪的关键在于，行为人非法占有财物起主要作用的手段是什么。如果起主要作用的是欺骗，应定诈骗罪；如果起主要作用的是窃取，则应定盗窃罪。

一、案情回放

被告人：陈某，小名毛毛，男，41 岁，陕西省南郑县人，初中文化，捕前系铁三局三处多经科下岗职工。

被告人陈某于 2000 年 11 月 17 日陪同山东货主刘某公司的朗某、邢某到太原东站东鹏公司，预交煤炭代发费及运费 1.5 万元，欲从东站发运煤炭。后因故一直未能发运，陈某遂即找到东鹏公司，虚构货主刘某要求退还代发费及运费，另行发运的事实，于 2000 年 12 月 15 日从东鹏公司取走代发费及运费 1.5 万元。后又以块煤转运增加费用为名，通过东鹏公司胡某的介绍，于 2000 年 12 月 18 日将货主刘某停放在站台上的 130 吨煤块（每吨价值 105 元，另附运费每吨 15 元，共计价值人民币 15600元）以 1.2 元的价格卖给个体户刘某，后携款 2.7 万元潜逃。陈某累计骗取他人钱财 30600 元，后被公安机关抓获，赃款已全部挥霍。

2002 年 2 月 28 日太原铁路运输检察院以诈骗罪对陈某提起公诉。2000 年 3 月 21 日太原铁路运输法院以诈骗罪判处陈某 2 年有期徒刑，并处罚金人民币 5000 元。

二、争议问题

涉及经济问题的刑事犯罪往往会引起罪与非罪、此罪和彼罪的争议，此案的争议集中在以下几种观点：

第一种意见认为，被告人陈某的行为是民事经济纠纷，不属于犯罪，应该通过民法规范进行调解。

第二种意见认为，被告人陈某是秘密窃取数额较大的公私财物的行为，构成盗窃罪，其间的生意往来只是辅助的手段而已。

第三种意见认为，被告人陈某以非法占有为目的，用虚构事实或者隐瞒事实的方法，骗取数额较大的公私财物的行为，是诈骗罪。

三、评析意见

针对本案情，我们同意第三种意见，理由如下：

1. 诈骗罪和民事经济纠纷的界限。在司法实践中，经常出现民事经济纠纷，有的拖欠货款，有的收款不发货，同时还编造了一些谎话。如何区分诈骗罪和民事纠纷的界限？可以从以下几个方面入手考察：（1）看双方的经济关系是在什么情况下建立起来的。一般情况下，正常的经济关系是在互相了解、相互信任的基础上建立起来的，借用人多是以真实姓名、住址、正当的用途提出的。而以做生意的形式诈骗，其行为多是编造假情况，隐瞒真姓名、真地址，虚构用途；被害人是在受骗的情况下发生经济关系的。（2）看生意双方发货和收款理由的真实性。正常的经济关系不能执行的原因多是因为意外的客观情况，而以诈骗获得的财物，大都挥霍一空，有的则用于非法活动。（3）正常的经济纠纷，欠钱或者欠货多是不赖账，有打算归还的准备。实施诈骗的人，一旦财物骗到手，便公开赖账或者携款潜逃。

2. 诈骗罪与盗窃罪的区别。诈骗罪，是指以非法占有为目的，使用虚构事实或者隐瞒真相的方法，骗取数额较大的公私财物的行为。通常认为，形成该罪的基本过程为：行为人以非法占有为目的实施欺诈行为→被害人产生错误认识→被害人基于错误认识处分财产→行为人取得财产→被害人受到财产上的损失。就是说，诈骗罪要求被害人基于行为人的欺诈行为对事实真相产生错误认识，进而出于真实的内心意思而自愿处分财产。在这里形成了一系列的因果关系：由于行为人虚构事实或隐瞒真相，使得被害人产生了错误的认识，这个错误的认识又导致被害人作出了有利于行为人的处分财产的行为。错误认识不仅是连接欺诈行为与处分行为的中介，也是行为人的骗财行为能否得逞的关键。如果行为人的欺诈行为不足以使被害人对事实真相产生误解，被害人自然不会作出对自己有害而对行为人有益的处分财产的行为。处分行为是结果，它实现了财产在被害人与行为人之间的转移，使行为人的犯罪目的最终得逞。

盗窃罪，是指以非法占有为目的，秘密窃取公私财物数额较大或者多次窃取公私财物的行为。窃取是指以非暴力胁迫手段，违反财物占有人意志，将财物转移为自己或者第三人占有。首先，窃取的手段是和平的，窃取行为只针对财物而不危及被害人的人身，以此与抢夺、抢劫等取财行为相区别。其次，行为人取得财物违背被害人的意志，即被害人是不愿让行为人取得财物的，至于窃取行为是否秘密则在所不问。通常情况下，行为人窃取财物时多不为被害人察觉，但并不是所有窃取行为都是在被害人不知道的情况下进行的。例如，保安人员在监视器中看到窃贼窃取财物。再次，窃取行为是排除被害人对财物的占有支配和建立新的占有支配关系的过程，倘若只是破坏了被害人对财物的占有支配关系而未能建立新的占有支配关系，便不是窃取行为。具体说，行为人的目的，仅意图犯某一罪，实施的方法行为或实施的结果行为，另外触犯了其他的不同罪名，其方法行为或目的行为，或原因行为与结果行为之间具有牵连关系，这种犯罪现象就是牵连犯。构成牵连犯的重要条件之一就是行为人实施的两个行为都必须是分别构成犯罪的行为，如果其中一个行为不能独立成罪，就不能成立牵连犯。在本案中，被告人陈某在实施犯罪行为的过程中，的确有以假乱真的欺诈行为，但这一行为并不能使货运员陷于认识错误，从而处分财产。陈某的欺诈行为在整个犯罪过程中并没有起到关键的作用，不能单独构成诈骗罪。因此，陈某的行为不能成立牵连犯，谈不上从一重处断的问题。

通过对上述案例的分析以及对诈骗罪和盗窃罪客观方面的比较，我们可以得出这样的结论：财产损失是否是被害人处分财产的行为所导致的，这是区分诈骗罪和盗窃罪的关键。在通常情况下，只要按照这个标准进行界定，就不难区分。即使是在诈骗行为和盗窃行为相交织的犯罪活动中，只要看行为人非法占有财物的过程中起关键作用的手段是什么，也不难区分诈骗罪和盗窃罪。有学者认为，"被害人是否陷于错误认识而'自愿'处分财产，是区分盗窃罪和诈骗罪的关键"。我们认为，"陷于错误认识"是成立诈骗罪的前提条件，是界定诈骗行为罪与非罪的一个要素。如果不是出于错误认识而自愿处分自己财产的，则相对人的行为根本不构成诈骗罪。本文探讨的是诈骗罪与盗窃罪的区别，"陷于认识错误"是被害人处分行为题中应有之义，无须再特别加以表述。否则，会把人们注意的重点转移到"错误认识"上去，而事实上关键在于处分行为。

在一般的诈骗行为中，通常只涉及加害方和被害方，在这种情况下，人们对"处分"的含义不会产生太大的分歧。但是在遇到诈骗中的特殊情形——三角诈骗时，就需要对"处分"的含义作进一步的解释了。在三角诈骗中，除了行为人与被害人以外，又加入了没有过错的第三人，而且被欺骗的是第三人，不是处分财产的被害人。其中最典型的是诉讼诈骗。行为人以欺骗的手段让法官作出有利于自己的错误判决，并因此而不法得财或得物。在诉讼诈骗中，被欺骗的只有法官的行为对象，被害人本身非常清楚事实的真相，是不会被欺骗的。行为人是利用法官手中的公权力，迫使被害人交出财物。这就与通说对诈骗罪的描述有了些许的差别，被害人对财产的处分不是基于错误认识，而是迫于公权力的压力。有学者这样解释诉讼诈骗的行为对象："欺诈行为的对方只要求是具有处分财产的权限或者地位的人，不要求一定是财物的所有人或占有人。"我们同意这个观点。欺骗的目的是获得财物，无论被欺骗的人是否是财物的所有人或占有人，只要具有处分该财产的权限或地位，行为人的目的都能够实现，这与直接欺骗财物的所有人或占有人并取得财物在本质上是一样的。例如，甲经常出入超市，发现购物者付款后，总是丢弃发票或收据。某日，甲在超市捡起妇女乙的购物收据，要求乙把所购之物交还，乙怒斥，与甲争吵。超市报警，警察无法分辨真相，要求乙交出所购物品给甲，因为甲有购物凭证。事后有人指出，甲曾在其他超市，使用同一手段，多次不法获得财物。有学者认为，甲成立盗窃的间接正犯。甲利用不知情的警察在处理事端时，对于乙形成心理压力而交出财物。乙在此种情况下交出财物，没有同意的效力。乙的持有被破坏，甲就此建立了自己的持有。甲不成立诈欺罪，是因为乙的"内在的自由意思决定"被破坏，交出财物不是处分财产。我们认为，本案的情况类似于诉讼诈骗。甲和乙都知道事情的真相，如果仅凭甲手中的购物凭证，乙是不会交出财物的，也就是说，甲的欺诈行为对乙不起任何作用，但是甲利用了毫不知情的警察。虽然在本案中，警察没有权力决定财物的归属，但是在人们的心目中，警察是公权力的代表，警察的介入或多或少都会对当事人产生一定的心理压力，乙为了避免招惹麻烦，即使明知事情的真相也只有无奈地交出财物。问题的关键在于乙交出财物的行为是否是对财物的处分？"处分"应当如何理解？该学者认为，不构成诈骗罪的理由是，乙的"内在自由意思决定"被破坏，交出财物是迫于警察造成的心理压力，而不是乙自己的自由意思决定，这种交出财物的行为不是对财产的处分，因此也就不成立诈骗罪。处分权是所有权四项权能中的一项，它的行使攸关财产的命运，传统民法认为这一权能只能由所有人自己行使，非所有人不得处分他人的财产。处分财产作为一种民事法律行为，要求行为人作出这一行为时其意思表示是真实的。本案中，乙交出财物不是出于自愿，而是迫于心理压力不得不作出违背自己意愿的行为，因此，乙的意思表示是不真实的，其"处分"行为是无效的。我们认为，处分行为有效的要求是意思表示真实，只要当事人对自己交出财物的法律后果有清楚的认识，并且基于这个清楚的认识交出了财物，那么他的意思表示就是真实的，处分行为也是有效的。本案中，尽管乙处分财产的行为是由于警察的介入而被迫作出的，不符合其内心情感，但不能因此而否定其意思表示的真实性。因为乙对自己的行为处分财产是有清楚的认识的，并且自愿作出了处分的行为。如果像该学者所说的，在面临心理压力情况下所作的决定是"内心自由意思决定"被破坏的决定，是无效的，那么所有的法院裁决、行政裁决的执行都是无效的。因为纠纷的处理结果必然损害其中一部分人的利益，而纠纷的任何一方都不希望自己遭受利益的损失，在执行有损自己利益的裁决时都是被迫的，不情愿的，即"内心的自由意思决定"被破坏，在这种情况下的处分行为岂非都是无效的？其实，只要对处分行为及其所带来的法律后果有清楚的认识，并且基于这个认识作出了处分行为，哪怕这种处分是有违内心情感的，都应该认为意思表示是真实的，处分

399

行为是有效的。总之，关键不是"愿不愿意"，而是"知不知道"，当然，"知道"的前提是对事实真相有清楚明白的认识。在对处分行为没有认识时，如无民事行为能力的未成年人和精神病人，其处分行为无效。行为人从没有处分能力的未成年人、精神病人那里取得财产的，因为被害人没有处分行为，所以行为人取得财产的行为与盗窃无异，只成立盗窃罪。

四、专家点评

诈骗罪是指以非法占有为目的，使用虚构事实或者隐瞒真相的方法骗取数额较大的公私财物的行为。区分诈骗罪和经济纠纷的关键在于行为人主观上有无非法占有的目的。本案中，陈某虚构事实，将骗取的财物挥霍，丝毫没有进行经济交往的真实意思，其非法占有目的是明显的。诈骗罪与盗窃罪的主要区别在于客观行为方面不同。盗窃罪的客观方面以秘密窃取为其基本特征。在有些情况下，行为人可能为了实施盗窃犯罪而有一定的诈骗行为。不过，此时的诈骗行为是为了盗窃而创造便利条件，从本质上看，行为人是通过秘密窃取而非法占有公私财物的。本案中，陈某虚构货主刘某要求退还代发费及运费，以及转运增加费用等事实，足以使财物管理人在不明真相的情况下，将财物交与陈某，并无秘密窃取的必要，故不构成盗窃罪，认定为诈骗罪是正确的。

后记

在办理铁路刑事案件中，通常存在着有别于一般刑事犯罪行为法理上的特征，凸显了铁路的特殊性和专门性，因而会出现一些较为复杂的问题，例如铁路运输途中的货物、旅客财物盗窃既遂未遂、持有型犯罪认定等问题。这就需要铁路刑事办案人员结合铁路流动性强、人员易变等特征来认定犯罪事实，因此，铁路检察院与地方检察院掌握的标准不完全相同。

铁路检察院作为国家设在铁路运输系统的专门检察机关，既肩负着打击犯罪，又肩负着服务经济、维护法律统一的神圣使命。当前，铁路企业正实施跨越式发展战略，改革发展突飞猛进。为了尽快适应形势，不断提高业务素质，更好地发挥检察职能，严厉打击发生在铁路系统的各类犯罪，维护铁路运输良好秩序，实现"强化法律监督，维护公平正义"的目标，我们编写了《铁路刑事疑难案例研究》一书，以此更好地履行宪法规定的法律监督职责，推动铁路检察事业蓬勃发展。

《铁路刑事疑难案例研究》一书承蒙北京铁路运输检察分院及上海、杭州、昆明、乌鲁木齐等铁路基层院积极支持并提供了典型案例，同时，北京、天津、石家庄、临汾、大同等铁路基层院也做了大量工作，使我们掌握了大量的第一手资料。在此基础上，我院张海萍、李建文、姜忠市、刘建刚、胡啸、刁柯、王亮亮、樊蕾、高波等人对此进行了整理、分析、编写。山西大学法学院王继军院长、赵霄筠副院长给予了大力支持并指派张天虹教授、李麒副教授、徐大勇讲师等人对全书进行审核点评，为此书倾注了大量心血，在此一并致谢。由于我们水平有限，时间仓促，案件选择范围有限，本书仅从中遴选了七十余篇案例，如有不妥之处，恳请读者原谅。

《铁路刑事疑难案例研究》编辑委员会
2005 年 3 月 15 日

图书在版编目（CIP）数据

铁路刑事疑难案例研究/张双喜主编．—2版．—北京：中国检察
出版社，2010.11

ISBN 978 - 7 - 5102 - 0371 - 8

Ⅰ．①铁… Ⅱ．①张 … Ⅲ．①铁路运输 - 刑事犯罪 - 案例 -
分析 - 中国 Ⅳ．①D924.305

中国版本图书馆 CIP 数据核字（2010）第 199162 号

铁路刑事疑难案例研究

张双喜　主编

出版发行：	中国检察出版社
社　　址：	北京市石景山区鲁谷西路 5 号 （100040）
网　　址：	中国检察出版社 （www. zgjccbs. com）
电子邮箱：	zgjccbs@ vip. sina. com
电　　话：	（010）68658769（编辑） 68650015（发行） 68650029（邮购）
经　　销：	新华书店
印　　刷：	保定市中画美凯印刷有限公司
开　　本：	A5
印　　张：	13. 375 印张
字　　数：	333 千字
版　　次：	2010 年 11 月第二版　　2010 年 11 月第二次印刷
书　　号：	ISBN 978 - 7 - 5102 - 0371 - 8
定　　价：	30. 00 元